U0576670

〔元〕脱脱 等撰

點校本二十四史修訂本

金史

第八册

卷一一五至卷一三五

中華書局

2020 年 2 月第 1 版　　　　2024 年 6 月第 2 次印刷

ISBN 978-7-101-14218-1

金史卷一百十五

列傳第五十三

完顔奴申　崔立　聶天驥　赤盞尉忻

完顔奴申字正甫，素蘭之弟也。登策論進士第，仕歷清要。正大三年八月，由翰林直學士，充益政院説書官。五年，轉吏部侍郎。監察御史烏古論石魯剌劾近侍張文壽、仁壽、李麟之受敵帥饋遺〔一〕，詔奴申鞫問，得其姦狀，上曲赦其罪，皆斥去，朝論快之。九月，改侍講學士，以御史大夫奉使大元〔二〕，至龍駒河，朝見太宗皇帝。十二月，還〔三〕。明年六月，遷吏部尚書，復往。八年春，還。朝廷以勞拜參知政事〔四〕。

天興元年春，大兵駐鄭州海灘寺，遣使招哀宗降。復以奴申往乞和，不許，攻汴益急。汴受圍數月，倉庫匱乏，召武仙等入援不至，哀宗懼，以曹王訛可出質，請罷攻。

冬十月，哀宗議親出捍禦，以奴申參知政事、兼樞密副使〔五〕，完顏習捏阿不樞密副使、兼知開封府、權參知政事，總諸軍留守京師。又以翰林學士承旨烏古孫卜吉提控諸王府，同判大睦親府事兼都點檢内族合周管宫掖事，左副點檢完顏阿撒、右副點檢温敦阿里副之〔六〕，户部尚書完顏珠顆兼裏城四面都總領，御史大夫裴滿阿虎帶兼鎮撫軍民都彈壓，諫議大夫近侍局使行省左右司郎中烏古孫奴申兼知宫省事〔七〕。又以把撒合爲外城東面元帥，术甲咬住南面元帥，崔立西面元帥，孛术魯買奴北面元帥。乙酉，除拜定，以京城付之。又以户部侍郎刁璧爲安撫副使，總招撫司，規運京外糧斛。設講議所，受陳言文字，以大理卿納合德輝、户部尚書仲平、中京副留守愛失等總其事。

十二月辛丑，上出京，服絳紗袍，乘馬導從如常儀。留守官及京城父老從至城外奉辭，有詔撫諭，仍以鞭揖之。速不䚟聞上已出，復會兵圍汴。初，上以東面元帥李辛跋扈出怨言，罷爲兵部侍郎，將出，密喻奴申等羈縶之。上既行，奴申等召辛，辛懼，謀欲出降，棄馬踰城而走，奴申等遣人追及之，斬於省門。汴民以上親出師，日聽捷報，且以二相持重，幸以無事。俄聞軍敗衛州，蒼黄走歸德，民大恐以爲不救。時汴京内外不通，米升銀二兩，百姓糧盡，殍者相望，縉紳士女多行乞於市，至有自食其妻子者，至於諸皮器物皆煮食之，貴家第宅、市樓肆館皆撤以爨。及歸德遣使迎兩宫，人情益不安，於是民間有立荆王監國以城歸順之議，而二相皆不知也。

天興二年正月丙寅〔八〕，省令史許安國詣講議所言：「古者有大疑，謀及卿士，謀及庶人。今事勢如此，可集百官及僧道士庶，問保社稷、活生靈之計。」左司都事元好問以安國之言白奴申，奴申曰：「此論甚佳，可與副樞議之。」副樞亦以安國之言爲然。好問曰：「自車駕出京今二十日許，又遣使迎兩宮。民間洶洶，皆謂國家欲棄京城，相公何以處之？」阿不曰：「吾二人惟有一死耳。」好問曰：「死不難，誠能安社稷、救生靈，死而可也。如其不然，徒欲一身飽五十紅衲軍，亦謂之死耶。」阿不款語曰：「今日惟吾二人，何言不可。」好問乃曰：「聞中外人言，欲立二王監國，以全兩宮與皇族耳。」阿不曰：「我知之矣，我知之矣。」即命召京城官民，明日皆聚省中，諭以事勢危急當如之何。有父老七人陳詞云云，二相命好問受其詞。白之奴申，顧曰：「亦爲此事也。」且問副樞「此事謀議今幾日矣」？阿不屈指曰：「七日矣。」奴申曰：「歸德使未去，愼勿泄。」或曰是時外圍不解，如在陷穽，議者欲推立荆王以城出降，是亦春秋紀季入齊之義，況北兵中已有曹王也。衆憤二人無策，但曰「死守」而已。忽聞召京城士庶計事，奴申拱立無語，獨阿不反覆申諭，「國家至此無可奈何，凡有可行當共議之」，且繼以涕泣。

明日戊辰，西面元帥崔立與其黨孛术魯長哥、韓鐸、藥安國等爲變，率甲卒二百橫刀入省中，拔劍指二相曰：「京城危困已極，二公坐視百姓餓死，恬不爲慮何也？」二相大駭，曰：「汝輩有事，當好議之，何遽如是。」立麾其黨先殺阿不，次殺奴申及左司郎中納合德輝等〔九〕，餘見崔立傳。

劉祁曰：「金自南渡之後，爲宰執者往往無恢復之謀，臨事相習低言緩語互相推讓，以爲養相體。每有四方災異、民間疾苦，將奏必相謂曰：『恐聖主心困。』事至危處輒罷散，曰『俟再議』，已而復然。或有言當改革者，輒以生事抑之，故所用必擇愞熟無鋒鋩易制者用之。每北兵壓境，則君臣相對泣下，或殿上發長吁而已。兵退，則大張具，會飲黃閣中矣。因循苟且，竟至亡國。又多取渾厚少文者置之台鼎，宣宗嘗責丞相僕散七斤『近來朝廷紀綱安在』？七斤不能對，退謂郎官曰：『上問紀綱安在，汝等自來何嘗使紀綱見我。』故正人君子多不見用，雖用亦未久而遽退也。」祁字京叔〔一〇〕，渾源人。

贊曰：劉京叔歸潛志與元裕之壬辰雜編二書雖微有異同，而金末喪亂之事猶有足徵者焉。哀宗北禦，以孤城弱卒託之奴申、阿不二人，可謂難矣。雖然，即墨有安平君，玉壁有韋孝寬，必有以處此。

崔立，將陵人。少貧無行，嘗爲寺僧負鈸鼓，乘兵亂從上黨公開爲都統、提控，積階遙領太原知府。正大初，求入仕，爲選曹所駮，每以不至三品爲恨。圍城中授安平都尉。天興元年冬十二月，上親出師，授西面元帥。性淫姣，常思亂以快其欲。

藥安國者管州人，年二十餘，有勇力。嘗爲嵐州招撫使，以罪繫開封獄，既出，貧無以爲食。立將爲變，潛結納之，安國健啖，日飽之以魚，遂與之謀。先以家置西城上，事不勝則挈以逃。日與都尉揚善入省中候動靜，布置已定，召善以早食，殺之。二年正月，遂帥甲卒二百，撞省門而入。二相聞變趨出，立拔劍曰：「京城危困，二公欲如何處之？」二相曰：「事當好議之。」立不顧，麾其黨張信之、孛术魯長哥出省，二相遂遇害。馳往東華門，道遇點檢温屯阿里，見其衷甲，殺之。即諭百姓曰：「吾爲二相閉門無謀，今殺之，爲汝一城生靈請命。」衆皆稱快。是日，御史大夫裴滿阿忽帶、諫議大夫左右司郎中烏古孫奴申、左副點檢完顔阿散、奉御忙哥、講議蒲察琦、户部尚書完顔珠顆皆死。

立還省中，集百官議所立。立曰：「衛紹王太子從恪〔一二〕，其妹公主在北兵中，可立之。」乃遣其黨韓鐸以太后命往召從恪，須臾入，以太后誥命梁王監國。百官拜舞山呼，從恪受之，遂遣送二相所佩虎符詣速不解納款。凡除拜皆以監國爲辭。立自稱太師、軍馬都元帥、尚書令、鄭王，出入御乘輿，稱其妻爲王妃，弟倚爲平章政事，侃爲殿前都點檢。其黨孛术魯長哥御史中丞，韓鐸都元帥兼知開封府事〔一三〕，折希顔、藥安國、張軍奴並元帥〔一三〕，師肅左右司郎中，賈良兵部郎中兼右司都事，内府之事皆主之。初，立假安國之勇以濟事，至是復忌之，聞安國納一都尉夫人，數其違約斬之。

壬申，速不𧟌至青城，立服御衣，儀衛往見之。大帥喜，飲之酒，立以父事之。既還，悉燒京城樓櫓，火起，大帥大喜，始信其實降也。立託以軍前索隨駕官吏家屬，聚之省中，人自閱之，日亂數人猶若不足。又禁城中嫁娶，有以一女之故殺數人者。未幾，遷梁王及宗室近族皆置宮中，以腹心守之，限其出入。以荆王府爲私第，取内府珍玩實之。二月乙酉，以天子衮冕后服上進。又括在城金銀，搜索薰灌，訊掠慘酷，百苦備至，郕國夫人及内侍高祐、京民李民望之屬，皆死杖下。温屯衛尉親屬八人，不任楚毒皆自盡。白撒夫人、右丞李蹊妻子皆被掠死。同惡相濟，視人如讎，期於必報而後已。人人竊相謂曰：「攻城之後七八日之中，諸門出葬者開封府計之凡百餘萬人，恨不早預其數而值此不幸也。」立時與其妻入宮，兩宮賜之不可勝計。立因諷太后作書陳天時人事，遣皇乳母招歸德。當時冒進之徒爭援劉齊故事以冀非分者，比肩接武。

三月壬辰，立以兩宮、梁王、荆王及諸宗室皆赴青城〔一四〕，甲午北行，立妻王氏備仗衛送兩宮至開陽門。是日，宮車三十七兩，太后先，中宮次之，妃嬪又次之，宗族男女凡五百餘口，次取三教、醫流、工匠、繡女皆赴北。四月，北兵入城。立時在城外，兵先入其家，取其妻妾寶玉以出，立歸大慟，無如之何。

李琦者山西人，爲都尉，在陳州與粘哥奴申同行省事，陳州變，入京，附崔立妹壻折希顏，娶夾谷元之妻。妻年二十餘，有姿色，立初拘隨駕官之家屬，妻輿病而往，得免。琦娶之後，有言其美者，立欲强之。琦每見立欲奪人妻，必差其夫遠出，一日差琦出京，琦以妻自隨，如是者再三，立遂欲殺琦。琦又數爲折希顏所折辱，乃首建殺立之謀。李伯淵者寶坻人，本安平都尉司千户，美姿容，深沉有謀，每憤立不道，欲仗義殺之。李賤奴者燕人，嘗以軍功遥領京兆府判，壬辰冬，車駕東狩，以都尉權東面元帥。立初反，以賤奴舊與敵體，頗貌敬之。數月之後，勢已固，遂視賤奴如部曲然。賤奴積不能平，數出怨言，至是與琦等合。

三年六月甲午，傳近境有宋軍，伯淵等陽與立謀備禦之策。翌日晚，伯淵等燒外封丘門以警動立。是夜，立殊不安，一夕百卧起。比明，伯淵等身來約立視火，立從苑秀、折希顏數騎往，諭京城民十五以上、七十以下男子皆詣太廟街點集。既還，行及梳行街，伯淵欲送立還二王府，立辭數四，伯淵必欲親送，立不疑，倉卒中就馬上抱立。立顧曰：「汝欲殺我耶？」伯淵曰：「殺汝何傷。」即出匕首横刺之，洞而中其手之抱立處，再刺之，立墜馬死。伏兵起，元帥黄摑三合殺苑秀。折希顏後至不知，見立墜馬，謂與人鬬，欲前解之，隨爲軍士所斫，被創走梁門外，追斬之。伯淵係立屍馬尾，至内前號于衆曰：「立殺害劫奪，烝淫暴虐，大逆不道，古今無有，當殺之不？」萬口齊應曰：「寸斬之未稱也。」乃梟立首，望承天門祭哀宗。伯淵以下軍民皆慟，或剖其心生噉之。以三尸挂闕前槐樹上，樹忽拔，人謂樹有靈亦厭其爲所汙。已而，有告立匿宫中珍玩，遂籍其家，以其妻王花兒賜丞相鎮海帳下士。

初，立之變也，前護衛蒲鮮石魯負祖宗御容五，走蔡。前御史中丞蒲察世達、西面元帥把撒合挈其家亦自拔歸蔡。七月己巳，以世達爲尚書吏部侍郎，權行六部尚書。世達嘗爲左司郎中，同簽樞密院事，充益政院官，皆稱上意。及上幸歸德，遣世達督陳糧運。陳變，世達亦與脅從，尋間道之汴，至是徒往行在，上念其舊，録用之。左右司官因奏把撒合、石魯亦宜任用，上曰：「世達曲從非出得已，然朕猶少降資級以示薄罰。彼撒合掌軍一面，石魯宿衛九重，崔立之變曾不聞發一矢，束手於人。今雖來歸，待以不死足以示恩，又安得與世達等。撒合老矣，量用其子可也。石魯但當酬其負御容之勞。」未幾，以撒合爲北門都尉，其子爲本軍都統。石魯復充護衛。世達字正夫，泰和三年進士。

論曰：崔立納款，使其封府庫、籍人民以俟大朝之命可也。乘時僭竊，大肆淫虐，徵索暴横，輒以供備大軍爲辭，逞欲由己，斂怨歸國，其爲罪不容誅矣。而其志方且要求劉豫之事，我大朝豈肯效尤金人者乎。金俘人之主，帝人之臣，百年之後適啓崔立之狂謀，以成青城之烈禍。曾子曰：「戒之，戒之，出乎爾者反乎爾者也。」豈不信哉。

聶天驥字元吉，五臺人。至寧元年進士，調汝陰簿，歷睢州司候、封丘令。興定初，辟爲尚書省令史。時胥吏擅威，士人往往附之，獨天驥不少假借，彼亦不能害也。尋授吏部主事，權監察御史。夏使賀正旦，互市於會同館，外戚有身貿易于其間者，天驥上章曰：「大官近利，失朝廷體，且取輕外方。」遂忤太后旨。出爲同知汝州防禦使事，未赴，陝西行尚書省驛召，特旨遥領金安軍節度副使，兼行尚書省都事。未幾，入爲右司員外郎，轉京兆治中，尋爲衞州行尚書六部事。

慶陽圍急，朝廷遣宿州總帥牙古塔救之，以天驥充經歷官。圍解，從别帥守邠，帥欲棄州而東，天驥力勸止之，不從，帥坐是被繫逮，天驥降京兆治中。尋有訟其寃者，即召爲開封簽事，旬月復右司員外郎。丁母憂，未卒哭，奪哀復職。

哀宗遷歸德，天驥留汴中。崔立變，天驥被創甚，卧一十餘日，其女舜英謁醫救療，天驥嘆曰：「吾幸得死，兒女曹乃爲謁醫，尚欲我活耶。」竟鬱鬱以死。舜英葬其父，明日亦自縊，有傳。

天驥沉靜寡言，不妄交。起於田畝，能以雅道自將，踐歷臺省若素宦然，諸人多自以爲不及也。

赤盞尉忻字大用，上京人。當襲其父謀克，不願就，中明昌五年策論進士第。後選爲尚書省令史、吏部主事、監察御史，言「諸王駙馬至京師和買諸物，失朝廷體」。有詔禁止。遷鎮南軍節度副使、息州刺史。耕鞠場種禾，兩禾合穗，進於朝，特詔褒諭。改丹州，遷鄭州防禦使，權許州統軍使。丞相高汝礪嘗薦其才可任宰相。元光二年正月，召爲户部侍郎。未幾，權參知政事。二月，爲户部尚書，權職如故。三月，拜參知政事〔一五〕，兼修國史。詔諭近臣曰：「尉忻資禀純質，事可倚任，且其性孝，朕今相之，國家必有望，汝輩當效之也。」

正大元年五月，拜尚書右丞。哀宗欲修宫室，尉忻極諫，至以卧薪嘗膽爲言，上悚然從之。同判睦親府内族撒合輦交結中外，久在禁近。哀宗爲太子，有定策功，由是頗惑其言，復倚信日深，臺諫每以爲言。太后嘗戒敕曰：「上之騎鞠舉樂皆汝教之，再犯必杖汝。」哀宗終不能去。尉忻諫曰：「撒合輦姦諛之最，日在天子左右，非社稷福。」上悔悟，出爲中京留守，朝論快之。

五年，致仕，居汴中。崔立之變明日，召家人付以後事，望睢陽慟哭，以弓弦自縊而死，時年六十三。一子名董七，没於兵間。弟秉甫字正之。

贊曰：聶天驥素履清慎，赤盞尉忻天資忠諒，在治世皆足爲良臣，不幸仕亂離之朝，以得死爲願欲，哀哉。

校勘記

〔一〕監察御史烏古論石魯剌劾近侍張文壽仁壽李麟之受敵帥饋遺　按，本書卷一七哀宗紀上，正大五年三月「乙酉，監察御史烏古論不魯剌劾近侍張文壽、張仁壽、李麟之受饋遺」。「石魯剌」作「不魯剌」，「仁壽」上有「張」字。

〔二〕九月改侍講學士以御史大夫奉使大元　按，本書卷一七哀宗紀上，正大五年十二月「壬子，完顏訥申改侍講學士，充國信使」。月份異。「奴申」作「訥申」，蓋同音異譯。

〔三〕十二月還　「十二月」上疑脱「六年」二字。

〔四〕朝廷以勞拜參知政事　按，本書卷一七哀宗紀上，天興元年七月癸未，「吏部尚書完顏奴申爲參知政事」。則此句當在下文「請罷攻」之後，其「勞」蓋指天興元年春乞和事。

〔五〕冬十月哀宗議親出捍禦以奴申參知政事兼樞密副使　按，本書卷一八哀宗紀下，天興元年十二月甲申，詔議親出。乙酉，再議於大慶殿。是日，除拜扈從及留守京城官，以參知政事兼樞密院副使完顏奴申等留守。此處「十月」當作「十二月」。

〔六〕左副點檢完顏阿撒右副點檢温敦阿里副之　本書卷一二四忠義傳四烏古孫奴申傳：「大理裴滿德輝、右副點檢完顏阿撒、參政完顏奴申之子麻因，可知者數人，餘各有傳。」與此異。

〔七〕諫議大夫近侍局使行省左右司郎中烏古孫奴申兼知宮省事　「局使」二字原脱。按，本書卷一二四忠義傳四烏古孫奴申傳，「哀宗東遷，爲諫議大夫、近侍局使、行省左右司郎中、兼知宮省事，留汴京居守」。今據補。

〔八〕天興二年正月丙寅　「丙寅」，原作「戊辰」。按，下文有「即命召京城官民，明日皆聚省中」，又有「明日戊辰，西面元帥崔立（中略）等爲變」，與本書卷一八哀宗紀下合，知「戊辰」誤。歸潛志卷一一録大梁事，「廿有一日，忽聞執政召在京父老、士庶計事，詣都堂」。是月丙午朔，見哀宗紀下。「二十一日」爲「丙寅」。今據改。

〔九〕次殺奴申及左司郎中納合德輝等　「輝」，原作「暉」。按，上文作「輝」，今統一。

〔一〇〕祁字京叔　「祁」，原作「祚」，據元刻本、南監本、北監本、殿本、局本改。

〔一一〕衛紹王太子從恪　「從恪」，原作「承恪」，據局本改。按，本書卷一八哀宗紀下，記崔立等舉兵爲亂，「勒兵入見太后，傳令召衛王子從恪爲梁王，監國」。又卷九三衛紹王子從恪傳，「天興元年，崔立以從恪爲梁王，汴京破，死焉」。皆作「從恪」。卷五九宗室表亦作「從恪」。下同改。

〔二〕韓鐸都元帥兼知開封府事　「都元帥」，疑當作「副元帥」。按，上文崔立自稱「軍馬都元帥」，韓鐸不得同爲「都元帥」。本書卷一八哀宗紀下記此事作「韓鐸副元帥兼知開封府」。歸潛志卷一一録大梁事亦稱：「韓鐸爲副元帥。」

〔三〕折希顔藥安國張軍奴並元帥　按，本書卷一八哀宗紀下張軍奴下還有完顔合荅。

〔四〕三月壬辰立以兩宮梁王荆王及諸宗室皆赴青城　按，是年三月乙巳朔，無壬辰。本書卷一八哀宗紀下，天興二年四月「癸巳，崔立以梁王從恪、荆王守純及諸宗室男女五百餘人至青城，皆及於難」。與此異。

〔五〕三月拜參知政事　據上文宣宗元光二年正月，赤盞尉忻「權參知政事」，此「三月」應爲元光二年三月。按，本書卷一七哀宗紀上載正大元年五月癸卯，「權參知政事石盞尉忻爲尚書右丞」。所記與此異。

金史卷一百十六

列傳第五十四

徒單兀典　石盞女魯歡　蒲察官奴　内族承立一名慶山奴

徒單兀典，不知其所始，累官爲武勝軍節度使，駐鄧州。尋遷中京留守，知金昌府事，駐洛陽。鄧及洛陽兀典皆城之，且招亡命千人，號「熊虎軍」，以剽掠南鄙爲事，宋人亦時時報復，邊民爲之搔動。兀典資性深刻，而以大自居，好設耳目，凡諸將官屬下及民家細事，令親暱日報之，務爲不可欺。正大間，以兵部尚書權參知政事，行省事於徐州。自恃得君，論議之際不少假貸，同列皆畏之。

天興元年正月，朝廷聞大兵入饒風，移兀典行省閿鄉，以備潼關。徒單百家爲關、陝總帥，便宜行事。百家馳入陝，榜州民云：「淮南透漏軍馬，慮其道由潼關，勢不能守，縣鎮遷入大城，糧斛輜重聚之陝州，近山者入山寨避兵。」會阿里合傳旨召兀典入援，兀典遂與潼關總帥納合閏、秦藍總帥都點檢完顏重喜、安平都尉苗秀〔一〕、蕩寇都尉朮甲某、振武都尉張翼及虎威、鷹揚、葭州劉趙二帥，軍十有一萬，騎五千，盡撤秦藍諸隘之備，從虢入陝。同、華、閿鄉一帶軍糧數十萬斛，備關船二百餘艘，皆順流東下。俄聞大兵近，糧皆不及載，船悉空下。復盡起州民，運靈寶、硤石倉粟，游騎至，殺掠不勝計。又遣陝州觀察副使兼規措轉運副使抹撚速也以船八十往運潼關、閿鄉糧，行及靈寶北河夾灘。義軍張信、侯三集壯士三百餘，保老幼，立水柵。北將忽魯罕只乘淺攻之不能克，遇速也船至即降，大兵得此船遂破侯、張，殺戮殆盡。

是時陝州同知内族探春願從行省征進，兀典授以帥職，聽招在城民充軍。探春厚擬官賞，數日無一人，乃以兀典命招之，得壯士八百。宣差趙三三名偉，亦依探春招募，偉人所知識，不二日得軍八百餘，號「破敵軍」。兀典忌偉得衆，欲挾詐坑之，完顏素蘭時爲同華安撫使，力諫乃止。尋以偉權興寶軍節度使〔二〕，兼行元帥府事，領軍三百，屯金鷄堡。

大兵既知潼關焚棄，長驅至陝，賀都喜不待命出城迎戰，馬蹶幾爲所獲，兀典易以一馬，遂下令不復令一人出，大兵亦去。自此潼關諸渡船筏俱盡，偉亦無船可渡矣。

初，兀典發閿鄉，拜天，賞軍，人白金三兩，將校有差。州之庫藏，軍資器械，爲之一空。期日進發，已而不行，日造銀器及兵幕牌印，陝州及鹽司牌亦奪取之。又欲劫州民財物以資軍，素蘭諫之而止。二月戊午，乃行。有李先生者諫曰：「方今大兵俱在河南，河北空虛，相公可先取衞州，出其不意。彼知我軍在北，必分兵北渡，京師即得少寬，相公入援亦易爲矣。」兀典大怒，以爲泄軍機，斬之於市，遂行。軍士各以老幼自隨。州中亦有關中、河中遷避商賈老幼，亦倚兵力從行，婦女皆嫁士卒，軍中亦有强娶奪者。

是日，軍出兩東門及南門，不遵洛陽路，乃由州西南徑入大山冰雪中。葭州劉、趙兩帥即日叛去，大兵以數百騎遥躡其後。明日，張翼軍叛往朱陽，入鹿盧關，大兵追及降之。山路積雪，晝日凍釋，泥淖及脛，隨軍婦女棄擲幼稚，哀號盈路。軍至鐵嶺，大兵潛召洛陽大軍從西三縣過盧氏，所至燒官民廬舍積聚，慮爲金軍所據，又反守鐵嶺，以斷歸路。金兵知必死，皆有鬬志，然已數日不食，行二百里許，困憊不支，頗亦散走。於是，完顏重喜先降，大軍斬於馬前。鄭倜劫苗英降，英不從，殺之，携其首以降，於是士卒大潰。兀典、合閏提數十騎走山間，追騎禽得，皆殺之。

先是，兀典嘗爲鄧州節度使，世襲謀克黄摑三合時爲宣差都總領，與兀典親厚，故決計入鄧。是役也，安平、盪寇、鷹揚、振威諸都尉，及西安、金雞等軍，脱走者百才一二。

二月，素蘭竄歸，有報徒單百家言「行省至」，百家欲出迎，父老遮馬前哀訴云：「行省復來，吾州碎矣，願無出迎。」百家曉之曰：「前日兀典欲劫此州，爲素蘭力勸而止，此行省非兀典乃素蘭也。」父老乃聽百家出城。陝州自軍出，日有逃還者，百家皆撫納之，所得及萬人。百家又募收所棄甲仗。若獲二副，即以一與之，其一官出直買之。由是軍稍振。

五月，總帥副點檢顏盞領軍復立商州總帥。華州人王某立號州，權刺史。七月，制旨召百家入援，以權西安軍節度使、行元帥府事阿不罕奴十剌爲金安軍節度使、關陝總帥。九月，鞏昌知府元帥完顏忽斜虎入陝州，詔拜參知政事，行尚書省事。以河中總帥府經歷李獻能充左右司員外郎。獻能字欽叔，貞祐三年進士。復立山寨，安撫軍民。十月朔，制旨召忽斜虎赴南陽留山寺，以阿不罕奴十剌權參知政事，行省。

時趙偉爲河解元帥，屯金雞堡，軍務隸陝省，行省月給糧以贍其軍，明年五月，麥熟，省劄令偉計置兵食，權罷月給。十月，偉軍食又盡，屢白陝省，云無糧可給，偉私謂其軍言：「我與李員外郎有隙，坐視我軍飢餓，不爲存恤。」於是，自往永寧勸喻，偉頗爲小民所信，往往獻糧，或導其發藏。南縣把隘軍提控以偉橫恣言於行省〔三〕，行省遣趙提控者權元帥，守永寧元村寨，偉還金雞。

十一月冬至，大兵已攻破元村寨，偉攻解州不能下，於是密遣總領王茂軍士三十人入陝州，匿菜圃中凡三四日，乘夜，王茂殺北城邏卒〔四〕，舉號召偉軍八百渡河，入城劫殺阿不罕奴十剌、李獻能、提控蒲鮮某、總領來道安，因誣奏：「奴十剌等欲反，臣誅之矣。」朝廷知其冤而莫敢詰，就授偉元帥左監軍，兼西安軍節度使，行總帥府事。食盡。括粟，粟又盡，以明年三月降大兵。

或謂偉軍餉不繼，以劫掠自資，一日詣李獻能，獻能斬之，曰：「從宜破敵不易。」由是憾之。乃乘奴十剌宴飲不設備，選死士二十八人，夜由後河灘踰城而上，取餅爐碎石擲屋瓦門扇爲箭鏃聲。州人疑叛軍多，不敢動，遂開門納軍。殺行省以下官屬二十一人，獻能最爲所恨，故被害尤酷。

偉之變，絳州録事張升字進之，大同人，户工部令史出身，曾爲漁陽簿，遷絳州録事，謂知識者曰：「我本小人，受國家官禄，今日國家遭不幸，我不能從反賊。」言訖赴水死，岸上數百人皆嗟惜之。

及徒單百家鄭西之敗，單騎間道數百里入京，爲上言兀典等鐵嶺敗狀。於是籍重喜、合閏、兀典家貲，暴兀典爲罪首，牓通衢云。

石盞女魯歡，本名十六〔五〕。興定三年，以河南路統軍使爲元帥右都監，行平涼元帥府事。先是，陝西行省胥鼎言：「平涼控制西垂，實爲要地。都監女奚烈古里間材識凡庸，不閑軍務，且以入粟補官，遂得升用，握重兵，當方面，豈能服衆。防秋在邇，宜選才謀、有宿望、善將兵者代之。」故以命女魯歡。

十一月，女魯歡上言：「鎮戎赤溝川，東西四十里，地無險阻，當夏人往來之衝，比屢侵突，金兵常不得利。明年春，當城鎮戎，彼必出兵來撓。乞於二三月間，徵傍郡兵聲言防護，且令鄜、鞏各屯兵境上示進伐之勢，以掣其肘。臣領平涼之衆由鎮戎而入，攻其心腹。彼自救之不暇，安能及我，如此則鎮戎可城，而彼亦不敢來犯。又所在官軍多河北、山西失業之人，其家屬仰給縣官，每患不足。鎮戎土壤肥沃，又且平衍，臣裨將所統幾八千人，每以遷徙不常爲病。若授以荒田，使耕且戰，則可以禦備一方，縣官省費而食亦足矣。其餘邊郡亦宜一體措置。」上嘉納焉。遷昌武軍節度使。

元光二年九月，又言：「商洛重地，西控秦陜，東接河南，軍務繁密，宜選才幹之士爲防禦使、攝帥職以鎮之。又舊來諸隘守禦之官，並從帥府辟置，其所辟者多其親暱，殖産營私，專事漁獵，及當代去，又復保留，此最害之甚者。宜令樞府選舉，以革其弊。又州之戍兵艱於餽運，亦合依上屯田，以免轉輸之費。」又言：「每年防秋，諸隘守者不過數十人，餘衆盡屯保安、石門、大荆、洛南以爲應援，中間相距遠至百里，倉猝豈能徵集。宜近隘築營，徙見兵居之，以待緩急。又南邊所設巡檢十員，兵率千人，此乃平時以詰姦細者，已有大軍，宜悉罷去。」朝廷略施行之。

正大九年二月〔六〕，以行樞密院事守歸德。乙丑，大元將忒木解率真定、信安、大名、東平、益都諸軍來攻。是日，無雲而雷，有以神武秘略占之者，曰「其城無害」，人心稍安。適慶山奴潰軍亦至，城中得之，頗有鬭志。己巳，提控張定夜出斫營，發數砲而還。定平日好談兵，女魯歡令自募一軍，使爲提控，小試而勝，上下遂恃以爲可用。初患砲少，欲以泥或塼爲之，議者恐爲敵所輕，不復用。父老有言北門之西一菜圃中時得古砲，云是唐張巡所埋，掘之得五千有奇，上有刻字或「大吉」字者。大兵晝夜攻城，駐營于南城外，其地勢稍高。相傳是安禄山將尹子奇於此攻巡、遠，得睢陽。時經歷冀禹錫及官屬王璧、李琦、傅瑜極力守禦，城得不拔。

方大兵圍城，議決鳳池大橋水以護城，都水官言，去歲河決敖游堌時，曾以水平量之，其地與城中龍興塔平，果決此口則無城矣。及大兵至，不得已遣招撫陳貴往決之，纔出門爲游騎所鈔，無一返者。三月壬午朔，攻城不能下，大軍中有獻決河之策者，主將從之。河既決，水從西北而下，至城西南，入故濉水道，城反以水爲固。求獻策者欲殺之，而不知所在。四月，以女魯歡爲總帥，佩金虎符。罷司農司，以其官蒲察世達爲集慶軍節度使、行六部侍郎。温特罕道僧歸德府同知，李無黨府判。五月，圍城稍緩，頗遷民出城就食。

十二月，哀宗次黃陵岡，遣奉職术甲搭失不、奉職權奉御粘合斜烈來歸德徵糧。女魯歡遣侍郎世達，治中王元慶權郎中，儀封從宜完顏胡土權元帥，護送載糧千五百石。是月晦二更發船。二年正月，達蒲城東二十里。六軍給糧盡，因留船不聽歸，且命張布爲幄，上遂用此舟以濟。

及上來歸德，隨駕軍往往出城就糧，時城中止有馬用一軍近七百人。用，山西人，與李辛同鄉里，嘗爲辛軍彈壓，在歸德權果毅都尉，車駕至，授以帥職。此軍外復有官奴忠孝軍四百五十人。河北潰軍至者皆縱遣之，故城中惟此兩軍。上時召用計事，而不及官奴，故官奴有異心。朝廷知兩人不協，恐生變。三月戊辰〔七〕，制旨令宰相錫宴省中，和解之。是夜，用撤備，官奴以兵乘之爲亂。明日，攻用軍，用敗走被殺，衆下城投水奪船而去者斯須而盡。

官奴在雙門，驅知府女魯歡至，言汝自車駕到府，上供不給，好醬亦不與，汝罪何辭。遂以一馬載之，令軍士擁至其家，檢其家雜醬凡二十甕，且出所有金貝，然後殺之。即提兵入見，言「石盞女魯歡等反，臣殺之矣」。上不得已，就赦其罪，且暴女魯歡之惡。後其姪大安入蔡，上言求湔雪，上復其官，語在烏古論鎬傳。

禾速嘉兀底代女魯歡爲總帥，軍變，官奴無意害兀底，使二卒召之，道官奴有善意，兀底喜，各以金十星與之，同見官奴。二卒復恐受金事泄，亦殺之。

初，河北潰軍至歸德，糧餉不給。朝廷命孛术魯阿海行總帥府事，以親軍武衛皆隸之。往宿州就食，軍士有不願者，辞語道中，朝廷聞之，使問其故。或言願入京或陳州，阿海請從其願，以券給之，軍心稍定。既而令求辞語者，阿海得四人，斬之國子監前，由是諸軍洶洶。二月庚子夜，劫府民武邦傑及蒲察螸住等凡九家，一軍遂散。數日，遂有官奴之變。

蒲察官奴，少嘗爲北兵所虜，往來河朔。後以姦事繫燕城獄，劫走夏津，殺回紇使者得鞍馬資貨，即自拔歸。朝廷以其種人，特恩收充忠孝軍萬户。此軍月給甚優，官奴日與羣不逞博，爲有司所劾。事聞，以其新自河朔來，未知法禁，詔勿問。

移剌蒲阿攻平陽，官奴請行，論功第一，遷本軍提控，佩金符。三峯山之敗，走襄陽，説宋制使以取鄧州自效，制使信之，至與同燕飲。已而，知汴城罷攻，復謀北歸。遣移剌留哥入鄧，説鄧帥粘合，稱欲劫南軍爲北歸計。留哥以情告粘合，官奴繼以騎卒十餘入城議事，粘合欲就甕城中擒之。官奴知事泄，即馳還，見制使得騎兵五百，掠鄧之邊面小城，獲牛羊數百，宋人不疑。官奴掩宋軍得馬三百，至鄧州城下，移書粘合辨理屈直，留馬於鄧而去。乃縛忠孝軍提控姬旺，詐爲唐州太守，械送北行，隨營帳取供給，因得入汴。有言其出入南北軍，行數千里而不懾，其智略有可取者，宰相以爲然，乃使權副都尉。未幾，提軍數百馳入北軍獵騎中，生挾一回紇而還。遂巡黄陵、八谷等處，劫牛羊糧資甚衆，尋轉正都尉。又以軍至黄陵，幾獲鎮州大將，於是中外皆以爲可用，遂拜爲元帥，統馬軍。

天興元年十二月，從哀宗北渡。上次黄陵岡，平章白撒率諸將戰，官奴之功居多。及渡河朔，惟官奴一軍號令明肅，秋毫無犯。明年正月，上至歸德。知府石盞女魯歡以軍衆食寡，懼不能給，請於上，令河北潰軍至者就糧於徐、宿、陳三州，親衞軍亦遣出城就食，上不得已從之。乃召諭官奴曰：「女魯歡盡散衞兵，卿當小心。」

是時，惟官奴忠孝軍四百五十人，馬用軍七百人，留府中。用本果毅都尉，上至歸德始升爲元帥，又嘗召之謀事，而不及官奴，故官奴始有圖用之志。是時，大元將忒木解攻歸德〔八〕。官奴既總兵柄，私與國用安謀，欲邀上幸海州。及近侍局直長阿勒根兀惹使用安迴，附奏帖，謂海州可就山東豪傑以圖恢復，且已具舟楫，可通遼東。上覽奏不從。又嘗請上北渡，再圖恢復，女魯歡沮之，自是有異心矣。且一軍倚外兵肆爲剽掠，官奴不之禁。於是，左丞李蹊、左右司郎中張天綱、近侍局副使李大節俱爲上言官奴有反狀。上竊憂之，以馬軍總領紇石烈阿里合、内族習顯陰察其動靜，與朝臣言及，則曰：「我從官奴微賤中起爲大帥，何負而反耶。卿等勿過慮。」阿里合、習顯知官奴漸不能制，反泄上意。上亦懼官奴、馬用相圖，因以爲亂，命宰執置酒和解之。用撒備。俄官奴乘隙率其軍攻用，用軍敗走。官奴亂殺軍民，以卒五十人守行宫，劫朝官皆聚於都水毛花輦宅，以兵監焉。驅參知政事石盞女魯歡至其家，悉出所有金具，然後殺之。乃遣都尉馬實被甲持刃劫直長把奴申於上前，上初握劍，見實，擲劍於地曰：「爲我言於元帥，我左右止有此人，且留侍我。」實不敢迫，逡巡而退。凡殺朝官左丞李蹊已下三百餘人，軍將、禁衛、民庶死者三千。郎中完顏胡魯剌、都事冀禹錫赴水死。

禹錫字京甫，龍山人。至寧元年進士，仕歷州郡有能聲。歸德受兵，禹錫爲行院都事，經畫守禦一府倚重。聞變，或勸以微服免，不從，見害。

是日薄暮，官奴提兵入見，言：「赤盞女魯歡等反，臣殺之矣。」上不得已，赦其罪，以爲樞密副使、權參知政事。

初，官奴之母，自河北軍潰，北兵得之。至是，上乃命官奴因其母以計請和，故官奴密與忒木觧議和事，令阿里合往言，欲劫上以降。忒木觧信之，還其母，因定和計。官奴乃日往來講議，或乘舟中流會飲。其遣來使者二十餘輩，皆女直、契丹人，上密令官奴以金銀牌與之，勿令還營。因知王家寺大將所在，故官奴畫斫營之策。

先是，忠孝軍都統張姓者，謂官奴決欲劫上北降，遂率本軍百五十人圍官奴之第，數之曰：「汝欲獻主上，我輩皆大朝不赦者，使安歸乎。」官奴懼，乃以其母出質，云：「汝等若以吾母自北中來，疑我與北有謀，即殺之，我不恨。」張意稍解，即以好語與之約曰：「果如參政所言，今後勿復言講和，北使至即當殺之。」官奴曰：「殺亦可，不殺亦可，奏而殺之亦可。」張乃退。官奴即聚軍北草場，自言無反情，今勿復相疑也。遂畫斫營之策。

五月五日，祭天。軍中陰備火槍戰具，率忠孝軍四百五十人，自南門登舟，由東而北，夜殺外堤邏卒，遂至王家寺。上御北門，繫舟待之，慮不勝則入徐州而遁。四更接戰，忠孝初小却。再進，官奴以小船分軍五七十出柵外，腹背攻之。持火槍突入，北軍不能支，即大潰，溺水死者凡三千五百餘人，盡焚其柵而還。遂真拜官奴參知政事、兼左副元帥，仍以御馬賜之。

槍制，以敕黃紙十六重爲筒，長二尺許，實以柳炭〔九〕、鐵滓、磁末、硫黃、砒霜之屬，以繩繫槍端。軍士各懸小鐵罐藏火，臨陣燒之，焰出槍前丈餘，藥盡而筒不損。蓋汴京被攻已嘗得用，今復用之。

兵既退，官奴入亳州，留習顯總其軍。上御照碧堂，無一人敢奏對者，日悲泣云：「自古無不亡之國、不死之君，但恨我不知用人，故爲此奴所囚耳。」於是，内局令宋乞奴與奉御吾古孫愛實、納蘭圪荅、女奚烈完出密謀誅官奴。或言，官奴密令兀惹計構國用安，脅上傳位，恢復山東。事不成則獻上於宋，自贖反復之罪。

官奴以己未往亳州。辛酉，召之還，不至。再召，乃以六月己卯還。上諭以幸蔡事，官奴憤憤而出，至於扼腕頓足，意趣叵測。上決意欲誅之，遂與內侍宋乞奴處置，令裴滿抄合召宰相議事，完出伏照碧堂門間。官奴進見，上呼參政，官奴即應。完出從後刺其肋，上亦拔劍斫之。官奴中創投階下以走〔一〇〕，完出叱忔荅、愛實追殺之。

忠孝軍聞難皆擐甲，完出請上親撫慰之。名呼李泰和，授以虎符，使往勞軍，因召范陳僧、王山兒、白進、阿里合。進先至，殺之堂下。阿里合中路覺其事，悔發之晚，爲亂箭所射而死。乞奴、愛實、忔荅皆授節度使、世襲千户，完出兼殿前右衛將軍，范陳僧、王山兒忠孝軍元帥。於是，上御雙門，赦忠孝軍以安反側。除崔立不赦外，其餘常所不原者咸赦之。

初，官奴解睢陽之圍，侍從官屬久苦飢窘，聞蔡州城池堅固、兵衆糧廣，咸勸上南幸。惟官奴以嘗從點檢內族斜烈過蔡，知其備禦不及睢陽，力爭以爲不可，故號於衆曰：「敢言南遷者斬。」衆以官奴爲無君，諷上早爲計，會其變，遂以計誅之。後遣烏古論蒲鮮如蔡，還言其城池兵糧果不足恃，上已在道，無可奈何。及蔡受兵，始悔不用官奴之言，特詔尚書省月給其母妻糧，俾無失所。

習顯既黨官奴，一日率忠孝軍劫官庫金四千兩。上命歸德治中温特罕道僧、帥府經歷把奴申鞫問，顯伏罪下獄。官奴變，顯脱走，殺總領完顔長樂於宮門，殺道僧、奴申於其家，遂奔亳。及官奴伏誅，詔點檢阿勒根阿失荅即亳州斬顯及忠孝軍首領數人。兀惹使用安未還，伺於中路，數其罪殺之。

内族慶山奴名承立，字獻甫，統軍使枒山之子，平章白撒之從弟也。爲人儀觀甚偉，而内恇怯無所有〔一二〕。至寧初，宣宗自彰德赴闕，慶山奴迎見于臺城。宣宗喜，遣先還中都觀變。宣宗既即位，以承立爲西京副留守，權近侍局直長，進官五階，賜錢五千貫，且詔曰：「汝雖授此職，姑留侍朕，遇闕赴之，仍給汝副留守禄。此朕特恩，宜知悉也。」貞祐初，遷武衛軍副都指揮使，兼提點近侍局。胡沙虎專權僭竊，嘗爲宣宗言之，後胡沙虎伏誅，慶山奴愈見寵幸，以爲殿前右副都點檢。三年，大元兵圍中都，詔以慶山奴爲宣差便宜都提控，率所募兵往援。俄爲元帥右都監，行帥府事，兼前職。

四年，知慶陽府事，兼慶原路兵馬都總管，以所獲馬馳進，詔諭曰：「此皆軍士所得，即以與之可也。朕安用哉，後勿復進。」因令徧諭諸道帥府焉。

興定元年正月，大元兵及夏人迴經寧州，慶山奴以兵邀擊敗之，以功進元帥左都監，兼保大軍節度使，行帥府事於鄜州。二年五月，夏人率步騎三千由葭州入寇，慶山奴以兵逆之，戰于馬吉峯，殺百餘人，斬酋首二級，生擒數十人，獲馬三十餘疋。三年四月，夏人據通秦寨，慶山奴遣提控納合買住討之。夏人以步騎二萬逆戰，買住擊敗之，夏人由葭蘆川遁去，凡斬首八百級。俄而，復攻寨據之，慶山奴率兵與戰，斬首五千級，復其寨。詔賜慶山奴金帶一，將士賞賚有差。四年四月，破夏兵于宥州，斬首千餘級，遂圍神堆府。慶山奴四面攻之，士卒方登陴，援兵大至，復擊走之。

正大四年，李全據楚州，詔以慶山奴爲元帥，同總帥完顔訛可將兵守盱眙，且令城守勿出戰。已而，全軍盱眙界，二帥迎敵大敗，死者萬餘人，委棄資仗甚衆。時軍無見糧，轉輸不繼，民疲奔命，愁嘆盈路。諸相不肯正言，樞密判官白華拜章乞斬之以謝天下，不報。降爲定國軍節度使，又以受賂奪一官。

八年正月，鳳翔破，兩行省徙京兆居民於河南，令慶山奴以行省守之。時京兆行省止有病卒八百、瘦馬二百，承立懼不能守，屢上奏請還。每奏一帖，附其兄白撒一書，令爲地，朝廷不許。十月，慶山奴棄京兆還朝〔一三〕，留同知乾州軍州事、保義軍提控苟琪守之。慶山奴行至閿鄉，哀宗遣近侍裴滿七斤授以黃陵岡從宜，不聽入見。未幾，代徒單兀典行省事於徐州。九年正月，自徐引兵入援，選精鋭一萬五千，與徐帥完顔兀論統之，將趨歸德。義勝軍總領侯進、杜政、張興等率所部三千人降大兵。慶山奴留睢州三日不敢進，聞大兵且至，懼此州不可守，退保歸德。二月，行次楊驛店，遇小乃觧軍，遂潰。兀論戰死，慶山奴馬躓被擒，惟元帥郭恩、都尉烏林荅阿督率三百餘人走歸德。

大兵以一馬載慶山奴，擁迫而行，道中見真定史帥，承立問曰：「君爲誰？」史帥言：「我真定五路史萬户也。」承立曰：「是天澤乎？」曰：「然。」曰：「吾國已殘破，公其以生靈爲念。」及見大帥忒木觧，誘之使招京城，不從，又偃蹇不屈，左右以刀斫其足折，亦不降，即殺之。議者以承立累敗不能解其軍職，死有餘責，而能以死報國，亦足稱云。

初，睢州刺史張文壽聞大兵將至，遷旁縣居民入城，大聚芻粟，然無固守意，日夜謀走以自便。既而，聞承立入援，即以州事付其僚佐，託以應援徐兵，夜啓關挈家走歸德，慶山奴以爲行部郎中，死楊驛。俄大兵圍睢州，以無主將，故殘破之甚也。

兀論，丞相賽不之姪，元光間例以諸帥爲總領，兀論以丞相故獨不罷。金朝防近族而用疎屬，故白撒、承立、兀論輩皆腹心倚之。

贊曰：官奴素行反側，倏南倏北，若龍斷然。哀宗一旦倚爲腹心，終爲所制，照碧之處何異幽囚，其事與梁武、侯景大同而小異。徒單兀典、慶山奴爲將皆貪，宜數取敗。女魯歡無大失行，而死於官奴，哀宗猶暴其罪，冤哉。

校勘記

〔一〕安平都尉苗秀　「安平」，原作「高平」。按，金末都尉有「安平」之號。本書卷四四兵志兵制載「天興初元，有十五都尉」，其中有「申裕安平完顏斜列」。又卷一一三白撒傳、卷一一五崔立傳、卷一二三忠義傳三完顏陳和尚傳、卷一二四忠義傳四蒲察琦傳皆有「安平都尉」，本傳下文亦云「是役也，安平、盪寇、鷹揚、振威諸都尉，及西安、金雞等軍，脱走者百才一二」。今據改。又「苗秀」，下文作「苗英」，卷一七哀宗紀上亦作「苗英」。疑此處誤。

〔二〕尋以偉權興寶軍節度使　按，金無「興寶軍」。本書卷二六地理志下，河東南路解州，「貞祐三年復升爲節鎮，軍名寶昌」。據此「興寶軍」或是「寶昌軍」之誤。參見本書卷一八校勘記〔四〕。

〔三〕南縣把隘軍提控以偉横恣言於行省　「南」上疑脱「洛」字。按，金無「南縣」。本書卷二六地理志下，商州有洛南縣。

〔四〕王茂殺北城邏卒　「北城」，原作「此城」，據南監本、北監本、殿本、局本改。

〔五〕石盞女魯歡本名十六　按，本書金國語解，「十六曰『女魯歡』」。可知「女魯歡」爲本名，「十六」爲漢語意譯，「本名十六」或有誤。

〔六〕正大九年二月　「正大九年」，局本作「天興元年」。

〔七〕三月戊辰　原作「二月戊辰朔」。按，本書卷一八哀宗紀下，天興二年「二月丙子朔」，無戊辰。又明記三月「戊辰，官奴以忠孝軍爲亂」。戊辰是三月二十四日，今據改「二月」爲「三月」，並删「朔」字。

〔八〕大元將忒木觧攻歸德　「攻」，原作「守」。按，本卷石盞女魯歡傳，「正大九年二月，以行樞密院事守歸德。乙丑，大元將忒木觧率真定、信安、大名、東平、益都諸軍來攻」。本書卷一一七粘哥荆山傳附劉堅傳，天興「二年夏四月，北省忒木觧攻歸德」。作「攻」是。今據改。

〔九〕實以柳炭　「柳炭」，原作「柳灰」，據南監本、北監本、殿本、局本改。

〔一〇〕官奴中創投堦下以走　「堦」，原作「城」，據文義改。

〔一一〕而内恇怯無所有　「恇」，原作「惟」，據南監本、北監本、殿本、局本改。

〔一二〕十月慶山奴棄京兆還朝　本書卷一七哀宗紀上記此事在九月。

金史卷一百十七

列傳第五十五

徒單益都　粘哥荊山劉均附　王賓王進等附　國用安

時青

徒單益都，不詳其履歷，嘗累官爲延安總管。正大九年正月，行省事於徐州。時慶山奴撤東方之備入援，未至睢州，徐、邳義勝軍總領侯進、杜政、張興率本軍降大兵於永州。辛丑，大兵守徐張盆渡。益都到官才三日，懼兵少不能守，即令移剌長壽率甲士千人迎大兵。長壽軍無紀律，大兵掩之，一軍皆覆，徐危甚。益都籍州人及運糧埽兵得萬人。乙巳，大兵傅城，燒南關而去。侯進既降北，即以爲京東行省，進遂請千人來襲。二月庚申未明，大兵坎南城而上，守者皆散走，城中大呼曰：「大兵入南門矣。」益都聞之不及甲，率州署夜直兵三百，由黄樓而南，力戰禦敵。亂定，遷賞有差。

由是，軍勢稍振，復奪張益渡，取蕭縣，破白塔，戰於土山，救被俘老幼五千還徐。既而，侯進亡命駐靈壁，杜政、張興亦慮爲北所害，窮窘自歸。益都撫而納之，興留徐，杜政還邳州。

益都資禀仁厚，持大體，二子兩姪爲軍將，頗侵漁軍民。青州人王祐爲埽兵總領，將兵千七百人，益都常倚之，雖有過亦不責。以故祐亦横恣，與河間張祚、下邑令李閏、義勝都統封仙、遥授永州刺史成進忠輩，乘軍政廢弛，城中空虚，以六月丁巳夜燒草場作亂。時張興卧病，祐恐事不成，起興與同行。益都疑左右皆叛，挈妻子縋城而出，就從宜衆僧奴及東面總領劉安國軍。張興推祐爲都元帥，復懼祐圖己，遂誅祐，并張祚殺之，因大掠城中。壬戌，國用安以行山東路尚書省事率兵至徐，張興率甲士迎之。用安輕騎而入，執興與其黨十餘人，斬之于市，遂以封仙爲元帥，兼節度使，主徐州。

益都窘無所歸，乃奔宿州，節度使紇石烈阿虎以益都爲人所逐不納，乃與諸將駐于城南。時宿之鎮防軍有逃還者，阿虎以爲叛歸亦不納。城中鎮防千户高臘哥，結小吏郭仲安，謀就徐州將士内外相應以取宿，因歸楊妙真。甲戌夜半，開門納徐州總領王德全及妻弟高元哥軍。劉安國尋亦入城，縛阿虎父子殺之。州中請益都主帥府事，益都不從曰：

「吾國家舊人，爲將帥亦久，以資性疎迂不能周防，遂失重鎮。今大事已去，方逃罪不暇，豈有改易髻髮、奪人城池，以降外方乎。」即日，率官吏而行，至穀熟東，遇大兵，不屈而死。

徐州既歸海州，邳帥兀林荅某亦讓印於杜政，遂送款於用安。已而，宿州王德全、劉安國亦送款海州。惟益都不改髻髮〔一〕，以至於死云。

粘哥荆山，不知其所始，正大中，累官亳州節度使。九年正月己丑，游騎自鄧至亳，鈔鹿邑，營於衞真西北五十里。鹿邑令高昂霄知太康已降，即夜趍亳，道出衞真，呼縣令楚珩約同行。珩知勢不支，即明諭縣人以避遷之意，遂同走亳。丁未，二邑皆降。是日，軍至亳州城下。州止有單州兵四百人，號「鎮安軍」，提控楊春、邢某、都統戴興屯已六年。荆山悉籍城中丁壯爲軍，修守具，而大兵亦不暇攻。四月，擁降民而北，城門閉，不之知也。

五月，縱遷民收麥，老幼得出，丁壯悉留之。民往往不肯留而遁，數日，城爲之空。荆山遣將領各詣所屬招之，并將領亦不返。「鎮安」者皆紅襖餘黨，力盡來歸，變詐反覆，朝廷終以盜賊待之。荆山以遷民爲軍，蓋防之也。及召外兵不至，乃請於歸德，得甲騎百餘，兩總領統之。既至，「鎮安」疑其謀己，乃乘將士新到不設備，至夜，掩殺殆盡。荆山出走衞真，楚珩與之馬而去，州中豪貴悉被剽略。

劉堅者，初爲大兵守城父，亳州復擒之，囚之於獄。楊春謀欲北降，乃出之，使爲宣差。乙巳，大兵石總管入州，改州爲順天府，春爲總管，戴興爲同知，劉順治中，留党項軍千人戍之。屬縣皆下，惟城父令李用宜不降，其妻子在亳，春以爲質，竟不屈而死。春既據州，與劉堅坐樓上，召副提控邢某。邢剛直循理，將士嚴憚之，時卧病，聞春亂，流涕不自禁。春遣人舁致之，邢指春大駡，春慚恧無言。春欲殺荆山家，邢力勸止之，且令給道路費送之出城，邢尋病卒。

二年夏四月〔二〕，北省忒木觧攻歸德，春以戴興提精卒以往，獨與疲弱者守城，州人王賓遂反正，春渡河北遁。既而，崔七斤爲亂，殺王賓，朝廷不得已，以七斤爲節度使，就其兵仗入蔡。八月，劉順攻亳州，破之，七斤爲城父令所殺。未幾，單州軍以州人殺其家屬，召大兵來攻，不能拔，殺屬縣民而去。既渡河，知亳人不疑，復來攻，州竟爲春所破。是年六月〔三〕，宋人來攻，春出降，劉堅北走。

劉均者林慮人，時爲亳州觀察判官。春既逐荆山，納款大兵，脅均同降。均佯應之，歸其家取朝服服之，顧謂妻子曰：「我起身刀筆，仰荷上知，始列朝著，又佐大藩，死亦足矣。今頭顱已如此，假使有十年壽，何以見先帝於地下乎。」即仰藥而死。

王賓字德卿，亳州人。貞祐二年進士〔四〕。外若曠達，而深有謀畫。初調蘭陵主簿，辟虹縣令，尋入爲尚書省令史，坐事罷歸鄉里。

天興元年正月，亳州軍變〔五〕，節度使粘哥荆山出走，楊春以州出降。既而，自以羸兵守之。賓與前譙縣尉王進、魏節亨、吕鈞約城中軍民復其州，楊春遂遁，遣節亨詣歸德以聞。哀宗嘉之，授進節度使，賓同知節度使，節亨節度副使，鈞觀察判官。楊春復以兵來攻，月餘不能拔，即渡河而北。

六月，哀宗遷蔡，賓奉迎於州北之高安，上與語大悦，恨用之晚，擢爲行部尚書、世襲謀克。上初至亳，賓等適徵民丁負鐵甲入蔡，及會計忠孝軍家屬口糧，故留參知政事張天綱董之，就遷有功將士。時亳之糧儲不廣，賓等常吝惜，軍士以此歸怨。及運甲之役，復不欲行。會天綱與賓等於一樓上銓次立功等第，鎮防軍崔復哥、王六十之徒擐甲譁譟登樓，天綱問曰：「即欲見殺，容我望闕拜辭。」賊曰：「無預相公。」即拽賓及呂鈞往市中。鈞且行且跪，涕淚俱下。賓岸然不懼，大叫曰：「不過殺我。但殺，但殺。」乃並害之。節度副使魏節亨、節度判官孫良、觀察副使孫九住皆被害。又數日，殺節度使王進。

進嘗應荆山之募，由間道入汴京納奏，賞以物不受，又散家所有濟貧民，以死自勵。至汴，以勞遷本州節度判官〔六〕，賜以白金，亦不受，一時甚稱之。

有李喜住者，本宿州衆僧奴下宣差。天興二年四月，進糧入歸德，將還，聞亳州王進反正，制旨以喜住爲振武都尉，將兵三千應援。是時，太赤圍亳步騎十萬，喜住以衆寡不敵，獨與三人間道入城，王進方議遷左軍林，喜住不可，進即以兵付喜住。大兵攻八日不能下，五月壬子，兵退。

己未，官奴與阿里合提忠孝軍百人至亳，與諸將議遷可否。以爲不可，當留輜重於蔡，選軍扈從入聖朵就武仙軍，遂入關中。關中地利可恃，又有郭蝦蟆等軍在西可恃。五月甲子，召官奴還歸德，不赴，再召，留其軍半於亳乃赴。

六月壬辰，車駕舟行至亳，王進奏：「臣本軍伍，不知治體，如李喜住扈從入蔡，則亳不守矣。乞留治此州。」詔以喜住爲集慶軍節度使，便宜從事，進領帥職。七月，進死。喜住先往城父督糧餫，聞亂遂不敢入亳，後投宋。

論曰：金季之亂，軍士欲代其偏裨，偏裨欲代其主將，即羣起而僨之，無復忌憚。益都、荆山皆忠亮之士，賓、進才略尤足取焉，而並不免於難，惜哉。

國用安先名安用，本名咬兒，淄州人。紅襖賊楊安兒、李全餘黨也。嘗歸順大元，爲都元帥、行山東路尚書省事。

天興元年六月，徐州埽兵總領王祐、義勝軍都統封仙、總領張興等夜燒草場作亂，逐元帥徒單益都。安用率兵入徐，執張興與其黨十餘人斬之，以封仙爲元帥兼節度使，主徐州。宿州鎮防軍千户高臈哥與東面總帥劉安國搆徐州總帥王德全，殺宿帥紇石烈阿虎，以其州歸海州。邳州從宜兀林荅某亦讓州於杜政，送欵海州。既而，皆歸安用。

北大將阿朮魯聞安用據徐、宿、邳，大怒曰：「此三州我當攻取，安用何人，輒受降。」遣信安張進等率兵入徐，欲圖安用，奪其軍。安用懼，謀於德全，劫殺張進及海州元帥田福等數百人，與楊妙真絶，乃還邳州。會山東諸將及徐、宿、邳主帥，刑馬結盟，誓歸金朝。既盟，諸將皆散去，安用無所歸，遂同德全、安國託從宜衆僧奴自通於朝廷。衆僧奴遣人上奏：「安用以數州反正，功甚大。且其兵力强盛，材略可稱。國家果欲倚用，非極品重權不足以堅其許國之心。」未報。安用率兵萬人攻海州，未至，衆稍散去。安國因勸安用當赤心歸國，安用亦自知反復失計，事已無可柰何，於是復金朝衣冠。妙真怒其叛己，又懼爲所圖，悉屠安用家走益都。安用遂選兵分將，期必得妙真，自此淮海之上無寧歲矣。

未幾，朝廷遣近侍局直長因世英、都事高天祐持手詔至邳，以安用爲開府儀同三司、平章政事、兼都元帥、京東山東等路行尚書省事，特封兗王，賜號「英烈戡難保節忠臣」，錫姓完顏，附屬籍，改名用安，賜金鍍銀印、駞紐金印、金虎符、世襲千户宣命、勑樣、牌樣、御畫體宣、空頭河朔、山東赦文，便宜從事，且以彭王妃誥委用安招妙真。用安始聞使者至，猶豫未決，以總領楊懋迎使者入，監于州廨，問所以來。世英對以封建事，意頗順。諸帥王、杜輩皆不欲宣言，欲殺使者。明日，用安乃出見使者，跪揖如等夷，坐定，語世英曰：「予向隨大兵攻汴，嘗於開陽門下與侯摯議内外夾擊。此時大兵病死者衆，十七頭項皆在京城，若從吾計出軍，中興久矣。朝廷乃無一人敢決者，今日悔將何及。」言竟而起。既而選人取朝廷賜物遍觀之，喜見顔色。復與使者私議，欲不以朝禮受之，世英等不可，即設宴拜授如儀，以主事常謹等隨使者奉表入謝。

上復遣世英、天祐賜以鐵券一、虎符六、龍文衣一、玉魚帶一、弓矢二、封贈其父母妻誥命，及郡王宣、世襲宣、大信牌、玉兔鶻帶各十，聽同盟可賜者賜之。使者至邳，用安迎受如禮，始有入援意。及聞上將遷蔡州，乃遣人以蠟書言遷蔡有六不可，大率以謂：「歸德環城皆水，卒難攻擊，蔡無此險，一也。歸德雖乏糧儲，而魚芡可以取足，蔡若受圍，廩食有限，二也。大兵所以去歸德者，非畏我也，縱之出而躡其後，舍其難而就其易者攻焉，三也。蔡去宋境不百里，萬一資敵兵糧，禍不可解，四也。歸德不保，水道東行猶可以去，蔡若不守，去將安之，五也。時方暑雨，千里泥淖，聖體豐澤，不便鞍馬，倉卒遇敵，非臣子所敢言，六也。雖然，陛下必欲去歸德，莫如權幸山東。山東富庶甲天下，臣略有其地，東連沂、海，西接徐、邳，南扼盱、楚，北控淄、齊。若鑾輿少停，臣仰賴威靈，河朔之地可傳檄而定。惟陛下審察。」上以其言示宰臣。宰臣奏用安反復，本無匡輔志，此必參議張介等議之，業已遷蔡，議遂寢。

初，世英等過徐，王德全、劉安國説之曰：「朝廷恩命豈宜出自用安，郡王宣吾二人最當得者，乞就留之。」世英乃留郡王宣、世襲宣、玉帶各二。由是與用安有隙，又懼爲所圖，皆不聽其節制。十郡王者，李明德、封仙、張瑀、張友、卓翼、康琮、杜政、吴歪頭、王德全、劉安國也。用安必欲取山東，累徵徐、宿兵，止以勤王爲辭，二帥不應。用安怒，令杜政等率兵三千，以取糧爲名，襲徐、宿。既入城，德全覺之，就留杜政、封仙不遣。用安愈怒，謂德全、安國必有謀，乃執桃園帥吴某等八九人下獄鞫問。二帥遣温特罕張哥以杜政、封仙欲襲取徐州白用安，不聽，驅吴帥、張哥輩九人併斬之。張哥將死大呼曰：「國咬兒，汝無尺寸功，受國家大封爵。何負於汝，而從杜政等變亂，又殺無罪之人。今雖死，當與汝辨於地下矣。」

會上遣臧國昌以密詔徵兵東方，故用安假朝命聲言入援，檄劉安國爲前鋒，親率兵三千駐徐州城下招德全。德全終疑見圖，不出，係封仙於獄，殺之，遣杜政出城。安國既至宿州，用安復召安國還，安國不從，獨與衆僧奴赴援。行及臨涣龍山寺，用安使人劫殺之，遂攻徐州，踰三月不能下，退歸漣水。於是，因世英以用安終不赴援，乃還朝，至宿州西遇大兵，不屈而死，事聞，贈汝州防禦使。

既而，用安軍食不給，乞糧於宋，宋陽許之，即改從宋衣冠〔七〕，而私與朝使相親。尋益乏食，軍民多亡去，乃命蕭均以嚴刑禁亡者，血流滿道。大元東平萬户查剌將兵至漣水，遂降焉。查剌既渡河，趨蔡州，用安以詭計還漣水，復叛歸於宋，受浙東總管、忠州團練使，隸淮閫。甲午正月，聞大兵圍沛，用安往救之，敗走徐州。會移兵攻徐，用安投水死，求得其户，劓面繫馬尾，爲怨家田福一軍臠食而盡。

用安形狀短小無須，喜與輕薄子游，日擊鞠衢市間，顧眄自矜，無將帥大體。

介字介甫，平州人，正大元年經義進士第一，時爲用安參議。

初，天祐等出汴，微服間行，經北軍營幕，至通許崔橋始有義軍招撫司官府，去京師二百里矣。至陳州，防禦使粘葛奴申始立州事。留二日，至項城，縣令朱珍立縣事，有士卒千二百人。至泰和縣，縣令王義立縣已五月矣。八月，至宿州，衆僧奴得報，且知朝廷授以權宿州節度使、兼元帥左都監之命，具彩輿儀衛出城五里奉迎〔八〕。時東方不知朝廷音問已八月矣，官民見使者至，且拜且哭。有張顥者任俠尚氣知義理，即謂天祐曰：「東方不知朝廷音問已數月，今見使者，百姓皆感動。若不以聖旨撫慰之，恐失東民之心。我欲矯稱制旨宣諭，如何。」天祐書生守規矩，不敢從，但以宰相旨集州民慰撫之，州民復大哭。明日，往徐州。

時青，滕陽人。初與叔父全俱爲紅襖賊，及楊安兒、劉二祖敗，承赦來降，隸軍中。興定初，青爲濟州義軍萬户。是時，叔父全爲行樞密院經歷官。興定二年冬，全馳驛過東平，青來見，因告全將叛入宋，全祕之。頃之，青率其衆入于宋。宋人置之淮南，屯龜山，有衆數萬。

興定四年，泗州行元帥府紇石烈牙吾塔遣人招之，青以書來。書曰：「青本滕陽良民，遭時亂離，扶老携幼避地草莽。官吏不明此心，目以叛逆，無所逃死，竄匿淮海。離親舊、去鄉邑，豈人情之所樂哉。僕雖偷生寄食他國，首丘之念未嘗一日忘之。如朝廷赦青之罪，乞假邳州以屯老幼。當襲取盱眙，盡定淮南，以贖往昔之過。」牙吾塔復書曰：「公等初亦無罪，誠能爲國建功，全軍來歸，即吾人也。邳州吾城，以吾人居之亦何不可。易曰：『君子見幾而作，不俟終日。』公其亟圖之。生還父母之邦，富貴終身，傳芳後世，與其羈縻異域，目以兵虜，孰愈哉。」牙吾塔奏其事。十月，詔加青銀青榮祿大夫，封滕陽公，仍爲本處兵馬總領元帥、兼宣撫使。青潛表陳謝，復以邳州爲請。樞密院奏：「恐青意止欲得邳州。可諭牙吾塔，若青誠實來歸，即當授之。如審其詐，可使人入宋境宣布往來之言，及所授官爵，亦行間之術也。」青既不得邳州，復爲宋守。

興定五年正月二十五日夜〔九〕，青襲破泗州西城，提控王祿遇害。是時，時全爲同簽樞密院事，朝廷不知青襲破西城，止稱宋人而已。詔全往督泗州兵取西城。全至泗州，獲紅襖賊一人，詰問之，乃知青爲宋京東鈐轄，襲破西城。全頗喜，乃殺其人以滅口。牙吾塔晝夜力戰，募死士以梯衝逼城，青縋兵出拒不得前。牙吾塔遣提控王應孫穴城東北隅，青夜出兵來襲，擊却之。越二日，復出又却之。攻城益急，青以舟兵二千合城中兵來犯牙吾塔營，提控斡魯朵先知，設伏掩擊，青兵大敗，溺淮水死者千人，自是不復出矣。王應孫穴城將及城中，青隧地然薪逼出之。青乘城指麾，流矢中其目，餘衆往往被創，樓堞相繼摧壞，城中恟懼，遂無固志。二月二十六日夜，青拔衆走，遂復西城〔一〇〕。

元光元年二月，全與元帥左監軍訛可，節制三路軍馬伐宋。詔曰：「卿等重任，毋致不和以貽喪敗。其資糧可取，規取失宜不能得之，罪在訛可。既已得之，不能運致以爲我用，罪在全。」全與訛可由潁、壽進渡淮，敗宋人于高塘市，攻固始縣，破宋廬州將焦思忠兵。無何，獲生口言，時青受宋詔與全兵相拒，全匿其事。

五月，兵還，距淮二十里，諸軍將渡，全矯稱密詔「諸軍且留收淮南麥」，遂下令人穫麥三石以給軍。衆惑之，訛可及諸將佐勸之不聽，軍留三日。訛可謂全曰：「今淮水淺狹，可以速濟。時方暑雨，若值暴漲，宋乘其後，將不得完歸矣。」全力拒之。從宜達阿、移失不、斜烈、李辛稍稍不平，全怒曰：「訛可一帥耳，汝曹黨之。汝曹致身至此，皆吾之力。吾院官也，於汝無不可者。」衆乃不敢言。是夜，大雨。明日，淮水暴漲，乃爲橋渡軍。宋兵襲之，軍遂敗績。橋壞，全以輕舟先濟，士卒皆覆没。宣宗乃下詔誅之，遣官招集潰軍，詔曰：「大軍渡淮，每立功效。諸將謬誤，部曲散亡，流離憂苦，朕甚閔焉。各歸舊營，勉圖自效。」又詔曰：「陣亡把軍品官子孫，十五以上者依品官子孫例隨局承應，十五以下、十歲以上者依品從隨局給俸，至成人本局差使。無子孫官，依例給俸。應贈官、賻錢、軍人家口當養贍者，並如舊制。」

贊曰：金自章宗季年，宋韓侂胄搆難，招誘隣境亡命以撓中原，事竟無成。而青、徐、淮海之郊民心一揺，歲遇饑饉，盜賊蠭起，相爲長雄，又自屠滅，害及無辜，十餘年麋沸未息。宣宗不思靖難，復爲伐宋之舉，迄金之亡，其禍尤甚。簡書所載國用安、時青等遺事，至今仁人君子讀之猶蹙頞終日。當時烝黎，如魚在釜，其何以自存乎。兵，凶器也。金以兵得國，亦以兵失國，可不慎哉，可不慎哉。

校勘記

〔一〕惟益都不改髻髮　「益都」，原作「安國」，據北監本、殿本、局本改。

〔二〕二年夏四月　按，此上當脱「天興」二字。

〔三〕是年六月　按，周密齊東野語卷五端平入洛，端平元年「六月十二日離合肥」，「二十四日入亳州，總領七人出降。城雖土築，尚堅。單州出戍軍六百餘人在内，皆出降」。「戍兵暴横，亳人怨之。前日降韃，今日降宋，皆此軍也」。宋端平元年即金天興三年，則此「是年」當作「明年」。

〔四〕貞祐二年進士　「二年」，疑當作「三年」。按，本書卷五一選舉志一載，「宣宗貞祐二年，御史臺言，明年省試以中都、遼東、西北京等路道阻，宜於中都、南京兩處試之」。又，「宣宗貞祐三年，以會試賦題已曾出，而有犯格中選者，復以考官多取所親，上怒其不公，命究治之」。卷一二六文藝傳下李獻能傳：「貞祐三年，特賜詞賦進士，廷試第一人，宏詞優等。」據薛瑞兆金代科舉考證，貞祐三年選舉，「當擢進士一百二十人左右」。

〔五〕天興元年正月亳州軍變　按，亳州軍變已見上文粘哥荆山傳，事在五月。此作「正月」疑誤。

〔六〕至汴以勞遷本州節度判官　疑此處文有脱誤。按，上文有「前譙縣尉王進」及「授進節度使」，始末甚明，則「以勞遷本州節度判官」者必非王進。上文節度判官爲孫良，今疑此或敍孫良事，緣上文誤作「王進」。或本敍王進事，而有訛誤。

〔七〕即改從宋衣冠　「冠」字原脱。按，上文有「復金朝衣冠」，今據補。

〔八〕具彩輿儀衛出城五里奉迎　「具」，原作「且」，據南監本、北監本、殿本、局本改。

〔九〕興定五年正月二十五日夜　按，本書卷一六宣宗紀下，興定五年正月丙戌朔。「戊戌，宋人襲泗州西城，提控王禄死之。」卷一二四忠義傳四畢資倫傳亦云：「興定五年正月戊戌，提控王禄湯餅會軍中宴飲，宋龜山統制時青乘隙襲破泗州西城。」戊戌是正月十三日，與此「二十五日」異。

〔一〇〕二月二十六日夜青拔衆走遂復西城　按，本書卷一六宣宗紀下，興定五年二月丙子，「元帥紇石烈牙吾塔破宋兵，復泗州。進逼濠州，至渦口，乏糧而還西城」。是月丙辰朔，丙子爲二十一日，與此「二十六日」異。

金史卷一百十八

列傳第五十六

苗道潤　王福　移剌衆家奴　武仙　張甫　靖安民

郭文振　胡天作　張開　燕寧

苗道潤，貞祐初，爲河北義軍隊長。宣宗遷汴，河北土人往往團結爲兵，或爲羣盜。道潤有勇略、敢戰鬭，能得衆心。比戰有功，略定城邑，遣人詣南京求官封。宰相難其事，宣宗召河南轉運使王擴問曰：「卿有智慮，爲朕决道潤事。今即以其衆使爲將，肯終爲我盡力乎？」擴對曰：「兼制天下者以天下爲度。道潤得衆，有功因而封之，使自爲守，羈縻使之，策之上也。今不許，彼負其衆，何所不可爲。」宣宗顧謂宰執曰：「王擴之言，實契朕心。」於是，除道潤宣武將軍、同知順天軍節度使事。貞祐四年，復以功遷懷遠大將軍、同知中山府事。再閱月，復戰有功，遷驃騎上將軍、中都路經略使、兼知中山府事。頃之，加中都留守、兼經略使。道潤前後撫定五十餘城。

興定元年，詔道潤恢復中都，以山東兵益之。道潤奏：「去年十一月，臣遣總領張子明招降蠡州獨吉七斤。近日，河北東路兵馬都總管移剌鐵哥移軍蠡州，襲破子明軍，殺數百人，子明亦被創。臣將提兵問罪，重以鐵哥自拔來歸，但備之而已。今欲復取都城，乞無罪鐵哥，直令受臣節制，庶可集事。」宣宗以問宰相，奏曰：「道潤、鐵哥不協，不可相統屬。」詔以完顏寓行元帥府事，督道潤復中都，和輯鐵哥軍。

初，道潤與順天軍節度使李琛不相能，兩軍士兵因之相攻，琛遣兵攻滿城、完州，道潤軍拒戰，殺琛兄榮及弟明等。琛奏：「潞州提控烏林荅吾典承道潤風指，日謀侵害。山東行省數諭道潤與臣通和，竟不見從，且殺臣兄榮、弟明等，恣橫如此，將爲後患。」又奏：「乞令河北州府官不相統攝，並聽帥府節制。仍遣官增減諸路兵力，使權均勢敵無相併吞，則百姓安農畝矣。」道潤奏李琛以衆叛，陷滿城，攻完州。琛亦奏道潤叛。廷議以爲兩人失和，故至于此，令山東行省樞密院諭琛：「行省在彼，自當俱聽節制，何待帥府。士兵本以義團結，且耕且戰。今乃聚之城寨，遂相併吞。百姓不安，皆由官長無所忌憚使之然也。嚴爲約束，依時樹藝，無致生事。」有詔道潤與移剌鐵哥合兵撫定河北，令諸道兵互相應援。

既而，道潤與賈仝、賈瑀互相攻擊〔一〕，詔道潤、賈仝、王福、武仙、賈瑀分畫各路元帥府控制之，彰德、衞、輝招撫司隸樞密院。賈瑀既與道潤相攻，已而詐爲約和，道潤信之，遂伏兵刺殺道潤。朝廷不能問，一軍彷徨無所依，提控靖安民乞權隸潞州行元帥府，聽其節制。時興定二年也。

右丞侯摯乞以保、蠡、完三州隸真定，而蠡州舊受移剌衆家奴節制，一旦改隸真定，恐因而交爭。靖安民等願隸潞州，乃令河北行省審處之。經略副使張柔奏：「賈瑀攻易州寨，殺刺史馬信及其裨校，奪所佩金符而去。」頃之，張柔攻賈瑀殺之。道潤既死，靖安民代領其衆，是後乃封建矣。

初，貞祐四年，右司諫术甲直敦乞封建河朔，詔尚書省議，事寢不行。興定三年，以太原不守〔二〕，河北州縣不能自立，詔百官議所以爲長久之利者。翰林學士承旨徒單鎬等十有六人以謂「制兵有三，一曰戰，二曰和，三曰守。今欲戰則兵力不足，欲和則彼不肯從，唯有守耳。河朔州郡既殘毀，不可一概守之，宜取願就遷徙者屯于河南、陝西，其不願者許自推其長，保聚險阻」。刑部侍郎奧屯胡撒合三人曰：「河北於河南有輔車之勢，蒲、解於陝西有襟喉之要，盡徙其民，是撤其藩籬也。宜令諸郡，選才幹衆所推服、能糾衆遷徙者，願之河南或晉安、河中及諸險隘，量給之食，授以曠土，盡力耕稼。置僑治之官，以撫循之。擇其壯者，教之戰陣。敕晉安、河中守臣檄石、嵐、汾、霍之兵，以謀恢復，莫大之便。」兵部尚書烏林荅與等二十一人曰：「河朔諸州，親民掌兵之職，擇土人嘗居官、有材略者授之，急則走險，無事則耕種。」宣徽使移剌光祖等三人曰：「度太原之勢，雖暫失之，頃亦可復。當募土人威望服衆者，假以方面重權。能克復一道，即以本道總管授之。能捍州郡，即以長佐授之。必能各保一方，使百姓復業。」提點尚食局石抹穆請以高爵募民，大概同光祖議。宰臣欲置公府，宣宗意未決，御史中丞完顏伯嘉曰：「宋人以虛名致李全，遂有山東實地。苟能統衆守土，雖三公亦何惜焉。」宣宗曰：「他日事定，公府無乃多乎。」伯嘉曰：「若事定，以三公就節鎮何不可者。」宣宗意乃決。

四年二月，封滄州經略使王福爲滄海公，河間路招撫使移剌衆家奴爲河間公，真定經略使武仙爲恒山公，中都東路經略使張甫爲高陽公，中都西路經略使靖安民爲易水公，遼州從宜郭文振爲晉陽公，平陽招撫使胡天作爲平陽公，昭義軍節度使完顏開爲上黨公，山東安撫副使燕寧爲東莒公。九公皆兼宣撫使，階銀青榮祿大夫，賜號「宣力忠臣」，總帥本路兵馬，署置官吏，徵斂賦稅，賞罰號令得以便宜行之。仍賜詔曰：「乃者邊防不守，河朔失寧，卿等自總戎昭，備殫忠力，若能自效，朕復何憂。宜膺茅土之封，復賜忠臣之號。除已畫定所管州縣外，如能收復鄰近州縣者，亦聽管屬。」

王福，本河北義軍，積戰功累遷同知橫海軍節度使事、滄州經略副使。

興定元年，福遣提控張聚、王進復濱、棣二州，以聚攝棣州防禦使，進攝濱州刺史。久之，福與聚有隙，聚以棣州附於益都張林。

興定三年九月，福上言：「滄州東濱滄海，西連真定，北備大兵，可謂要地。乞選重臣爲經略使，得便宜從事，以鎮撫軍民。」朝廷以福初率義兵復滄州，招集殘民，今有衆萬餘，器甲完具，自雄一方。與益都張林、棣州張聚皆爲鄰境。今利津已不守，遼東道路艱阻，且其意本欲自爲使，但託詞耳。因而授之，使招集濱、棣之人，通遼東音問。今若不許，宋人或以大軍迫脅，或以官爵招之，將貽後悔。宣宗以爲然，乃以福爲本州經略使，仍令自擇副使。會福有戰功，遷遥授同知東平府事、權元帥右都監，經略節度如故。興定四年，封爲滄海公，以清、滄、觀州，鹽山、無棣、樂陵、東光、寧津、吴橋、將陵、阜城、蓨縣隸焉。

四月，紅襖賊李二太尉寇樂陵〔三〕，棣州張聚來攻，福皆擊却之。李二復寇鹽山，經略副使張文與戰，李二大敗，擒其統制二人，斬首二千級，獲馬三十匹。七月，宋人與紅襖賊入河北，福嬰城固守。益都張林、棣州張聚日來攻掠，滄州危蹙，福將南奔，爲衆所止，遂納款於張林。東平元帥府請討福，乞益河南步卒七千、騎兵五百，滑、濬、衞州資助芻糧，先定賞格以待有功。朝廷以防秋在近，河南兵不可往，東平兵少不能獨成功，待至來年春，使東平帥府與高陽公併力討之，乃止。

移剌衆家奴，積戰功，累官河間路招撫使，遥授開州刺史，權元帥右都監，賜姓完顏氏。興定四年，與張甫俱封。衆家奴封河間公，以獻、蠡、安、深州、河間、肅寧、安平、武强、饒陽、六家莊、郎山寨隸焉。

興定末，所部州縣皆不可守。元光元年，移屯信安，本張甫境内。張甫因奏：「信安本臣北境，地當衝要，乞權改爲府以重之。」詔改信安爲鎮安府。是歲，與甫合兵，復取河間府及安、蠡、獻三州，與張甫皆遷金紫光禄大夫。二年，衆家奴及張甫同保鎮安，各當一面，别遣總領提控孫汝楫〔四〕、楊壽、提控袁德、李成分保外垣，遂全鎮安。

未幾，衆家奴奏：「鎮安距迎樂堌海口二百餘里，實遼東往來之衝。高陽公甫有海船在鎮安西北，可募人直抵遼東，以通中外之意。若賞不重不足以使人，今擬應募者特遷忠顯校尉，授八品職，仍賞寶泉五千貫。如官職已至忠顯八品以上者，遷兩官、升職一等，回日再遷兩官、升職二等。」詔從之。

武仙，威州人。或曰嘗爲道士，時人以此呼之。貞祐二年，仙率鄉兵保威州西山，附者日衆，詔仙權威州刺史。興定元年，破石海于真定，宣差招撫使惟宏請加官賞，真授威州刺史，兼真定府治中，權知真定府事。遷洺州防禦使、兼同知真定府事，遥授河平軍節度使。興定四年，遷知真定府事，兼經略使，遥領中京留守，權元帥右都監。無何，封恒山公，以中山、真定府，沃、冀、威、鎮寧、平定州，抱犢寨，欒城、南宫縣隸焉。同時九府，財富兵强恒山最盛。

是歲，歸順于大元，副史天倪治真定。仙兄貴爲安國軍節度使，史天祥擊之，貴亦歸順于大元。仙與史天倪俱治真定且六年，積不相能，懼天倪圖己，嘗欲南走。宣宗聞之，詔樞密院牒招之，仙得牒大喜，正大二年，仙賊殺史天倪，復以真定來降。大元大將笑乃解討仙，仙走。閱月，乘夜復入真定，笑乃解復擊之，仙乃奔汴京。

五年，召見，哀宗使樞密判官白華導其禮儀，復封爲恒山公，置府衛州。七年，仙圍上黨，已而大兵至，仙遁歸。未幾，衛州被圍，内外不通。詔平章政事合達、樞密副使蒲阿救之，徙仙兵屯胡嶺關，扼金州路。

八年十一月，大元兵涉襄漢，合達、蒲阿駐鄧州，仙由荆子口會鄧州軍。天興元年正月丁酉，合達、蒲阿敗績於三峯山，仙從四十餘騎走密縣，趨御寨，都尉烏林荅胡土不納，幾爲追騎所得。乃舍騎，步登嵩山絶頂清涼寺，謂登封蘭若寨招撫使霍琢僧秀曰：「我豈敢入汴京。一旦有急，縛我獻大國矣。」遂走南陽留山，收潰軍得十萬人，屯留山及威遠寨。立官府，聚糧食，修器仗，兵勢稍振。

三月，汴京被圍，哀宗以仙爲參知政事、樞密副使、河南行省，詔與鄧州行省思烈合兵入救。八月，至密縣東，遇大元大將速不觧兵過之，仙即按軍眉山店，報思烈曰：「阻澗結營待仙至俱進，不然敗矣。」思烈急欲至汴，不聽，行至京水，大兵乘之，不戰而潰。仙亦令其軍散走，期會留山。仙至留山，潰軍至者益衆。哀宗罷思烈爲中京留守，詔仙曰：「思烈不知兵，向使從卿阻澗之策，豈有敗哉。軍務一以付卿，日夕以待，勠力一心以圖後舉。」十一月，遣刑部主事烏古論忽魯召仙〔五〕，仙不欲行，乃上疏陳利害，請緩三月，生死入援。

初，思烈至鄧州，承制授宣差總領黄摑三合五朵山一帶行元帥府事、兼行六部尚書。及仙還留山，惡三合權盛，改爲征行元帥，屯比陽。三合怨仙奪其權，乃歸順于大元，大將速不觧署三合守裕州。三合乃詐以書約仙取裕州，可以得志，仙信之。三合乃報大元大將，遣兵夾擊，敗仙于柳河，仙跳走聖朵寨。

初，沈丘尉曹政承制召兵西山，裕州防禦使李天祥不用命，政斬之以徇。仙至聖朵，謂政曰：「何故擅誅吾將？」政曰：「天祥違詔逗遛不行，政用便宜斬之。」仙怒曰：「今日宣差來起軍，明日宣差來起軍，因此軍卒戰亡殆盡矣。自今選甚人來亦不聽，且教兒郎輩山中休息。」又曰：「天祥果有罪，待我來處置，汝何人輒敢殺之。」政曰：「參政柳河失利，不知存亡，天祥違詔，何爲不殺。」仙大怒，叱左右奪政所佩銀牌，令總領楊全械繫之。會赦，猶囚之，及仙敗始得釋，與楊全俱降宋。

是時，哀宗走歸德，遣翰林修撰魏璠間道召仙。行至裕州，會仙敗于柳河，璠矯詔招集潰軍以待仙，仙疑璠圖己。二年正月，仙閱兵，選鋒尚十萬，璠曰：「主上旦夕西首望公，公不宜久留於此。」仙怒，幾殺璠。璠及忽魯剌還歸德，仙乃奏請誅璠，哀宗不聽，以璠爲歸德元帥府經歷官。璠字邦彥，渾源人，貞祐二年進士云〔六〕。

仙部將董祐有戰功，詔賜虎符，仙畏其偪己，久不與佩。祐憾之，乃結官奴欲殺仙，猶豫未敢發。近侍局使完顏四和有謀敢斷，嘗徵兵鄧州，禦牧使移剌呆合有異志〔七〕，四和以計誅之。祐使謂四和曰：「仙終不肯入援，祐等位卑，力不能誅，惟君爲國家圖之。」四和曰：「已殺呆合，復殺武仙，他日使者來，人誰肯信。」不從。仙知祐嘗有此謀，使祐使河北，其後竟殺之。

三月，仙以聖朵軍食不足，徙軍鄧州，仰給于鄧州總帥移剌瑗。鄧州倉廩亦乏，乃分軍新野、順陽、淅川就食民家。遣講議官朱槩、劉琢往襄陽，借糧于宋制置使史嵩之。琢、槩持兩端，畏留，廼以情告史嵩之曰：「仙兵勢不復振矣。」且曰：「名爲借糧，實欲納款，待將軍一諾耳。」嵩之以爲實然，遣田俊持書報仙。四月，仙遣大理少卿張伯直取糧于襄陽，屯軍小江口以待之。嵩之聞張伯直至大喜，謂仙送款矣，發書乃謝狀也，大怒，留伯直不遣。

仙自順陽入鄧州，移剌瑗畏逼，以女女仙，仙不疑納之，乃還順陽。鄧州糧盡，瑗終疑仙。五月，瑗舉城降宋。嵩之益知仙軍虛實，使孟珙率兵五千襲仙軍于順陽。是時，仙令士卒刈麥供軍，未至二里許始覺，仙率帳下百餘人迎擊之，孟珙不敢前。俄頃，軍士稍集，有五六百人，大敗珙兵。珙與數百人脱走，生擒其統制、統領數十人，獲馬千餘。至是，槩、琢妄謂將納款于嵩之之語泄矣，仙皆誅之。

移剌瑗本名粘合，字廷玉。世襲契丹猛安，累功鄧州便宜總帥。既至襄陽，使更姓名，稱歸正人劉介，具將校禮謁制置使。瑗大悔恨，明年三月，疽發背死。

孟珙雖敗而去，仙懼宋兵復來，七月，徙淅川之石穴。是時，哀宗在蔡州，遣近侍兀顏責仙赴難，詔曰：「朕平日未嘗負卿，國家危難至此，忍擁兵自恃，坐待滅亡邪。」將士聞之，相視哽咽，皆願赴難與國同生死。仙懼衆心有變，乃殺馬牛，與將士三千人歃血盟誓，不負國家，衆乃大喜。

無何，仙復謂衆曰：「蔡州道梗，吾兵食少，恐不能到。且蔡不可堅守，縱到亦無益。近遣人覘視宋金州，百姓據山爲柵極險固，廣袤百里，積糧約三百萬石。今與汝曹共圖之，可不勞而下，留老弱守此寨以爲根本，然後選勁勇趨蔡，迎上西幸未晚也。」衆未及應，即令戒行李。取淅川泝流而上，山路險阻，霖雨旬日水湍悍，老幼溺死者不可勝數，糧食絶，軍士亡者八九。

仙計無所出，八月，乃由荆子口東還，自内鄉將入聖朵寨，至峽石左右八疊秋林，聞總領楊全已降宋，留秋林十日乃還大和。九月，至黑谷泊，進退失據，遂謀北走，行部尚書盧芝、侍郎石玠不從。

芝字庭瑞，河東人，任子補官，以西安軍節度使行尚書。玠字子堅，河中人，崇慶二年進士，以汝州防禦使行侍郎。二人相與謀曰：「吾等知仙不卹國家久矣。諫之不從，去之未可，事至今日，正欠蔡州一死耳。假若不得到蔡州，死於道中猶勝死於仙也。」既去，仙始覺，追玠殺之。芝走至南陽，爲土賊所害。

甲午，蔡州破。糧且盡，將士大怨，皆散去。仙無所歸，乃從十八人北渡河，又亡五人。五月，趨澤州，爲澤之戍兵所殺。

張甫，賜姓完顏氏。初歸順大元。涿州刺史李瘸驢招之，興定元年正月，甫與張進俱來降。東平行省蒙古綱承制除甫中都路經略使，進經略副使。二年，苗道潤死，河北行省侯摯承制以李瘸驢權道潤中都路經略使，甫與張柔爲副。頃之，苗道潤之衆請以靖安民代道潤。是時，張柔、安民實分掌道潤部衆，朝廷乃以瘸驢爲中都東路經略使，自雄、霸以東皆隸之。

甫、進與永定軍節度使賈仝不協，以兵相攻，奪據仝地，取仝馬以遺經略使李瘸驢，瘸驢受之。朝廷怪瘸驢不能和輯州府，乃有向背，召瘸驢別與官職。詔東平蒙古綱講睦甫與賈仝。綱遣同知安武軍王郁、博野令高常住往平之，輒留瘸驢不遣，因奏曰：「張甫本受瘸驢招降，情意厚善，今遣郁先與瘸驢議所以平之者然後可。況甫等不識禮義之人，瘸驢就徵則皆自疑，恐生他變，故不避專擅之罪。」詔從綱奏。未幾，賈仝復以兵捕甫部民，殺甫參議官邢瑻，甫率兵攻之，賈仝敗走，遂自縊死。甫請符印以安輯部衆，詔與之。

無何，李瘸驢歸順大元。甫爲中都東路經略使、遥授同知彰德府事、權元帥右都監。三年，張進爲中都南路經略使。甫奏：「真定兵衝，乞遣重臣與恒山公武仙併力守之。」不報。及真定不守，甫復奏：「權元帥右都監柴茂保冀州水寨，孤立無援，若不益兵，非臣之所知也。」

四年，甫封高陽公，以雄、莫、霸州，高陽、信安、文安、大城〔八〕、保定、静海、寶坻、武清、安次縣隸焉。元光元年，移刺衆家奴不能守河間，甫居之信安。是歲，以功進金紫光禄大夫，始賜姓完顏。二年二月，張進亦遷元帥左監軍，賜姓完顏。

靖安民，德興府永興縣人。貞祐初，充義軍，歷謀克、千户、萬户、都統，皆隸苗道潤麾下。以功遥授定安縣令，遷涿州刺史，遥授順天軍節度使，充提控。興定元年，遥授安武軍節度使。

興定二年，遷知德興府事，中都路總領、招撫使。是歲，苗道潤死，安民代領其衆，行省承制以涿州刺史李瘸驢權中都路經略使。三年，詔瘸驢自雄、霸以東爲中都東路經略使，自易州以西安民爲中都西路經略使，西山義軍屯壘諸招撫皆隸焉。

四年，遥授知德興府事，權元帥左監軍，行中都西路元帥府事。三月，安民上書曰：「苗道潤撫定州縣五十餘城，其功甚大。西京路經略使劉鐸嫉其功，反間賈瑀、李琛與道潤不協，轉相攻伐，竟以陰謀殺道潤。鐸令所部劉智元等掠鎮撫孫資孫、招撫楊德勝家人二十餘口，錮之山寨。若鐸常居此，恐致敗事。」劉鐸亦遣副使劉璋詣南京自訴，且言：「安民侵入飛狐之境，冒濫封拜，誘惑人心，强抑總領馮通等輸銀粟。索飛狐總領王彥暉，彈壓劉智元、杜貴，欲充偏裨。彥暉等拒之，輒殺貴而杖智元，竟驅彥暉而去。」又言：「經略職卑，以致從宜李栢山等日謀見害，乞許罷去。」廷議，劉鐸本行招誘逋亡，今乃與安民互相論列以起爭端。苗道潤死，安民實代領其衆，彥暉等軍本隸道潤，當聽安民節制。乃召鐸還。頃之，封易水公〔九〕，以涿、易、安肅、保州，君氏川、季鹿、三保河、北江、礬山寨、青白口、朝天寨、水谷、㦹谷、東安寨隸焉。十月，安民出兵至礬山，復取檐車寨。

大元兵圍安民所居山寨，守寨提控馬豹等以安民妻子及老弱出降，安民軍中聞之駭亂，衆議欲降以保妻子，安民及經歷官郝端不肯從，遂遇害。詔贈金紫光禄大夫。

郭文振字拯之，太原人。承安二年進士。累官遼州刺史。貞祐四年，昭義節度使必蘭阿魯帶請升遼州爲節鎮，廷議遼州城郭人户不稱節鎮，而文振有功當遷，乃以本官充宣差從宜都提控。興定元年，詔文振接應苗道潤，恢復中都，會道潤與賈仝相攻而止。

文振治遼州，深得衆心。興定三年，遷遥授中都副留守，權元帥左都監，行河東北路元帥府事，刺史、從宜如故。文振招降太原東山二百餘村，遷老幼于山寨，得壯士七千，分駐營栅，防護秋穫。文振奏：「若秋高無兵，直取太原，河東可復。」優詔許之。十月，權元帥右都監、行元帥府事〔一〇〕，與張開合堅、臺州兵復取太原。四年，詔升樂平縣爲臯州，壽陽縣西張寨爲晉州，從文振之請也。

文振上疏曰：「揚子雲有言，『御得其道則天下狙詐咸作使，御失其道則天下狙詐咸作敵』。有天下者審所御而已。河朔自用兵之後，郡邑蕭然，並無官長，武夫悍卒因緣而起以爲得志，僭越名位，瓜分角競以相侵攘，雖有内除之官亦不得領其職，所爲不法，可勝言哉？乞行帥府擅請便宜，妄自誇張以尊大其權，包藏之心蓋可知也。朝廷因而撫之，假權傳授，至與各路帥府力侔勢均，不相統屬。陝西行省總爲節制，相去遼遠，道路梗塞，卒難聞知。故飛揚跋扈無所畏憚，鄰道相望莫敢誰何。自平陽城破以來，河北不置行省，朝廷信臣不復往來布揚聲教，但令曳剌行報而已。所司勞以酒食，悦以貨財，借其聲譽共欺朝廷。姦倖既行，遂至驕恣，變故之生何所不有，此臣所以夙夜痛心而爲之憂懼也。乞分遣公廉之官徧詣訪察，庶知所在利害之實。伏見澤、潞等處芻糧猶廣，人民猶衆，地多險阻，乞選重臣復置行省，皆聽節制，上下相維可臂指使之，則國勢日重，姦惡不萌矣。」是時，澤、潞已詔張開規劃，不能盡用文振之言，但令南京兵馬使术甲賽也行帥府於懷、孟而已。是歲，封晉陽公，河東北路皆隸焉。

文振奏：「孟州每以豪猾不逞之人攝行州事，朝廷重於更代，就令主之。去年，伯德和攝刺史，提控伯德安殺之，奪其職。河東行省以陳景璠代安，安内不能平，因誣告景璠死罪，朝廷未及按問，安輒逐之。恥受臣節制，宣言于衆，待道路稍通當隸恒山公節制。今真定已不守，安猶向慕不已。臣徵兵諸郡，安輒詭辭不遣。臣若興師，是自生一敵，非國家之便也。聞安有女，臣輒違律令爲姪孫述娶之，安遂見許。臣非願與安爲姻，爲公家計，屑就之耳。自結親以來，安頗循率以從王事，法不當娶而輒娶之，敢以此罪爲請。」宣宗嘉其意，遣近臣慰諭之。

文振復奏：「武仙所統境土甚大，雖與林州元帥府共招撫之，乞更選本土州縣官，重其職任，同與安集，可使還定。」宣宗用其策。

五年，文振奏：「臣所統嵐、管、隩、石、寧化、保德諸州，境土闊遠，不能周知利害，恐誤軍國大計。伏見葭州刺史古里甲蒲察智勇過人，深悉河東事勢，乞令行元帥府事，或爲本路兵馬都總管，與臣分治。」詔文振就擇可者處之便地，仍受文振節制。

上黨公張開以厚賞誘文振將士，頗有亡歸者。詔分遼、潞粟賑太原饑民，張開不與。文振奏其事，詔遣使慰諭之。文振復申前請，以葭州刺史古里甲蒲察分治嵐、管以西諸州，制可，仍令防秋後再度其宜。文振請分上黨粟以贍太原，詔文振與張開計度。頃之，詔以石州隸晉陽公府。

元光元年，林州行元帥府惟良得罪召還，文振奏：「近聞惟良召還，臣竊以爲不可。惟良在林州五歲，政尚寬厚，大得民心，今茲被召，軍民遮路泣留。其去未幾，嚢尖之衆作亂，逐招撫使康瑭。乞遣惟良還林州爲便。」不許。

文振上書：「乞遣前平章政事胥鼎行省河北，諸公府、帥府並聽節制，詔諭百姓使知不忘遺黎之意，然後以河南、陝西精鋭併力恢復。」不報。文振復奏：「河朔百姓引領南望，臣再四請於樞府，但以會合府兵爲言。公府雖號分封，力實單弱，且不相統攝，所在被兵。朝廷不即遣兵復河北，人心將以爲舉河朔而棄之，甚非計也。」文振大抵欲起胥鼎爲行省，定河北，朝廷不能用。

二年，詔文振應援史詠復河東。是歲，遼州不能守，徙其軍于孟州，以部將郝安等爲文振副，護沿山諸寨。文振辭公府，詔不許。頃之，文振部將汾州招撫使王遇與孟州防禦使納蘭謀古魯不相能，復徙衛州，然亦不可以爲軍，迄正大間，寓于衛而已。

胡天作字景山，管州人。初以鄉兵守禦本州，累功少中大夫、管州刺史。興定二年，遥授同知太原府事，刺史如故。是歲，平陽失守，改同知平陽府事。

三年，復取平陽，天作言：「汾、潞皆置帥府，平陽大鎮，今稍完復，所管州縣不下十萬户，復業者相繼不絕，其過汾、潞遠甚，宜一體置之。」是時，晉安、嵐州皆有帥府，乃以天作充便宜招撫使、權元帥左都監。四年，封平陽公，以平陽、晉安府，隰、吉州隸焉。天作請以晉安府之翼城縣爲翼州，以垣曲、絳縣隸焉。置平水縣于汾河之西，朝廷皆從之。

初，軒成本隸程琢麾下，琢死，成率衆保隰州，以爲同知隰州軍州事、兼提控軍馬。成增繕器甲，招納亡命，頗有他志。是時，隰州方用兵，未可制，天作請增置要害州縣，以分其勢。隰州之境蒲縣最居其衝，可改爲州，隰川之仵城鎮可改爲縣，選官守備。詔升蒲縣爲蒲州，以大寧縣隸之，仵城鎮爲仵城縣。天作守平陽凡四年，屢有功，詔録其子定哥爲奉職。

元光元年十月，青龍堡危急，詔遣古里甲石倫會張開、郭文振兵救之，次彈平寨東三十里，不得進。知府事朮虎忽失來、總領提控王和各以兵歸順，臨城索其妻子，兵民皆潰，執天作出。天作已歸順，詔誅忽失來子之南京者，命天作子定哥承應如故。天作已受大元官爵，佩虎符，招撫懷、孟之民，定哥聞之乃自經死，贈信武將軍、同知睢州軍州事。詔張開、郭文振招天作，天作至濟源欲脱走，先遣人奏表南京，大元大將惡其反覆，遂誅之。

天作死後，宣宗以同知平陽府事史詠權行平陽公府事，後封平陽公。平陽初破，詠父祚、母蕭氏藏於窟室，索出之，使祚招詠，祚乃自縊死，蕭氏逃歸。詠妻梗氏亦自死。宣宗贈祚榮祿大夫、京兆郡公，謚成忠。蕭氏封京兆郡太夫人，賜號歸義。梗氏贈京兆郡夫人，謚義烈。未幾，詠乞內徙，徙其軍于解州河中府。

張開賜姓完顏氏，景州人。至寧末，河北兵起，開團結鄉兵爲固守，累功遥授同知清州防禦事，兼同知觀州事。

貞祐四年，開率所部復取河間府及滄、獻二州十有三縣。開有宣撫司留付空名宣勅二百道，奏乞從權署置，就任所復州縣舊官，闕者補之。詔遷同知觀州軍州事。開復清州，乞輸鹽易糧，詔與之糧。遷觀州刺史、權本州經略使。至是，始賜姓完顏氏。開奏乞許便宜，及論淇門、安陽、黎陽皆作堰塞水，河運不通，乞開發水道，不報。

觀州糧盡，是歲秋，徙軍輝州，乞麥種三千石、驢鸁三百或寶券二百貫，户部不與。御史臺奏：「開自觀州轉戰來此，久著勞績，欲令其軍耕種以自給，有司計小費拒不與。乞斷自宸衷，與之麥種，若無牛可與，給以寶券。」制可。

是歲，潼關不守，被召入衛南京。興定元年，遥授澤州刺史。二年，遥授同知彰德府、兼總領提控。三年，充潞州招撫使。林州元帥府徙潞人實林州，既復遣還。開乞隸晉安元帥府，或與林州並置元帥府，各自爲治。十月，開以權昭義軍節度使、遥授孟州防禦使、權元帥左都監、行元帥府事，與郭文振共復太原。四年，封上黨公，以澤、潞、沁州隸焉。五年，詔復以涉縣爲崇州，從開請也。

元光元年，復取高平縣及澤州。二年，大戰壺關，有功。既而潞州危急，開奏：「封建公府以固屏翰，今胡天作出平陽，郭文振南徙河東，公府獨臣與史詠而已。乞升澤、沁二州爲節鎮，以重守禦。」詔以澤爲忠昌軍，沁爲義勝軍。林州蕘尖寨衆亂，逐招撫使康瑭，推杜仙爲招撫使，開請以盧芝瑞爲副，代領其衆。又奏：「比聞郭文振就食懷、孟，史詠徙解州，高倫遷葛伯寨，各自保守，民安所仰哉？臣領孤軍，内無儲峙，外無應援，臣不敢避失守之罪，恐益重朝廷之憂。」

正大間，潞州不守，開居南京，部曲離散，名爲舊公，與匹夫無異。天興初，起復，與劉益爲西面元帥，領安平都尉紀綱軍五千攻衞州，敗績于白公廟。是時，哀宗走歸德，開與劉益謀收潰兵從衞，不果，遂與承裔西走，皆爲民家所殺。

初置公府，開與恒山公武仙最强。後駐兵馬武山，遣人間道請糧二萬石，用事者難之，止給二千石。公府將佐得報皆不敢白，開聞，置酒召諸將曰：「朝廷待某特厚，今日與諸君一醉。」諸將問故，曰：「頃以糧竭爲請，祈二萬而得二千，是吾君相不以武仙輩待我也。」是時，郭文振處開西北，當兵之衝，民貧地瘠，開又不奉命以糧振文振軍。文振窮窟，開勢愈孤，以至於敗。

燕寧，初爲莒州提控，守天勝寨，與益都田琢、東平蒙古綱相依爲輔車之勢，山東雖殘破，猶倚三人爲重。紅襖賊王公喜據注了堌〔一一〕，率衆襲據沂州。寧擊走之，遂復沂州，語在田琢傳。寧既屢破紅襖賊，招降胡七、胡八，引爲腹心，賊中聞之多有欲降者。累官遥授同知安化軍節度使事、山東安撫副使。興定四年，封東莒公，益都府路皆隸焉。

五年，與蒙古綱、王庭玉保全東平，以功遷金紫光禄大夫。還天勝，戰死。蒙古綱奏：「寧克盡忠孝，雖位居上公，祖考未有封爵，身没之後老稚無所衣食，乞降異恩以勵節義之士。」詔贈故祖皋銀青榮禄大夫，祖母張氏范陽郡夫人，父希遷金紫光禄大夫，母彭氏、繼母許氏、妻霍氏皆爲范陽郡夫人，族屬五十二人皆廪給之。

自益都張林逐田琢，繼而寧死，蒙古綱勢孤，徙軍邳州，山東不復能守矣。

贊曰：苗道潤死，中分其地，靖安民有其西之半，中分以東者其後張甫有之，然無北境矣。大凡九公封建，宣宗實録所載如此。他書載滄海公張進、河間公移剌中哥、易水公張進、晉陽公郭棟，此必正大間繼封，如史詠繼胡天作者，然不可攷矣。

校勘記

〔一〕道潤與賈仝賈瑀互相攻擊　「賈仝」，原作「賈全」，據南監本、北監本、殿本、局本改。下同改。

〔二〕興定三年以太原不守　「以」字原脱。按，本書卷一五宣宗紀中，太原不守在興定二年九月，至三年正月「壬辰，以大元兵已定太原，河北事勢非復向日，集百官議備禦長久之計」。今據補「以」字。

〔三〕四月紅襖賊李二太尉寇樂陵　按，本書卷一六宣宗紀下記此事在興定四年五月。

〔四〕別遣總領提控孫汝楫　「提控」，原作「提領」。按，本書卷一一一古里甲石倫傳，貞祐三年，「奏請招集義軍，設置長校，各立等差。（中略）外設一總領提控。制可」。卷一〇二蒙古綱傳同。卷四四兵志禁軍之制，「元光間，時招義軍（中略）然又外設一總領提控」。今據改。

〔五〕遣刑部主事烏古論忽魯召仙　「烏古論忽魯」，按，下文云「忽魯剌還歸德」，或此脱或彼衍一「剌」字，今不可定。

〔六〕貞祐二年進士云　「二年」，疑當作「三年」。按，元史卷一六四魏初傳，魏璠爲貞祐三年進士。且檢金代科舉史料，貞祐二年無科舉取士之事。參見本書卷一一七校勘記〔四〕。

〔七〕禦牧使移刺呆合有異志　「禦牧使」，疑當作「圉牧使」或「羣牧使」。按：本書百官志無此官職，卷五六百官志二，「圉牧司興定二年置。使，正七品」。卷五七百官志三有羣牧使，從四品。

〔八〕大城　原作「大成」。按，本書卷二四地理志上，中都路霸州有大城縣。今據改。

〔九〕頃之封易水公　按，本卷苗道潤傳，興定四年二月封靖安民爲易水公。此在三月以後，似誤。

〔一〇〕十月權元帥右都監行元帥府事　按，本書卷五五百官志一，都元帥府，「元帥左監軍一員，正三品。元帥右監軍一員，正三品。左都監一員，從三品。右都監一員，從三品」。本傳上文已云「權元帥左都監」，不合此反權右都監，疑是「右監軍」之誤。

〔一一〕紅襖賊王公喜據注子堌　「王公喜」，原作「五公喜」。按，本書卷一〇二田琢傳，興定「三年，沂州注子堌王公喜構宋兵據沂州」，又「既而莒州提控燕寧復沂州，王公喜復保注子堌」。今據改。

金史卷一百十九

列傳第五十七

粘葛奴申 劉天起附　完顏婁室　烏古論鎬　張天綱　完顏仲德

粘葛奴申，由任子入官，或曰策論進士。天興初，倅開封府，以嚴幹稱。其年五月，擢爲陳州防禦使。時兵戈搶攘，道路不通，奴申受命，毅然策孤騎由間道以往。陳自兵興，軍民皆避遷他郡，奴申爲之擇官吏，明號令，完城郭，立廬舍，實倉廪，備器械。未幾，聚流亡數十萬口，米一斛直白金四兩，市肆喧鬨如汴之闤闠，京城危困之民望而歸者不絕，遂指以爲東南生路。

明年，哀宗走歸德，改陳州爲金興軍，馳使褒諭，以奴申爲節度使。俄拜參知政事，行尚書省于陳。於是，奴申立五都尉以將其兵，建威來猪糞、虎威蒲察合達、振武李順兒、振威王義、果毅完顏某，凡招撫司至者皆使隸都尉司。

是時，交戰無虛日，州所屯軍十萬有餘。奴申與官屬謀曰：「大兵日至，而吾州糧有盡，奈何。」乃減軍所給，月一斛五斗者作一斛，又作八斗，又作六斗。將領則不給。人心稍怨。故李順兒、崔都尉因而有異志，劉提控及完顏不如哥提控者預焉。

奴申知其謀，常以兵自防。及聞大元兵往朱仙鎮市易，奴申遣五都尉軍各二百人，以李順兒、副都尉崔某將之，襲項城寨。令孫鎮撫者召順兒議兵事，孫至其家，順兒已擐甲，孫欲觀其刀，順兒拔示之，孫色動，即出門奔去。順兒追殺之，乃上馬，引兵二百人入省，説軍士曰：「行省剋減軍糧，汝輩欲飽食則從我，不欲則從行省。」於是，省中軍士皆坐不起。奴申聞變走後堂，追殺之。提控劉某加害，解其虎符以與順兒，并殺其子姪壻及鄉人王都尉。順兒令五都尉軍皆甲，守街曲。自稱行省，署元帥，都尉。以劉提控語不順，斬之坐中。明日，遂遣剋石烈正之送款于汴。崔立乃遣其弟倚就加順兒淮陽軍節度使，行省如故。

未幾，虎威都尉蒲察合達與高元帥者盡殺順兒之徒，舉城走蔡州。大兵覺，追及孫家林，老幼數十萬少有脱者。

初，奴申聞崔立之變，遣人探其事情，而順兒、崔都尉亦密令人結構崔立，適與奴申所遣者同往同還。順兒懼其謀泄，故發之益速。奴申亦知其謀，故遣襲項城，欲因其行襲殺之，然已爲所先。

劉天起者起於匹夫，初甚庸鄙。汴京戒嚴，嘗上書以干君相，願暫假一職以自效。每言戰國兵法，平章白撒等信之，令景德寺監造革車三千兩。天興元年，授都招撫使，佩金符。召見，乞往陳州運糧，上從之，一時皆竊笑其僥倖。及至陳，行軍殊有方略，每出戰數有功，陳人甚倚重之。順兒之變，天起偃蹇不從，爲所殺。同時一唐括招撫者亦不屈而死。

完顏婁室三人，皆內族也，時以其名同，故各以長幼別之。

正大八年，慶山奴棄京兆，適鷹揚都尉大婁室運軍器至白鹿原，遇大兵與戰，兵刃既盡，以絛繫掉金牌，力戰而死。

九年正月，大兵至襄城，元帥中婁室、小婁室以馬軍三千遇之於汝墳。時大兵以三四十騎入襄城，驅驛馬而出，又入東營，殺一千夫長，金人始覺之。兩婁室以正旦飲將校，皆醉不能軍，遂敗，退走許州。會中使召入京師。天興二年正月，河朔軍潰，哀宗走歸德，中婁室爲北面總帥，小婁室左翼元帥，收潰卒及將軍夾谷九十奔蔡州。蔡帥烏古論栲栳知其跋扈不納，遂走息州，息帥石抹九住納之。

時白華以上命送虎符於九住爲息州行帥府事。九住出近侍，好自標致，騶從盈路。三人者妬之，各以招集勤王軍士爲名，得五六百人，州以甲仗給之。久之，漸生猜貳，九住亦招負販牙儈數百人爲「虎子軍」，夜則擐甲爲備。一日，九住使一萬户巡城，三帥執而賍之，使大呼云「勿學我欲開西門反」，即斬之。乃召九住，九住欲不往，懼州人及禍，乃從三百卒以往。三帥令甲士守街曲，九住從者過，處處執之。九住獨入，三帥問汝何爲欲反，九住曰：「我何緣反。」三帥怒，欲殺者久之，小婁室意稍解，頗爲救護得不殺，使人鎖之。以夾谷九十爲帥，兼權息州。

蔡帥栲栳聞九住爲三帥所誣，上奏辨之，三帥亦捃摭九住之過上聞。朝廷主栲栳之辨，且不直三帥。六月，赦至蔡，栲栳懼九住爲三帥所誅，遣二卒馳送詔書於息，乃得免。及上將幸蔡，密召中婁室引兵來迓，婁室遲疑久之，乃率所招卒奉迎。七月，上遣近侍局使入息州括馬，即召九住。九住至，與中婁室辨於上前。時中婁室已授同簽樞密院事，上不欲使之終訟，乃罷九住帥職，授户部郎中，以烏古論忽魯爲息州刺史〔一〕。

時有土豪劉禿兒、馬安撫者自蔡朝還，以軍儲不給叛入宋，州之北關爲所焚毁。是時，城中軍無幾，日有叛去者，且覘知宋人有窺息之意，息帥懼，上奏請益兵爲備。朝廷以參知政事抹撚兀典行省事于息州，中婁室以同簽樞密院事爲總帥，小婁室以副點檢爲元帥，王進爲彈壓帥，夾谷九十爲都尉，以忠孝馬軍二百、步軍五百屬之，行省、院於息。將行，上諭之曰：「北兵所以常取全勝者〔二〕，恃北方之馬力，就中國之技巧耳。我實難與之敵，至於宋人，何足道哉。朕得甲士三千，縱横江、淮間有餘力矣。卿等勉之。」

八月壬辰，行省遣人奏中渡店之捷〔三〕。初，兀典等赴息，既至之夜，潛遣忠孝軍百餘騎襲宋營於中渡。我軍皆北語，又散漫似之，宋人望之駭愕奔潰，斬獲甚衆。復奏元帥張閏不遵約束，失亡軍士，乞正典刑。婁室表閏無罪，上遣人赦之，比至，已死獄中。蓋閏爲婁室腹心，九住之獄皆閏發之，兀典廉得其事，因其失律而誅之也。九月，以忽魯退縮〔四〕，不能撫御，民多叛去，奪其職，以夾谷九十權息州事〔五〕。

十一月，宋人以軍二萬來攻。城中食盡，乃和糴，既而括之，每石止留一斗，并括金帛衣物，城中皆無聊矣。前兩月，蔡州以軍護老幼萬口來就食，北兵覺之，追及於二十里之外，至息者才十餘人。至是，蔡問不通。行省及諸帥日以歌酒爲事，聲樂不絶。下及軍士强娶寡婦幼女，絶滅人理，無所不至。

三年甲午正月，蔡凶問至，諸帥殺之以滅口，然民間亦頗有知者。初，諸帥欲北降，而遞相猜忌，無敢先發者。數日，蔡信閧然，諸帥屏人聚議，皆言送款南中爲便。時李裕爲睦親府同僉桓端國信使下經歷官，乃使送款于宋。遂發喪設祭，謚哀宗曰昭宗。州民奉行省爲領省，丞相、總帥、左平章皆娶婦。十三日，舉城南遷，宋人焚州樓櫓。州人老幼渡淮南行，入羅山，委曲之信陽。北兵見火起，追及之，無有免者，且誅索行省已下官屬于宋。宋人令官屬入城，託以犒賞，從萬户以上六七百人皆殺之，軍中亦有奪命死敵者。宋人諭諸軍，行省已下有罪已處置，汝等就迷魂寨安屯，遂以軍防之。既而與北軍接，南軍斂避，一軍悉爲所殺。

烏古論鎬本名栲栳，東北路招討司人。由護衛起身，累官慶陽總管。天興初，遷蔡、息、陳、潁等州便宜總帥。二年，哀宗在歸德，蒲察官奴、國用安欲上幸海州，未決。會鎬餫米四百餘斛至歸德，且請幸蔡，上意遂決。先遣直學士烏古論蒲鮮如蔡，告蔡人以臨幸之意。六月，徵蔡、息軍馬來迓，以蔡重鎮，且慮有不測，詔鎬勿遠迎。

辛卯，車駕發歸德，時久雨，朝士扈從者徒行泥水中，掇青棗爲糧，數日足脛盡尰，參政天綱亦然。壬辰，至亳，上黄衣皂笠金兔鶻帶，以青黄旗二導前，黄繖擁後，從者二三百人，馬五十餘匹而已。行次城中，僧道父老拜伏道左，上遣近侍諭以「國家涵養汝輩百有餘年，今朕無德，令爾塗炭。朕亦無足言者，汝輩無忘祖宗之德可也」。皆呼萬歲，泣下。留一日。進亳之南六十里，避雨雙溝寺中，蒿艾滿目，無一人迹，上太息曰：「生靈盡矣。」爲之一慟。是日，小婁室自息來迓〔六〕，得馬二百。己亥，入蔡。蔡之父老千人羅拜於道，見上儀衛蕭條，莫不感泣，上亦歔欷者久之。

七月，以鎬爲御史大夫，總帥如故。初，鎬守蔡，門禁甚嚴，男女樵采必以墨識其面，人有以錢出者，十取一分有半以贍軍。上至蔡，或言其非便，即弛其禁。時大兵去遠，商販頗集，小民鼓舞以爲復見太平，公私宿釀一日俱盡。

郾城土豪盧進殺其長吏，自稱招撫使，以前關、陝帥府經歷范天保爲副。至是，天保來見，進麥三百石及獐鹿脯、茶、蜜等物，遂賜進金牌，加天保官，自是進物者踵至。既而，遣内侍殿頭宋珪與鎬妻選室女備後宫，已得數人，右丞忽斜虎諫曰：「小民無知，將謂陛下駐蹕以來不聞恢復遠略，而先求處女以示久居。民愚而神不可不畏。」上曰：「朕以六宫失散，左右無人，故令採擇。今承規誨，敢不敬從。」止留解文義者一人，餘皆放遣。

是時，從官近侍率皆窮乏，悉取給於鎬，鎬亦不能人滿其欲，日夕交譖於上，甚以尚食闕供爲言。上怒，雖擢拜大夫，而召見特疎。小婁室之在息州也，與石抹九住有隙，怨鎬爲九住辨曲直。及上幸蔡，婁室見於雙溝，因厚誣鎬罪，上頗信之。鎬自知被讒，憂憤鬱抑，常稱疾在告。會前參知政事石盞女魯懽姪大安來，以女魯懽無反狀，爲官奴所殺，白尚書省求改正，尚書省以聞。上曰：「朕嘗謂女魯懽反邪，而無迹可尋。謂不反邪，朕方暴露，遣人徵援兵，彼留精鋭自防，發其羸弱者以來。既到睢陽，彼厚自奉養，使朕醯醬有闕。朕爲人君，不當語此細事，但四海郡縣孰非國家所有？坐保一城，臣子之分，彼乃自負而有驕君上之心，非反而何。然朕方駕馭人材以濟艱難，録功忘過此其時也，其釐正之。」羣臣知上意之在鎬也，數爲右丞仲德言之。仲德每見上必稱鎬功業，宜令預參機務，又薦以自代，上怒少解。及參政抹撚兀典行省息州，鎬遂以御史大夫權參知政事。

九月，大兵圍蔡，鎬守南面，忠孝軍元帥蔡八兒副之。未幾，城破被執，以招息州不下，殺之。

烏古論先生者，本貴人家奴，爲全真師。佯爲狂態，裸顛露足，綴麻爲衣，人亦謂之「麻帔先生」。宣宗嘗召入宫，問以祕術。因出入大長主家，殊有穢迹，上微聞之，勑有司掩捕，已逃去。正大末，從鎬來官汝南，人皆知與其妻通，而鎬不知。生不自安，求出，鎬爲營道宇，親率僧道送使居之。車駕將至蔡，生欲遁無所往，因自言能使軍士服氣不費糧。右丞仲德知其妄，乃奏：「欲如田單假神師退敵之意，授一真人之號，旋出奇計，北兵信巫必駭異之，或可以有成功。」參政天綱以爲不可，遂止。復求入見，言有詭計可以退敵。及見，長揖不拜，且多大言，欲出說大帥嘖盞爲脱身計。時郎中移剌克忠、員外郎王鶚具以向者「麻帔」爲言，上怒殺之。

贊曰：晉劉越石長於撫納，短於駕馭，以故取敗。粘葛奴申陳州之事，殆類之矣。三婁室皆金内族，唯大婁室死得其所，其兩婁室讒賊人也，襄城事急，醉不能軍，乃逭一死，金失政刑一至於是。烏古論鎬幸蔡之請，雖非至謀，區區效忠以讒見忌，哀宗之明蓋可知矣。

張天綱字正卿，霸州益津人也。至寧元年詞賦進士。性寬厚端直，論議醇正，造次不少變。累官咸寧、臨潼令，入補尚書省令史，拜監察御史，以鯁直聞。陞户部郎中，權左右司員外郎。哀宗東幸，遷左右司郎中，扈從至歸德，改吏部侍郎〔七〕。知元帥官奴有反狀，屢爲上言之，上不從，官奴果變，遂擢天綱權參知政事。及從上遷蔡，留亳州，適軍變，天綱以便宜授作亂者官，州賴之以安。及蔡，轉御史中丞，仍權參政。

扶溝縣招撫司知事劉昌祖上封事，請大舉伐宋，其略云：「官軍在前，飢民在後，南踐江、淮，西入巴、蜀。」頗合上意。上命天綱面詰其蘊藉，召與語無可取者，然重違上命，且恐閉塞言路，奏以爲尚書省委差官。

護衛女奚烈完出、近侍局直長粘合斜烈、奉御陳謙、權近侍局直長内族泰和四人，以食不給出怨言，乞往陳州就食。天綱奏令監之出門任所往。才出及汝南岸，遇北兵皆見殺，時人快之。

妖人烏古論先生者自言能使軍士服氣，可不費糧。右丞仲德援田單故事，欲假其術以駭敵，語在烏古論鎬傳〔八〕。上頗然之，天綱力辨以爲不可，遂止，且曰：「向非張天綱，幾爲此賊所誑。」軍吏石抹虎兒者求見仲德，自謂有奇計退敵，出馬面具如獅子狀而惡，别制青麻布爲足、尾，因言：「北兵所恃者馬而已，欲制其人，先制其馬。如我軍進戰，尋少却，彼必來追。我以馴騎百餘皆此狀，仍繫大鈴于頸，壯士乘之，以突彼騎，騎必驚逸，我軍鼓譟繼其後，此田單所以破燕也。」天綱曰：「不可。彼衆我寡，此不足恃，縱使驚去，安保其不復來乎。恐徒費工物，秖取敵人笑耳。」乃罷之。

蔡城破，爲宋將孟珙得之〔九〕，檻車械至臨安，備禮告廟。既而，命臨安知府薛瓊問曰：「有何面目到此？」天綱對曰：「國之興亡，何代無之。我金之亡，比汝二帝何如？」瓊大叱曰：「曳去。」明日，遂奏其語，宋主召問曰：「天綱真不畏死耶？」對曰：「大丈夫患死之不中節爾，何畏之有。」因祈死不已。宋主不聽。初，有司令供狀必欲書虜主，天綱曰：「殺即殺，焉用狀爲。」有司不能屈，聽其所供，天綱但書故主而已。聞者憐之。後不知所終。

完顏仲德本名忽斜虎，合懶路人。少穎悟不羣，讀書習策論，有文武才。初試補親衛軍，雖備宿衛而學業不輟。中泰和三年進士第，歷仕州縣。貞祐用兵，辟充軍職，嘗爲大元兵所俘，不踰年盡解其語，尋率諸降人萬餘來歸。宣宗召見，奇之，授邳州刺史、兼從宜。增築城壁，匯水環之，州由是可守。哀宗即位，遥授同知歸德府事，同簽樞密院事，行院於徐州。徐州城東西北三面皆黄河而南獨平陸，仲德疊石爲基，增城之半，復浚隍引水爲固，民賴以安。

正大五年，詔關陝以南行元帥府事，以備小關及扇車回。時北兵叩關，仲德適與前帥奧屯阿里不酌酒更代，而兵猝至，遂驅而東。阿里不素無守禦之策〔一〇〕，爲有司所劾，罪當死。仲德上書引咎，以謂「北兵越關之際，符印已交，安得歸罪前帥，臣請受戮」。上義之，止杖阿里不而貰其死。

六年，移知鞏昌府，兼行總帥府事。時陝西諸郡已殘，仲德招集散亡，得軍數萬，依山爲柵，屯田積穀，人多歸焉。一方獨得小康，號令明肅，至路不拾遺。八年四月，詔授仲德鞏昌行省及虎符、銀印。

天興元年九月，拜工部尚書、參知政事，行尚書省事於陝州。時兀典新敗，陝州殘破，仲德復立山寨，安撫軍民。會上以蠟丸書徵諸道兵入援，行省、院、帥府往往觀望不進，或中道遇兵而潰，惟仲德提孤軍千人，歷秦、藍、商、鄧，擷果菜爲食，間關百死至汴。至之日，適上東遷。妻子在京師五年矣，仲德不入其家，趨見上於宋門，問東幸之意。知欲北渡，力諫云：「北兵在河南，而上遠徇河北，萬一無功，得完歸乎。國之存亡，在此一舉，願加審察。臣嘗屢遣人奏，秦、鞏之間山巖深固，糧餉豐贍。不若西幸，依險固以居，命帥臣分道出戰，然後進取興元，經略巴蜀，此萬全策也。」上已與白撒議定，不從，然素重仲德，且嘉其赴難，進拜尚書省右丞、兼樞密副使，軍次黃陵岡〔一二〕。

二年正月，車駕至歸德，以仲德行尚書省于徐州。既至，遣人與國用安通問。沛縣卓翼、孫璧沖者初投用安，用安封翼爲東平郡王，璧沖博平公，升沛縣爲源州。已而，翼、璧沖來歸，仲德畀之舊職，令統河北諸砦，行源州帥府事。用安累檄王德全入援，不赴，仲德至徐，德全大恐，求赴歸德。仲德留之，遣人納奏帖云：「徐州重地，德全不宜離鎮。」仲德慮州廨不居，亦無兵衛自防，日以觀書爲事，而德全自疑益甚。

二月，魚山總領張瓛作亂，殺元帥完顏胡土降北。仲德累議討之，德全不從，即領麾下十許人，親勸民兵得三百人，徑往魚山，而從宜嚴禄已誅瓛反正，仲德撫慰軍民而還。有曹總領者，盜御馬東行，制旨諭行省討之，仲德既殺賊，德全欲功出己，殺曹黨四十八人。

三月，阿术魯攻蕭縣，游騎至徐，德全馬悉爲所邀。仲德時往宿州，德全以失馬故始議救蕭縣，遣張元哥、苗秀昌率騎八百以往。未及交戰，元哥退走，北兵掩之，皆爲所擒殺之，蕭縣遂破。四月，仲德陽以闕糧往邳州，州官出迎，就執德全并其子殺之，餘黨之外一無所問，闔郡稱快。

初，完顏胡土以遥授徐州節度，往帥嚴禄軍於永州北保安鎮。時禄已爲從宜，在碭山數年，又得士心。忽土到，軍士不悅，二月辛卯夜〔二〕，遂爲總領張瓛、崔振所害。吏部郎中張敏修，忽土下經歷官，乃以軍變脅嚴禄降北。禄佯應之，陰召永州守陳立、副招撫郭昇，會諸義軍赴保安鎮誅作亂者。軍夜至，禄遣敏修召瓛、振計事，二人不疑，介胄而至，及其黨與皆爲禄所殺。徐州去保安百里，行省聞之來討，會禄已反正，乃以便宜授禄行元帥左都監，就佩忽土虎符。朝廷復授禄遥領歸德知府、兼行帥府事。未幾，大元將阿术魯兵至保安，禄夜遁。後禄聞官奴變，一軍頓徐、宿間幾一月，遂投漣水，敏修入徐。

五月，詔仲德赴行在。時官奴已變，官屬懼爲所紿，勸勿往。仲德曰：「君父之命，豈辨真僞耶，死亦當行。」尋使者至，果官奴之詐。六月，官奴誅，詔仲德議遷蔡，仲德雅欲奉上西幸，因贊成之。及蔡，領省、院，事無鉅細率親爲之，選士括馬，繕治甲兵，未嘗一日無西志。近侍左右久困睢陽，幸即汝陽之安，皆娶妻營業不願遷徙，日夕爲上言西行不便。未幾，大兵梗路，竟不果行。仲德每深居燕坐，瞑目太息，以不得西遷爲恨。

是月，上至蔡，命有司修見山亭及同知衙，爲遊息之所。仲德諫曰：「自古人君遭難，播越于外，必痛自刻苦貶損，然後可以克復舊物。況今諸郡殘破，保完者獨一蔡耳。蔡之公廨固不及宮闕萬一，方之野處露宿則有加矣。且上初行幸已嘗勞民葺治，今又興土木之役以求安逸，恐人心解弛，不足以濟大事。」上遽命止之。

七月，定進馬遷賞格〔三〕，每甲馬一匹或二匹以上，遷賞有差。自是，西山帥臣范真、姬汝作等各以馬進，凡得千餘匹，以朮撚阿典領之。又遣使分詣諸道徵兵赴蔡，得精鋭萬人。又以器甲不完，命工部侍郎朮甲咬住監督修繕，不踰月告成。軍威稍振，扈從諸人苟一時之安，遂以蔡爲可守矣。

魯山元帥元志領軍千餘來援。時諸帥往往擁兵自固，志獨冒險數百里，且戰且行，比至蔡幾喪其半。上表異之，賜以大信牌，升爲總帥。息州忠孝軍帥蔡八兒、王山兒亦來援。

壬午，忠孝軍提控李德率十餘人乘馬入省大呼，以月糧不優，幾於罵詈。郎中移剌克忠白之仲德，仲德大怒，縛德堂下，杖之六十。上諭仲德曰：「此軍得力，方欲倚用，卿何不容忍，責罰乃爾。」仲德曰：「時方多故，録功隱過自陛下之德。至于將帥之職則不然，小犯則決，大犯則誅，强兵悍卒不可使一日不在紀律。蓋小人之情縱則驕，驕則難制，睢陽之禍豈獨官奴之罪，亦有司縱之太過耳。今欲更易前轍，不宜愛克厥威，賞必由中，罰則臣任其責。」軍士聞之，至于國亡不敢有犯。

九月，蔡城戒嚴。行六部尚書蒲察世達以大兵將至，請諭民併收晚田，不及者踐毀之，毋資敵，制可。丙辰，詔裁冗員，汰冗軍，及定官吏軍兵月俸，自宰執以下至于皂隸，人月支六斗。初，有司定減糧，人頗怨望。上聞之，欲分軍爲三，上軍月給八斗，中七斗，下六斗，人復怨不均。乃立射格，而上中軍輒多受賞，連中者或面賜酒，人益爲勸，且陰有所增而人不知，仲德之謀也。甲子，分軍防守四面。

十月壬申朔，大兵壕壘成，耀兵城下，旗幟蔽天。城中駭懼，及暮，焚四關，夷其墻而退。十一月辛丑，大兵以攻具傅城，有司盡藉民丁防守，不足則括婦女壯健者，假男子衣冠使運木石。蔡既受圍，仲德營畫禦備，未嘗一至其家，拊存軍士，無不得其懽心，將校有戰亡者，親爲賻祭，哭之盡哀。己丑，西城破，城中前期築柵浚濠爲備，雖克之不能入也。但於城上立柵，南北相去百餘步而已。仲德摘三面精鋭日夕戰禦，終不能拔。

三年正月庚子朔，大兵以正旦會飲，鼓吹相接，城中飢窘愁嘆而已。圍城以來，戰殁者四帥、三都尉，其餘總帥以下，不可勝紀。至是，盡出禁近，至於舍人、牌印、省部掾屬，亦皆供役。戊申，大兵鑿西城爲五門，整軍以入，督軍鏖戰及暮乃退，聲言來日復集。

己酉，大兵果復來，仲德率精兵一千巷戰，自卯及巳，俄見子城火起，聞上自縊，謂將士曰：「吾君已崩，吾何以戰爲。吾不能死於亂兵之手，吾赴汝水，從吾君矣。諸君其善爲計。」言訖，赴水死。將士皆曰：「相公能死，吾輩獨不能耶。」於是參政孛术魯婁室、兀林荅胡土，總帥元志，元帥王山兒、紇石烈柏壽、烏古論桓端及軍士五百餘人，皆從死焉。

仲德狀貌不踰常人，平生喜怒未嘗妄發，聞人過，常護諱之。雖在軍旅，手不釋卷，門生故吏每以名分教之。家素貧，敝衣糲食，終其身晏如也。雅好賓客，及薦舉人材，人有寸長，極口稱道。其掌軍務，賞罰明信，號令嚴整，故所至軍民爲用，至危急死生之際，無一士有異志者。南渡以後，將相文武，忠亮始終無瑕，仲德一人而已。

贊曰：金之亡，不可謂無人才也。若完顔仲德、張天綱，豈非將相之器乎。昔者智伯死又無後，其臣豫讓不忘國士之報，君子謂其無所爲而爲之，眞義士也。金亡矣，仲德、天綱諸臣不變所守，豈愧古義士哉。

校勘記

〔一〕以烏古論忽魯爲息州刺史　按，本書卷一八哀宗紀下，天興二年七月「戊申，左右司郎中烏古論蒲鮮兼息州刺史」。與此異。汝南遺事卷一記此事在七月己酉，官職略同。參見本書卷一八校勘記〔一四〕。

〔二〕北兵所以常取全勝者　「全」，原作「金」。按，汝南遺事卷二記此言作「全」。今據改。

〔三〕行省遣人奏中渡店之捷　「捷」，原作「楚」，據南監本、北監本、殿本、局本改。

〔四〕九月以忽魯退縮　「忽魯」，疑當作「蒲鮮」。參見本卷校勘記〔一〕。

〔五〕以夾谷九十權息州事　「夾谷九十」，原作「夾谷九住」，據北監本、殿本、局本改。

〔六〕小婁室自息來迓　按，本卷完顏婁室傳，「及上將幸蔡，密召中婁室引兵來迓」。此作「小婁室」似誤。

〔七〕哀宗東幸還左右司郎中扈從至歸德改吏部侍郎　按，本書卷一八哀宗紀下，天興二年三月戊辰，「左右司郎中張天綱爲户部侍郎」。與此異。

〔八〕語在烏古論鎬傳　「鎬」字原脱，今據本卷烏古論鎬傳補。

〔九〕爲宋將孟珙得之　「孟珙」，原作「孟拱」，據北監本、殿本、局本改。

〔一〇〕阿里不素無守禦之策　「阿里不」，原作「阿不里」，據南監本、北監本、殿本、局本乙正。按，上文亦作「阿里不」。

〔一一〕軍次黄陵岡　「岡」字原脱。按，本書卷一八哀宗紀下，天興元年十二月辛丑，「鞏昌元帥完顔忽斜虎至自金昌，（中略）以爲尚書右丞從行，（中略）甲辰，次黄陵岡」。今據補。

〔一二〕二月辛卯夜　按，本書卷一八哀宗紀下載張瓛之變在二月丙子朔。殿本考證：「按，張瓛之變，哀宗本紀作『二月丙子朔』，此云『辛卯夜』，以干支計之，『辛卯』乃二月十六日也，彼此互異。」

〔一三〕七月定進馬遷賞格　「七月」，原作「八月」。按，本書卷一八哀宗紀下，天興二年七月「丁卯，定進馬遷賞格」。汝南遺事卷二亦作「七月」。今據改。

金史卷一百二十

列傳第五十八

世戚

石家奴　裴滿達　忽覩　徒單恭　烏古論蒲魯虎
唐括德温　烏古論粘没曷〔一〕　蒲察阿虎迭　烏林荅暉
蒲察鼎壽　徒單思忠　徒單繹　烏林荅復　烏古論元忠 子誼
唐括貢　烏林荅琳　徒單公弼　徒單銘　徒單四喜

金昭祖娶徒單氏，后妃之族自此始見。世祖時，烏春爲難，世祖欲求昏以結其驩心，烏春曰：「女直與胡里改豈可爲昏。」世宗時，賜夾谷清臣族同國人〔二〕。清臣，胡里改人也。然則四十七部之中亦有不通昏因者矣，其故則莫能詰也。有國家者，昏因有恒族，能使風氣淳固、親義不渝而貴賤等威有别焉，蓋良法也歟。作世戚傳。

石家奴，蒲察部人，世居案出虎水。祖斛魯短。世祖外孫。桓赧、散苔之亂昭肅皇后父母兄弟皆在敵境，斛魯短以計迎還之。

石家奴自幼時撫養于太祖家，及長，太祖以女妻之。年十五，從攻寧江州，敗遼主親軍，攻臨潢府皆有功，襲謀克。其後，自山西護齊國王謀良虎之喪歸上京，道由興中。是時，方攻興中未下，石家奴置柩于驛，率其所領猛安兵助王師，遂破其城。

從宗望討張覺。再從宗翰伐宋。宗翰聞宗望軍已圍汴，遣石家奴計事，抵平定軍遇敵兵數萬，敗之，遂見宗望。已還報，宗翰聞其平定之戰，甚嘉之。

明年，復伐宋，石家奴隸婁室軍。婁室討陝西未下，石家奴領所部兵援之。既而，以本部屯戍西京，會契丹大石出奔，以余睹爲元帥，石家奴爲副，襲諸部族以還。未幾，有疾，退居鄉里。

天眷間，授侍中、駙馬都尉。再以都統定邊部，熙宗賜御書嘉獎之。封蘭陵郡王。除東京留守，以病致仕。卒，年六十三，加贈鄖王。正隆奪王爵，封魯國公。

裴滿達本名忽撻，婆盧木部人。爲人淳直孝友。天輔六年，從蒲家奴追叛寇於鐵呂川，力戰有功。熙宗娶忽撻女，是爲悼平皇后。天眷元年，授世襲猛安。明年，以皇后父拜太尉，封徐國公。皇統元年，除會寧牧。居數歲，以太尉奉朝請。九年，悼后死。無何，海陵弑熙宗，欲邀衆譽，揚熙宗過惡，以悼后死非罪，於是封忽撻爲王。天德三年，薨。子忽覩，爲燕京留守，以罪免，居中都，海陵命馳驛赴之。及葬，使祕書監納合椿年致祭，賻銀五百兩。

忽覩，天眷三年權猛安，皇統元年爲行軍猛安。歷橫海、崇義軍節度使，以后戚怙勢贓汙不法。其在橫海，拜富人爲父，及死，爲之行服而分其資。在崇義，諷寺僧設齋而受其施〔三〕。及留守中京，益驕恣，苟可以得財無不爲者。選諸猛安富人子弟爲扎野，規取財物，時號「閑郎君」。朝廷以忽覩與徒單恭等汙濫至甚，命秉德黜陟天下官吏，忽覩以贓罷。海陵以忽覩所至縱家奴擾民，乃定禁外官任所閑雜人條約。天德三年，復起爲鄭州防禦使，改安國軍節度使。卒，年三十九。

徒單恭本名斜也。天眷二年，爲奉國上將軍。以告吴十反事，超授龍虎衛上將軍。爲户部侍郎，出爲濟南尹，遷會寧牧，封譚國公。復出爲太原尹。斜也貪鄙，使工繪一佛像，自稱嘗見佛，其像如此，當以金鑄之。遂賦屬縣金，而未嘗鑄佛，盡入其家，百姓號爲「金總管」。秉德廉訪官吏，斜也以贓免。

海陵篡立，海陵后徒單氏，斜也女，由是復用爲會寧牧，封王。未幾，拜平章政事。海陵獵於胡剌渾水，斜也編列圍場，凡平日不相能者輒杖之。海陵謂宰相曰：「斜也爲相，朕非私之。今聞軍國大事凡斜也所言，卿等一無取，豈千慮無一得乎？」他宰相無以對，温都思忠舉數事對曰：「某事本當如此，斜也輒以爲如彼，皆妄生異議，不達事宜。臣逮事康宗，累朝宰相未嘗有如斜也專恣者。」海陵默然。斜也於都堂脊杖令史馮仲尹，御史臺劾之，海陵杖之二十。斜也猛安部人撒合出者，言斜也强率取部人財物，海陵命侍御史保魯鞫之。保魯鞫不以實，海陵杖保魯，而以撒合出爲符寶祗候，改隸合扎猛安。

斜也兄定哥尚太祖長女兀魯，定哥死無子，以季弟之子查剌爲後。斜也謀取其兄家財，强納兀魯爲室而不相能，兀魯嘗怨詈斜也。斜也妾忽撻與兀魯不叶，乃譖兀魯於海陵后徒單氏曰：「兀魯怨上殺其兄宗敏，有怨望語。」會韓王亨改廣寧尹，諸公主宗婦往賀其母，兀魯以言慰亨母，忽撻亦以怨望指斥誣兀魯。海陵使蕭裕鞫之，忽撻得幸于徒單后，左驗皆不敢言，遂殺兀魯，斜也因而盡奪查剌家財。大定間皆追正之。海陵以兀魯有怨望語，斜也不奏，遂杖斜也，免所居官。俄，復爲司徒，進拜太保，領三省事，兼勸農使。再進太師，封梁晉國王。

貞元二年九月，斜也從海陵獵于順州。方獵，聞斜也薨，即日罷獵，臨其喪，親爲擇葬地，遣使營治。及葬，賜轀輬車，上及后率百官祭之，賜謚曰忠。正隆間，改封趙國公，再進齊國公。

其妻先斜也卒，海陵嘗至其葬所致祭，起復其子率府率吾里補爲諫議大夫。大定間，海陵降爲庶人，徒單氏爲庶人妻，斜也降特進鞏國公。

烏古論蒲魯虎。父當海，國初有功。蒲魯虎通契丹大小字，娶宋王宗望女昭寧公主什古。熙宗初，爲護衛，改牌印，常侍左右。轉通進，襲父謀克，再遷臨海軍節度使，改衛州防禦使。海陵賜食内殿，謂之曰：「衞州風土甚佳，勿以防禦爲降也。」對曰：「頗聞衞州官署不利守者。」即日，改汾陽軍節度使，賜衣服、佩玉、帶劍。入爲太子詹事，卒，年四十一。海陵親臨哭之，后妃皆弔祭，賻贈甚厚。有司給喪事，贈特進駙馬都尉。正隆例贈光禄大夫。

唐括德温本名阿里，上京率河人也。曾祖石古，從太祖平臘醅麻産，領謀克。祖脱孛魯，領其父謀克，從太祖伐遼，攻寧江、泰州戰有功。父撻懶，尚康宗女，從宋王宗望以軍二萬收平州，至城東十里許遇敵兵甚衆，戰敗之，太祖賞賚甚厚，授行軍猛安。皇統初，遷龍虎衞上將軍，歷興平、臨海等軍節度使。

德温善射，尚睿宗皇帝女楚國長公主。天眷三年，授宣武將軍。皇統元年，從都元帥宗弼南征，以善突戰遷廣威將軍。六年，遷定遠大將軍。七年，授殿前右副都點檢。天德初，改殿前左副都點檢，遷兵部尚書。出爲大名尹兼本路兵馬都總管，改横海軍節度使，延安尹兼鄜延路兵馬都總管。世宗即位，封道國公，爲殿前都點檢、駙馬都尉。大定二年，以父祖功授按出虎猛安所管世襲謀克。三年九月九日，世宗以故事出獵，謂德温曰：

「扈從軍士二千，飲食芻秣能無擾百姓乎。」嚴爲約束，仍以錢一萬貫分給之。四年，爲勸農使，出爲西京留守，賜犀弓玉帶，召入爲皇太子太傅，卒。上輟朝，親臨喪奠祭，賻贈甚厚。

十八年，追録其父撻懶并德温前後功，授其長子駙馬都尉鼎世襲西北路没里山猛安，從隸泰州。

烏古論粘没曷，上京胡剌温屯人也，移屯河間。祖唤端，太祖伐遼常侍左右，追遼主延禧、却夏人援兵皆有功，授世襲謀克。父歡覩，官至廣威將軍。

粘没曷尚睿宗女冀國長公主，初爲護衛，天德二年襲謀克。海陵伐宋，爲押軍猛安。世宗即位，軍還，授侍衛親軍步軍都指揮使，加駙馬都尉。歷左副點檢，禁直被酒不親視扃鐍，杖四十。遷右宣徽使、勸農使，出爲興平軍節度使。改廣寧尹，賜錢三千貫。

粘没曷至廣寧，嗜酒不視事，上以兵部員外郎宗安爲少尹，詔宗安戒諭之，上謂宗安曰：「汝能繼修前政，朕不忘汝，勉之。」大定中，粘没曷卒。上聞之，遣其子駙馬都尉公説馳驛奔喪，賜錢三千貫，沿路祭物並從官給。

蒲察阿虎迭，初授信武將軍，尚海陵姊遼國長公主迪鉢，爲駙馬都尉。遼國薨，繼尚鄧國長公主崔哥。皇統三年，爲右副點檢。五年，使宋爲賀正旦使，改左副點檢，禮部、工部尚書，廣寧、咸平、臨潢尹，武定軍節度使，封葛王。薨年二十八。海陵親臨葬，贈譚王。正隆例贈特進楚國公。

烏林荅暉本名謀良虎，明德皇后兄也。天眷初，充護衛，以捕宗磐、宗雋功授忠勇校尉，遷明威將軍。從宗弼北征，遷廣威將軍，賞以金幣、尚厩擊毬馬。久之，除殿中侍御史，再除蒲速碗羣牧使，謹畜牧，不事遊宴，孳産蕃息，進秩，改特滿羣牧使。世宗即位，召見行在，除中都兵馬都指揮使。世宗至中都，將遣使於宋，以暉爲使。世宗曰：「暉嘗私用官錢五百貫。」迺數其罪而罷之，遣高忠建往。因謂宰臣曰：「朕於賞罰，豪髮無所假借。果公廉辦治，雖素所不喜必加升擢，若抵冒公法，雖至親不少恕。」遷都點檢、兼侍衛親軍副都指揮使，卒。遣官致祭，皇太子諸王百官會喪，賻銀千兩、重綵四十端、絹四十匹。詔以暉第三子天錫世襲納鄰河猛安親管謀克。

蒲察鼎壽本名和尚，上京曷速河人，欽懷皇后父也。賦性沉厚有明鑒，通契丹、漢字，長於吏事。尚熙宗女鄭國公主。貞元三年，以海陵女弟慶宜公主子加定遠大將軍〔四〕，爲尚衣局使，累官器物局使。大定二年，加駙馬都尉，職如故。歷符寶郎、蠡州刺史、濬州防禦使，有惠政，兩州百姓刻石紀之。遷泰寧軍節度使，歷東平府、横海軍，入爲右宣徽使，改左宣徽，授中都路昏得渾山猛安曷速木單世襲謀克。

改河間尹，號令必行，豪右屏跡。有宗室居河間，侵削居民，鼎壽奏徙其族于平州，郡内大治。卒官。上聞之深加悼惜。喪至香山，皇太子往奠，百官致祭，賻銀綵絹〔五〕。明昌三年，以皇后父贈太尉、越國公。

鼎壽既世連姻戚，女爲皇后，長子辭不失凡三尚定國、景國、道國公主。其寵遇如此，未嘗以富貴驕人，當時以爲外戚之冠云。

徒單思忠字良弼，本名寧慶。曾祖賽補，尚景祖女。從太祖伐遼，戰歿于臨潢之渾河。父賽一，尚熙宗妹。正隆末，爲乣椀羣牧使，契丹賊窩斡擾北邊，賽一與戰死之。大定初，贈金吾衞上將軍。

思忠通敏有才，頗通經史。世宗在潛邸，撫養之。賦性寬厚。十有二歲從上在濟南，一日，與姻戚公子出遊近郊，有醉人腰弓矢策馬突過，諸公子怒欲鞭之，思忠曰：「醉人昏昧，又何足責。」遂釋之。其人行數十步，忽執弓矢，思忠恐欲傷人，速馳至其傍，奪其弓，弛而還之。上聞之，嘉有識量，由是常使侍側。尚皇弟二女唐國公主。

大定初，世宗使思忠迎南征萬户高忠建、完顏福壽于遼口〔六〕，察其去就，思忠知其誠意，乃與俱至東京。世宗即位，如中都，思忠從行，軍國庶事補益弘多。大定元年十月，拜殿前左衞將軍，二年，加駙馬都尉，卒。上爲輟朝，即喪所臨奠，命有司備禮葬之，營費從官給。

十九年，上追念思忠輔立功，贈驃騎衞上將軍，仍授其子鐸武功將軍、世襲中都路烏獨渾謀克。

徒單繹本名朮輦，其先上京按出虎達阿人。祖撒合懣，國初有功，授隆安府路合扎謀克〔七〕、奪古阿隣猛安。

繹美姿儀，通諸國語。尚熙宗第七女瀋國公主。充符寶祗候，遷御院通進，授符寶郎。歷宣德、泰安、淄州刺史，有廉名。改同知廣寧府事，以母鄂國公主憂，不赴。世宗特許以憂制中襲父封。服闋，授同知濟南府事。二十六年，遷棣州防禦使，以政迹聞，升臨海軍節度使，卒。

繹家世貴寵，自曾祖照至繹尚公主者凡四世云。

烏林荅復本名阿里剌，東平人也。奉御出身，大定七年尚世宗第七女宛國公主，授駙馬都尉。改引進使、兼符寶郎，出爲蠡州刺史，三遷歸德軍節度使。明昌三年，轉知興中府事，久之，爲曷懶路兵馬都總管。承安四年，拜絳陽軍節度使，卒。

烏古論元忠本名訛里也，其先上京獨拔古人。父訛論，尚太祖女畢國公主。元忠幼秀異，世宗在潛邸以長女妻之，後封魯國大長公主。正隆末，從海陵南伐。世宗即位遼陽，時太保昂爲海陵左領軍大都督，遣元忠朝于行在，遂授定遠大將軍，擢符寶郎。諭之曰：「朕初即位，親密無如汝者，侍從宿衛宜戒不虞。」大定二年，加駙馬都尉，除近侍局使，遷殿前左衛將軍。從世宗獵，上欲射虎，元忠諫止之。進殿前右副都點檢，爲賀宋正旦使，還，轉左副都點檢。坐家奴結攬民稅，免官。十一年，復舊職。明年，升都點檢。十五年，北邊進獻，命元忠往受之，及還，詔諭曰：「朕每遇卿直宿，其寢必安。今夏幸景明宮，卿去久，朕甚思之。」

會大興府守臣闕，遂以元忠知府事。有僧犯法，吏捕得寘獄，皇姑梁國大長公主屬使釋之，元忠不聽，主奏其事，世宗召謂曰：「卿不徇情，甚可嘉也，治京如此，朕復何憂。」秩滿，授吏部尚書。以其子誼尚顯宗長女薛國公主〔八〕。

十八年，擢御史大夫，授撒巴山世襲謀克。世宗問左丞相紇石烈良弼孰可相者，良弼以元忠對，乃拜平章政事，封任國公，進尚書右丞相。策論進士之科設，元忠贊成之。世宗將幸會寧，元忠進諫不聽，出知真定府，尋復詔爲右丞相。

世宗欲甓上京城，元忠曰：「此邦遭正隆軍興，百姓凋弊，陛下休養二十餘年，尚未完復。況土性疎惡，甓之恐難經久，風雨摧壞，歲歲繕完，民將益困矣。」駕東幸久之未還，元忠奏曰：「鑾輿駐此已閱歲，倉儲日少，市買漸貴，禁衞曁諸局署多逃者，有司捕寘諸法恐傷陛下仁愛。」世宗嘉納之。

尋出爲北京留守，責諭之曰：「汝强悍自用，頗權而結近密。汝心叵測，其速之官。」後左丞張汝弼奏事，世宗惡其阿順，謂左右曰：「卿等每事依違苟避，不肯盡言，高爵厚禄何以勝任。如烏古論元忠爲相，剛直敢言，義不顧身，誠可尚也。」於是，改知真定府事，移知河間。

明昌二年，知廣寧府。以河間修築毬場擾民，會赦下，除順義軍節度使。乞致仕不許，特加開府儀同三司、北京留守。徙知濟南府，過闕令預宴，班平章政事之上。承安二年，移守南京，尋改知彰德府。卒〔九〕。訃聞，上遣宣徽使白琬燒飯，賻物甚厚。元忠素貴，性龎豪而内深忌，世宗嘗責之。又所至不能戢奴僕，世以此爲訾云。子誼。

誼本名雄名。大定八年，尚海陵女。宴宗室及六品以上官，命婦預焉，上曰：「此女亦太祖之曾孫，猶朕之女，乃父廢亡，非其女之罪也。」海陵女卒，大定二十一年，尚顯宗女廣平郡主。誼歷仕宮衞，爲人龎豪類其父。二十六年，上謂原王曰：「元忠勿望其可復相也。雄名又不及乃父，朕嘗宥待，殊不知恩，汝宜知其爲人。」謂平章政事襄曰：「雄名可令補外。自今宫掖官已有旨補外者，比及廷授〔一○〕，即毋令入宫。」於是，誼除同知澄州軍州事。章宗即位，廣平郡主進封鄴國長公主，誼改順天軍節度副使，加駙馬都尉。承安元年，累遷祕書監兼吏部侍郎，改刑部，遷工部尚書。泰和元年，遇父元忠憂。二年，以本官起復。三年，知東平府事，改知真定府事。六年，伐宋，遷元帥左都監。七年，轉左監軍。八年，拜御史大夫。大安中，知大名府。至寧初，以謀逆伏誅。

唐括貢本名達哥，太傅阿里之子也。尚世宗第四女吴國公主，授駙馬都尉，充奉御。特授拱衛直副都指揮使，五遷刑部侍郎，坐擅離職削官一階，出爲德州防禦使。升順天軍節度使，移鎮横海。召爲左宣徽使，遷兵部尚書，改吏部，轉禮部尚書、兼大理卿。

先是，大理卿闕，世宗命宰臣選可授者，左丞張汝弼舉西京副留守楊子益法律詳明。上曰：「子益雖明法，而用心不正，豈可任之以分别天下是非也？大理須用公正人。」右丞粘割斡特剌舉貢可任以閑簡部分而兼領是職，遂以貢爲之。

二十八年，拜樞密副使。章宗立，爲御史大夫。會貢生日，右丞相襄、參知政事劉瑋、吏部郎中亶、中都兵馬都指揮使和喜爲貢壽，遂犯夜禁，和喜遣軍人送襄至第。監察御史徒單德勝劾其事，下刑部逮覓等問狀。上以襄、瑋大臣釋之，而貢等各解職。尋知大興府事，復爲樞密副使。乞致仕不許，進樞密使，封莘國公，改封蕭。復上表乞退，上曰：「向已嘗告，續知意欲外除，今之告將復若何。」遂優詔許之。尋起知真定府事。泰和二年，薨。

烏林荅琳，本名留住。尚鄴國公主，加駙馬都尉。貞祐元年爲靜難軍節度使，夏人犯邠州，琳降。會延安府遣通事張福孫至夏國，夏人使福孫見琳，時已中風，公主令人以狀付福孫，屬以懇禱朝廷，冀早太平得還鄉之意。福孫具以聞，詔賜以藥物。

徒單公弼本名習烈，河北東路筭主海猛安人。父府君奴，尚熙宗女，加駙馬都尉，終武定軍節度使。公弼初充奉御，大定二十七年，尚世宗女息國公主，加定遠大將軍、駙馬都尉，改器物局直長。轉副使、兼近侍局直長。丁父憂，起復本局副使。章宗秋山射中虎，虎怒突而前，侍衞皆避去，公弼不動，虎亦隨斃。詔責侍衞而慰諭公弼。除濱州刺史，再遷兵部侍郎，累除知大名府事。

是時，伐宋軍興，有司督逋租及牛頭稅甚急，公弼奏：「軍士從戎，民亦疲弊，可緩徵以紓民。」朝廷從之。大安初，知大興府事，讞武清盜，疑其有冤，已而果獲真盜。歲餘拜參知政事，進右丞，轉左丞。至寧初，拜平章政事，封定國公。

貞祐初，進拜右丞相，罷知中山府事。是時，中都圍急不可行，圍解，宣宗曰：「中山新被兵，不如河中善。」乃改知河中府。歷定國軍節度使事、太孫太師、同判大睦親府事。興定五年薨，宣宗輟朝，賻贈，謚恪愿。

徒單銘字國本，顯宗賜名重泰。祖貞，別有傳。父特進、涇國公〔一一〕。性重默寡言，粗通經史，事母盡孝。大定末，充奉御。章宗即位，特勑襲中都路渾特山猛安。明昌五年，授尚醞署直長，累遷侍儀司令、宿直將軍、尚衣局使、兵部郎中，與大理評事孫人鑑爲採訪使，覆按提刑司事。改右衞將軍，轉左衞，出爲永定軍節度使，移河東北路按察使、轉運使。大安三年，改知大名府，就陞河北東西大名路安撫使。大名荐饑重困，銘乞大出交鈔以賑之。崇慶初，移知真定府，復充河北東西大名路宣撫使。至寧元年九月，奉迎宣宗于彰德府〔二二〕，俄拜尚書右丞，出爲北京留守，以路阻不能赴。貞祐二年，卒。

贊曰：天子娶后，王姬下嫁，豈不重哉。秦、漢以來，無世世甥舅之家。關雎之道缺，外戚驕盈，何彼穠矣不作，王姬肅雝之義幾希矣。蓋古者異姓世爵公侯與天子爲昏因，他姓不得參焉。女爲王后，己尚王姬，而自貴其貴，富厚不加焉，寵榮不與焉。使漢、唐行此道，則無呂氏、王氏、武氏之難，公主下嫁各安其分、各得其所矣。金之徒單、拏懶、唐括、蒲察、裴滿、紇石烈、僕散皆貴族也，天子娶后必于是，公主下嫁必于是，與周之齊、紀無異，此昏禮之最得宜者，盛於漢、唐矣。

徒單四喜，哀宗皇后之弟也。天興二年正月辛酉夜〔二三〕，四喜、内侍馬福惠至自歸德，時河朔已失利，京城猶未知，二人被旨迎兩宮，遂託以報捷，執小黄旗以入，至則奏兩宮以奉迎之意。是日，召二相入議，二相及烏古孫奴申諫不可行。四喜作色曰：「我奉制旨迎兩宮，有敢言不行者當以别勑從事矣。」二相不復敢言，行議遂決。制旨所取兩宮、柔妃裴軍以兩宮隨行物之半。又取宮中寶物，馬蹄金四百枚、大珠如栗黃者七千枚、生金山一、龍腦板二及信瑞御璽，仍許賜忠孝滿氏及令人張秀蕖、都轄、承御、湯藥、皇乳母鞏國夫人等十餘人外，皆放遣之。

壬寅，太后御仁安殿〔一四〕，出錠金及七寶金洗分賜忠孝軍。是夜，兩宮騎而出，至陳留，見城外二三處火起，疑有兵，遲回間，奴申初不欲行，即承太后旨馳還。癸卯，入京頓四喜家〔一五〕，少頃，還宮。復議以是夜再往，太后憊於鞍馬不能動，遂止。

明日，崔立變。四喜、朮甲塔失不及塔失不之父咬住、四喜妻完顏氏，以忠孝卒九十七騎奪曹門而出，將往歸德，不得出，轉陳州門，亦爲門卒所止。門帥裕州防禦使阿不罕斜合已遁去，經歷官完顏合住權帥職，麾門卒放塔失不等去，且曰：「罪在我，非汝等之過。」明日，立以數十騎召合住，合住自分必死，易衣冠而往。立左右扼腕欲加刃。立遥見，問：「汝是放忠孝軍出門者耶？」合住曰：「然。天子使命，某實放之，罪在某。」立忽若有所省，顧羣卒言：「此官人我識之，前築裏城時與我同事。我所部十餘卒盜官木罪當死，此官人不之問，但笞數十而已。此家能殺人，能救人。」因好謂合住曰：「業已放出，吾不汝罪也。」

四喜等至歸德，上驚問兩宮何如，二人奏京城軍變不及入宮。上曰：「汝父汝妻獨得出耶。」下之獄，皆斬於市。

贊曰：四喜奉迎兩宮，而值崔立之變，智者居此，與兩宮周旋兵間，以俟事變之定而徐圖之。萬一不然，以一死徇之耳，他無策也。四喜奉其私親以歸，而望人主貸其死，豈非愚乎。

校勘記

〔一〕烏古論粘没曷　原作「烏古論粘没合」，據北監本、局本改。按，本卷傳文爲「烏古論粘没曷」，爲同音異譯，今據傳文統一。

〔二〕世宗時賜夾谷清臣族同國人　按，本書卷九四夾谷清臣傳，明昌「二年，拜尚書左丞。頃之，進平章政事，封芮國公，賜同本朝人」。是「世宗」當作「章宗」。

〔三〕諷寺僧設齋而受其施　「齋」字原脱，南監本、北監本、殿本、局本並有「齋」字，脱「而」字。今據補「齋」字。

〔四〕以海陵女弟慶宜公主子加定遠大將軍　本書卷六三后妃傳上海陵后徒單氏傳附海陵諸嬖傳記爲「蒲察阿虎迭女叉察，海陵姊慶宜公主所生」。與此異。

〔五〕百官致祭賻銀綵絹　「賻」，原作「賻」，據南監本、北監本、殿本、局本改。

〔六〕大定初世宗使思忠迎南征萬户高忠建完顏福壽于遼口　「大定初」疑誤。按，本卷下文有「世宗即位，如中都」。卷八六完顏福壽傳載，正隆末，「高忠建、盧萬家奴等亦各率衆萬餘俱歸東京，欲共立世宗。至遼口，世宗遣徒單思忠、府吏張謀魯瓦等來迎，察其去就」。可知此時世宗尚未即帝位，亦未改元，當爲正隆末。

〔七〕授隆安府路合扎謀克　按，本書卷二四地理志上，上京路隆州，遼名黄龍府。「天眷三年，改爲濟州，（中略）大定二十九年（中略）更今名。貞祐初，陞爲隆安府」。是「隆安府」之名甚晚，金初當稱「黄龍府路」或「濟州路」。

〔八〕以其子誼尚顯宗長女薛國公主　按，本卷誼傳，「大定二十一年，尚顯宗女廣平郡主。（中略）章宗即位，廣平郡主進封鄴國長公主」。當世宗時不得有「顯宗」「公主」等稱，此蓋修史者追記。又「薛」字當是「鄴」字之誤。

〔九〕承安二年移守南京尋改知彰德府卒　按，大金故開府儀同三司判彰德尹駙馬都尉任國簡定公墓誌銘，烏古論元忠「越九月丙辰薨，乃泰和之元年也」。又下文誼傳，「泰和元年，遇父元忠憂」。知烏古論元忠卒於泰和元年，疑「卒」字上有脱文。

〔一〇〕比及廷授　「廷」，原作「庭」，據南監本、北監本、殿本、局本改。

〔一一〕父特進涇國公　按，此處顯有脱文，既闕其父名，下文接敍徒單銘事，亦闕一「銘」字。

〔三〕至寧元年九月奉迎宣宗于彰德府　本書卷一四宣宗紀上載，「至寧元年八月，衛紹王被弒，徒單銘等迎于彰德府」。繫月與此異。

〔三〕天興二年正月辛酉夜　原作「正大九年正月丁酉夜」。按，本書卷一八哀宗紀下，哀宗於天興元年十二月離汴京，二年正月辛酉至歸德，即「遣奉御术甲塔失不、后弟徒單四喜往汴京奉迎兩宮」。又本書卷六四后妃傳下宣宗皇后王氏傳記此事亦在天興二年正月。而是年正月丙午朔，亦無丁酉。今據改。

〔四〕壬寅太后御仁安殿　「壬寅」，局本作「丙寅」。是月丙午朔，無壬寅。其事在崔立之變前二日。據本書卷一八哀宗紀下，崔立之變在戊辰。據此「壬寅」當是「丙寅」之誤。

〔五〕癸卯入京頓四喜家　「癸卯」，局本作「丁卯」。按，本卷下文「明日，崔立變」，崔立變在戊辰，則「癸卯」當作「丁卯」。

金史卷一百二十一

列傳第五十九

忠義一

欒共子曰：「民生於三，事之如一，唯其所在則致死焉。」公卿大夫居其位，食其禄，國家有難，在朝者死其官，守郡邑者死城郭，治軍旅者死行陣，市井草野之臣發憤而死，皆其所也。故死得其所，則所欲有甚於生者焉。金代襃死節之臣，既贈官爵，仍録用其子孫。貞祐以來，其禮有加，立祠樹碑，歲時致祭，可謂至矣。聖元詔修遼、金、宋史，史臣議凡例，凡前代之忠於所事者請書之無諱，朝廷從之，烏虖，仁哉聖元之爲政也。司馬遷記豫讓對趙襄子之言曰：「人主不掩人之美，而忠臣有成名之義。」至哉斯言，聖元之爲政足爲萬世訓矣。作忠義傳。

胡沙補，完顏部人。年三十五從軍，頗見任用。太祖使僕刮剌往遼國請阿踈，實觀其形勢。僕刮剌還言遼兵不知其數，太祖疑之，使胡沙補往。還報曰：「遼方調兵，尚未大集。」及見統軍，使其孫被甲立於傍，統軍曰：「人謂汝輩且反，故爲備耳。」及行道中，遇渤海軍，渤海軍向胡沙補且笑且言曰：「聞女直欲爲亂，汝輩是邪。」具以告太祖，又曰：「今舉大事不可後時，若俟河凍，則遼兵盛集來攻矣。乘其未集而蚤伐之，可以得志。」太祖深然之。及破寧江州，戰于達魯古城，皆有功，賜以旗鼓并御器械。

高永昌請和，胡沙補往招之，取胡突古以歸。高永昌詐降于斡魯，斡魯使胡沙補、撒八往報。會高禎降，言永昌非真降者，斡魯乃進兵。永昌怒，遂殺胡沙補、撒八，皆支解之。胡沙補就執，神色自若，罵永昌曰：「汝叛君逆天，今日殺我，明日及汝矣。」罵不絶口，至死。年五十九。天會中，與撒八俱贈遥鎮節度使。

特虎，雅撻瀾水人。軀幹雄偉，敢戰鬭。達魯古城之役，活女陷敵，特虎救出之。攻照散城，遼兵三千來拒，特虎先登，敗之。攻盧葛營，麻吉墮馬，特虎獨殺遼兵數輩，掖而出之。賞賚逾渥。自臨潢班師，至遼河，余睹來襲，婁室已引去，特虎獨殿，馬憊乃步鬭，婁室與數騎來救，特虎止之曰：「我以一死捍敵，公勿來，俱斃無益。」遂没于陣。皇統間，贈明威將軍。

僕忽得，宗室子。初事國相撒改，伐蕭海里有功。與酬斡俱，招降燭偎水部族，酬斡爲謀克，僕忽得領行軍千户。從破黄龍府，戰于達魯古城，皆有功。寧江州渤海乙塞補叛，僕忽得追復之。天輔五年九月〔二〕，酬斡、僕忽得往鼈古河籍軍馬，燭偎水部實里古達等七人殺酬斡、僕忽得，投其尸水中，俱年四十三。太祖悼惜，遣使弔賻加等。六年正月，詔斡魯求酬斡、僕忽得尸以葬。天眷中，贈酬斡奉國上將軍、僕忽得昭義大將軍。

酬斡，亦宗室子也。年十五隸軍，從太祖伐遼，率濤温路兵招撫三坦、石里很、跋苦三水鱉古城邑，皆降之。敗室韋五百于阿良葛城〔四〕，獲其民衆。至是死焉。

粘割韓奴，以護衛從宗弼征伐，賜鎧甲弓矢戰馬。初，太祖入居庸關，遼林牙耶律大石自古北口亡去，以其衆來襲奉聖州，壁于龍門東二十五里，婁室往取之，獲大石并降其衆。宗望襲遼主輜重于青塚，以大石爲鄉導，詔曰：「遼趙王習泥烈、林牙大石、北王喝里質、節度使訛里剌、孛堇赤狗兒、招討迪六、詳穩六斤、同知海里及諸官民，並釋其罪。」復詔斡魯曰：「林牙大石雖非降附，其爲鄉導有勞，可明諭之。」時天輔六年也〔五〕。既而亡去，不知所往。

天會二年，遼詳穩撻不野來降，言大石稱王於北方，署置南北面官僚，有戰馬萬匹，畜產甚衆。詔曰：「追襲遼主，必酌事宜而行。攻討大石，須俟報下。」三年，都統完顏希尹言，聞夏人與耶律大石約曰：「大金既獲遼主，諸軍皆將歸矣，宜合兵以取山西諸部。」詔荅曰：「夏人或與大石合謀爲釁，不可不察，其嚴備之。」七年，泰州路都統婆盧火奏：「大石已得北部二營，恐後難制，且近羣牧，宜列屯戍。」詔荅曰：「以二營之故發兵，諸部必擾，當謹斥候而已。」八年，遣耶律余睹、石家奴、拔離速追討大石，徵兵諸部，諸部不從，石家奴至兀納水而還。余睹報元帥府曰：「聞耶律大石在和州之域，恐與夏人合，當遣使索之。」夏國報曰：「小國與和州壤地不相接，且不知大石所往也。」

皇統四年，回紇遣使入貢，言大石與其國相鄰，大石已死。詔遣韓奴與其使俱往，因觀其國風俗，加武義將軍，奉使大石。韓奴去後不復聞問。

大定中，回紇移習覽三人至西南招討司貿易，自言：「本國回紇鄒括番部，所居城名骨斯訛魯朶，俗無兵器，以田爲業，所獲十分之一輸官。耆老相傳，先時契丹至不能拒，因臣之。契丹所居屯營，乘馬行自旦至日中始周匝。近歲契丹使其女壻阿本斯領兵五萬北攻葉不輦等部族，不克而還，至今相攻未已。」詔曰：「此人非隸朝廷番部，不須發遣，可於咸平府舊有回紇人中安置，毋令失所。」

是歲，粘拔恩君長撒里雅寅特斯率康里部長孛古及户三萬餘求内附，乞納前大石所降牌印，受朝廷牌印。詔西南招討司遣人慰問，且觀其意。秃里余睹、通事阿魯帶至其國見撒里雅，具言願歸朝廷，乞降牌印，無他意也。因曰：「往年大國嘗遣粘割韓奴自和州往使大石，既入其境，大石方適野，與韓奴相遇，問韓奴何人敢不下馬，韓奴曰：『我上國使也，奉天子之命來招汝降，汝當下馬聽詔。』大石曰：『汝單使來，欲事口舌耶。』使人捽下，使韓奴跪，韓奴罵曰：『反賊，天子不忍於爾加兵，遣招汝。爾縱不能面縛請罪闕下，亦當盡敬天子之使，乃敢反加辱乎。』大石怒乃殺之。此時大石林牙已死，子孫相繼，西方諸部仍以大石呼之。」

余睹、阿魯帶還奏，并奏韓奴事。世宗嘉韓奴忠節，贈昭毅大將軍，召其子永和縣商酒都監詳古、汝州巡檢婁室諭之曰：「汝父奉使萬里，不辱君命，能盡死節，朕甚閔之。」以詳古爲尚輦局直長，遷武義將軍，婁室爲武器署直長。

曹珪，徐州人。大定四年，州人江志作亂，珪子弼在賊黨中，珪謀誅志，并弼殺之。尚書省議，當補二官雜班敍。詔曰：「珪赤心爲國，大義滅親，自古罕聞也。法雖如是，然未足以當其功，更進一官，正班用之。」

溫迪罕蒲睹，爲兀者羣牧使。西北路契丹撒八等反，諸羣牧皆應之。蒲睹聞亂作，選家奴材勇者數十人，給以兵仗，陰爲之備。賊不得發，乃紿諸奴曰：「官閲兵器，願借兵仗以應閲。」諸奴以爲實然，遂借與之。明旦，賊至，蒲睹無以禦之。賊執蒲睹而問之曰：「今欲反未？」蒲睹曰：「吾家世受國厚恩，子姪皆仕宦，不能從汝反而累吾族也。」賊怒，臠而殺之，子與孫皆與害。

是時，迪斡羣牧使徒單賽里、副使赤盞胡失荅，耶魯瓦羣牧使鶴壽，歐里不羣牧使完顏朮里骨〔六〕、副使完顏辭不失，卜迪不部副使赤盞胡失賴，速木典糺詳穩加古買住，胡睹糺詳穩完顏速没葛，轄木糺詳穩高彭祖等皆遇害。

鶴壽，鄆王昂子，本名吾都不〔七〕。五院部人老和尚率衆來招鶴壽與俱反，鶴壽曰：「吾宗室子，受國厚恩，寧殺我，不能與賊俱反。」遂與二子皆被殺。

訛里也，契丹人。爲尚厩局直長。大定初，招諭契丹，窩斡叱令訛里也跪見，訛里也不從，謂曰：「我朝廷使也，豈可屈節於汝。汝等早降可全性命，若大軍至，汝輩悔將何及。」窩斡怒曰：「汝本契丹人，而不我從，敢出是言。」遂害之。從行驍騎軍士閏孫、史大、習馬小底頗荅皆被害。三年，贈訛里也宣武將軍，録其子阿不沙爲外帳小底。閏孫、史大皆贈修武校尉。頗荅贈忠翊校尉。

納蘭綽赤，咸平路伊改河猛安人。契丹括里使人招之，綽赤不從。括里兵且至，綽赤遂團結旁近村寨爲兵，出家馬百餘匹給之，教以戰陣擊刺之法，相與拒括里于伊改渡口〔八〕，由是賊衆月餘不得進。既而括里兵四萬人大至，綽赤拒戰，賊兵十倍，遂見執，臠而殺之。詔贈官兩階，二子皆得用廕。

魏全，壽州人。泰和六年，宋李爽圍壽州，刺史徒單義盡籍城中兵民及部曲厮役得三千餘人，隨機拒守堅甚。義善撫御，得衆情，雖婦人皆樂爲用。同知蒲烈古中流矢卒，義益勵不衰，募人往斫爽營，全在選中，爲爽兵所執。爽謂全曰：「若爲我罵金主，免若死。」全至城下，反罵宋主，爽乃殺之，至死罵不絕口。

僕散揆遣河南統軍判官乞住及買哥等以騎二千人救壽州，去壽州十餘里與爽兵遇，乞住分兩翼夾擊爽兵，大破之，斬首萬餘級，追奔至城下，拔其三栅，焚其浮梁。義出兵應之，爽兵大潰，赴淮死者甚衆。爽與其副田林僅脱身去，餘兵脱者十之四。詔遷義防禦使、乞住同知昌武軍節度使事、買哥河南路統軍判官。

贈蒲烈古昭勇大將軍，官其子圖剌。

贈全宣武將軍、蒙城縣令，封其妻爲鄉君，賜在州官舍三間、錢百萬，俟其子年至十五歲收充八貫石正班局分承應，用所贈官蔭，仍以全死節送史館，鏤版頒諭天下。

鄯陽，宗室子。爲符寶祗候。完顏石古乃爲護衛十人長。至寧元年八月，紇石烈執中作亂，入自通玄門。是日，變起倉猝，中外不知所爲，鄯陽、石古乃往天王寺召大漢軍五百人赴難，與執中戰於東華門外。執中揚言曰：「大漢軍反矣，殺一人者賞銀一定。」執中兵衆，大漢軍少，二人不勝而死。須臾，執中兵殺五百人殆盡。

執中死，詔削官爵。詔曰：「宣武將軍、護衞十人長完顏石古乃，修武校尉、符寶祗候鄯陽，忠孝勇果，没于王事。石古乃贈鎮國上將軍、順州刺史，鄯陽贈宣武將軍、順天軍節度副使。嘗從拒戰猛安賞錢五百貫、謀克三百貫、蒲輦散軍二百貫，各遷兩階。戰没者，贈賞付其家。石古乃子尚幼，以八貫石俸給之，俟年十五以聞。」

夾谷守中，咸平人，本名阿土古。大定二十二年進士，歷清池、聞喜主簿，補尚書省令史，除刑部主事、監察御史、修起居注。轉禮部員外郎、大名治中，歷嵩、涿〔九〕、北京臨潢路按察副使〔一〇〕。以憂去官，起復同知曷懶路兵馬都總管府事，坐事謫韓州刺史，尋復同知平涼府事。大安二年，爲秦州防禦使，遷通遠軍節度使。

至寧末，移彰化軍〔一一〕，未行，夏兵數萬入鞏州。守中乘城備守，兵少不能支，城陷，官吏盡降，守中獨不屈。夏人壯之，且誘且脅，守中益堅，遂載而西。至平涼，要以招降府人，守中佯許，至城下即大呼曰：「外兵矢盡且遁矣，慎勿降。」夏人交刃殺之。

興定元年，監察御史郭著按行秦中，得其事以聞。詔贈資善大夫、東京留守，仍收其子兀母爲筆硯承奉。

石抹元毅本名神思，咸平府路酌赤烈猛安莎果歌仙謀克人也。以廕補吏部令史。再調景州寧津令，有劇盜白晝恣劫爲民害，元毅以術防捍，賊散去。入爲大理知法，除同知亳州防禦使事，被省檄，録陝右五路刑獄，無冤人。復委受宋歲幣，故事有私遺物，元毅一無所受。

明昌初，驛召爲大名等路提刑判官，以最遷汾陽軍節度副使。時石、嵐間賊黨嘯聚，肆行剽掠，朝廷命元毅捕之，賊畏而遁，元毅追襲，盡殪之，二境以安。遷同知武勝軍節度使事，别郡有殺人者，屢鞫不伏，元毅訊不數語即具服。河東北路田多山坂磽瘠，大比時定爲上賦，民力久困，朝廷命相地更賦，元毅以三壤法平之，民賴其利。

改彰德府治中，尋以邊警授撫州刺史。會邊將失守，芻糧馬牛焚剽殆盡，元毅率吏卒三十餘人出州經畫軍餉，卒與敵遇。州倅暨從吏堅請還，元毅曰：「我輩責任邊守，遇敵而奔其如百姓何，縱得自安，復何面目見朝廷乎〔一三〕。」遂執弓矢令衆，衆感其忠，爭爲效死。元毅力戰，射無不中，敵去而復合，元毅氣愈厲，鏖戰久之，衆寡不敵遂遇害，時年四十七。事聞，上深驚悼，贈信武將軍，召用其子世勣侍儀司承應。

世勣後登進士第，奏名之日，上謂宰臣曰：「此神思子耶。」歎賞者久之。元毅性沈厚，武勇過人，每讀書見古人忠義事未嘗不嗟歎賞慕，喜動顏色，故臨難能死所事云。

伯德梅和尚，泰州人也。性鯁直，尚氣節。正隆五年，收充護衛，授曷魯椀羣牧副使。未幾，復召爲護衛十人長，改尚厩局副使，遷本局使，轉右衛將軍拱衛使。典尚厩者十餘年，積勞特遷官二階，除復州刺史。明昌初，爲西北路副招討，改秦州防禦使，升武勝軍節度使。六年，移鎮崇義軍。時有事北邊，左丞相夾谷清臣行省于臨潢，檄爲副統。會敵入臨潢，梅和尚暨護衛闞合土等領軍逆擊之。敵積陣以待，梅和尚直擣其陣，殺傷甚衆。敵知孤軍無繼，聚兵圍之。度不能免，乃下馬相背射，復殺百餘人，矢盡猶以弓提擊，爲流矢所中死，闞合土等皆没。

上聞之震悼，詔贈龍虎衛上將軍，躐遷十階，特賜錢二十萬，命以禮葬之，物皆官給，以其子都奴爲軍前猛安，中奴護喪，就差權同知臨潢府事李達可爲勑祭使，同知德昌軍節度使事石抹和尚爲勑葬使。

承安五年，上諭尚書省曰：「梅和尚死王事，其子都奴從軍久有功，其議所以酬之。」

乃命爲典署丞。

烏古孫兀屯，上京路人。大定末，襲猛安。明昌七年，以本兵充萬户，備邊有功，除歸德軍節度副使，改盤安軍，察廉，遷同知速頻路節度使事。以憂去官，起復歸德府治中，遷唐州刺史。

泰和六年四月，宋皇甫斌步騎萬人侵唐州，兀屯兵甚少，遣泌陽尉白撒不、巡檢蒲閑各以五十人乘城拒守。兀屯見宋兵在城東北者可破，令軍事判官撒虎帶以精兵百人自西門出，繞出東北宋兵營後掩擊之，殺數十百人，宋兵大亂，迨夜乃遁去〔一三〕。五月，皇甫斌復以兵數萬來攻，行省遣泌陽副巡檢納合軍勝救唐州。兀屯出兵與軍勝合兵城東北，設伏兵以待之。乃分騎兵爲三，一出一入以致宋兵。宋兵陷于淖，伏兵發，中衝宋兵爲二，遂大潰。追奔至湖陽，斬首萬餘級，獲馬三百匹。宋別將以兵三千來襲，遇之竹林寺，殪之。納合軍勝手殺宋將，取其金帶印章以獻。詔遷兀屯同知河南府事，軍勝遷梁縣令，各進兩階。兀屯賞銀三百五十兩、重綵十端，爲右副元帥完顏匡右翼都統。

匡取棗陽，遣兀屯襲神馬坡，宋兵五萬人夾水陣，以强弩拒岸，兀屯分兵奪其三橋，自辰至午連拔十三柵，遂取神馬坡。從攻襄，至漢江，兀屯亂流徑度。復進一階，號平南虎威將軍。宋人請和，遷河南副統軍。大安初，遷昌武軍節度使，副統軍如故。遷西南路招討使。兀屯御下嚴酷，軍士多亡，杖六十。除同知上京留守事。大安三年，將兵二萬入衞中都，遷元帥右都監，轉左都監、兼北京留守。有功，賜金吐鶻、重綵十端。遷元帥左監軍，留守如故。

貞祐元年閏月，以兵入衞中都，詔以兵萬六千人守定興，軍敗，兀屯戰没。

高守約字從簡，遼陽人。大定二十八年進士，累官觀州刺史。大元兵徇地河朔，郭邦獻已歸順，從至城下，呼守約曰：「從簡當計全家室。」守約弗顧，至再三，守約厲聲曰：「吾不汝識也。」城破被執，使之跪，守約不屈，遂死。詔贈崇義軍節度使，謚忠敬。

和速嘉安禮字子敬，本名酌，大名路人。穎悟博學，淹貫經史。大定二十八年進士。至寧末，爲泰安州刺史。貞祐初，山東被兵，郡縣望風而遁，或勸安禮去之，安禮曰：「我去，城誰與守，且避難負國家之恩乎？」乃團練繕完，爲禦守計。已而，大元兵至，戰旬日不能下，謂之曰：「此孤城耳，内無糧儲，外無兵援，不降無遺類矣。」安禮不聽。城破被執，初不識其爲誰，或妄以酒監對，安禮曰：「我刺史也，何以諱爲？」使之跪，安禮不屈，遂以戈撞其胸而殺之。詔贈泰定軍節度使，謚堅貞。

王維翰字之翰，利州龍山人。父庭，遼季率縣人保縣東山，後以衆降。維翰好學不倦，中大定二十八年進士。調貴德州軍事判官，察廉遷永霸令。縣豪欲嘗試維翰，設事陳訴維翰窮竟之，遂伏其詐，杖殺之，健訟衰息。歷弘政、獲嘉令，佐胥持國治河決，有勞，遷一階。改北京轉運户籍判官，補尚書省令史。

除同知保靜軍節度使事，檢括户籍，一郡稱平。屬縣有奴殺其主人者，誣主人弟殺之，刑部疑之。維翰審讞，乃微行物色之，得其狀，奴遂引服。改中都轉運副使，攝侍御史，奏事殿中，章宗曰：「佳御史。」就除侍御史。改左司員外郎，轉右司郎中。僕散揆伐宋，維翰行省左右司郎中。

泰和七年，河南旱蝗，詔維翰體究田禾分數以聞。七月，雨，復詔維翰曰：「雨雖霑足，秋種過時，使多種蔬菜猶愈於荒萊也。蝗蝻遺子，如何可絶？舊有蝗處來歲宜菽麥，諭百姓使知之。」

八年，宋人受盟，還爲右司郎中，進官一階。上問：「宋人請和復能背盟否？」維翰對曰：「宋主怠于政事，南兵佻弱，兩淮兵後千里蕭條，其臣懲韓侂胄、蘇師旦，無復敢執其咎者，不足憂也。唯北方當勞聖慮耳。」

久之，遷大理卿、兼潞王傅，同知審官院事。新格，教坊樂工階至四品，换文武正資，服金紫。維翰奏：「伶優賤工，衣縉紳之服，非所以尊朝廷也。」從之。大安初，權右諫議大夫，三司欲税間架，維翰諫不聽。轉御史中丞，無何，遷工部尚書、兼大理卿，改刑部尚書，拜參知政事。

貞祐初，罷爲定海軍節度使。是時，道路不通，維翰舟行遇盜，呼謂之曰：「爾輩本良民，因亂至此，財物不惜，勿恐吾家。」盜感其言而去。至鎮，無兵備，鄰郡皆望風奔潰，維翰謂吏民曰：「孤城不可守。此州阻山浮海，當有生地，無俱爲魚肉也。」乃縱百姓避難。維翰率吏民願從者奔東北山，結營堡自守，力窮被執不肯降。妻姚氏亦不肯屈，與維翰俱死。詔贈中奉大夫，姚氏芮國夫人，謚貞潔。

移剌古與涅，安化軍節度使。貞祐初，大元兵取密州，古與涅率兵力戰，流矢連中其頸，既拔去復中其頰，死焉。貞祐三年，詔贈安遠大將軍、知益都府事。

宋扆，中都宛平人也。正隆五年進士。歷辰州、寧化州軍事判官，曹王府記室參軍，陝西西路轉運都勾判官。補尚書省令史，除武定軍節度副使、中都右警巡使。時固安縣丞劉昭與部民裴原爭買鄰田，扆用昭屬，抑原使毋爭。御史臺劾奏，奪一官，解職，降廣寧府推官。改遼東路鹽使。丁父憂，起復吏部員外郎，歷薊、曹、景州刺史〔一四〕，同知中都路轉運使事，遷北京臨潢等路按察使。改安國軍節度使、河東南路轉運使。御史劾其前任按察侵民舍不稱職，降沂州防禦使，移濬州，遷山東西路轉運使，改定海軍節度使。

貞祐二年，改沁南軍〔一五〕，正月，大元兵至懷州，城破死焉。扆天資刻酷，所至不容物，以是蹭蹬於世云。

烏古論榮祖本名福興，河間人。明昌二年進士，歷官補尚書省令史，除都轉運司都勾判官〔一六〕，轉弘文校理，升中都總管府判官，察廉除震武軍節度副使、彰德府司馬，累遷户部員外郎、寧海州刺史。貞祐二年城破，榮祖猶力戰，死之。贈安武軍節度使，賜謚毅勇。

烏古論仲温本名胡刺，蓋州按春猛安人。大定二十五年進士，累官太學助教、應奉翰林文字、河東路提刑判官，改河北東路轉運副使。御史薦前任提刑稱職，遷同知順天軍節度使事，簽上京東京等路按察司事，改提舉肇州漕運、兼同知武興軍節度使事、東勝州刺史。坐前在上京不稱職，降鎮寧軍節度副使。改滑州刺史、河東南路按察副使、壽州防禦使。

貞祐初，遷鎮西軍節度使。是時，中都被圍，遂至太原，移書安撫使賈益謙，約以鄉兵救中都。因馳驛如平陽，將與益謙會于絳，不能進，抵平陽而還。仲温嘗治平陽，吏民爭留之，仲温曰：「平陽巨鎮，易爲守禦，於私計得矣，如嵐州何。」遂還鎮。已而，大元兵大至，城破，不屈而死。贈資德大夫、婆速路兵馬都總管，謚忠毅，歲時致祭。

九住，宗室子，爲武州刺史，唐括孛果速爲軍事判官。貞祐二年十一月，大元兵取九住子姪抵城下，謂之曰：「山東、河北今皆降我，汝之家屬我亦得已，苟不速降且殺之也。」九住曰：「當以死報國，遑恤家爲。」無何，城破，力戰而死，孛果速亦不屈死焉。詔贈九住臨海軍節度使，加驃騎衛上將軍。孛果速建州刺史，加鎮國上將軍。仍令樹碑，歲時致祭。

李演字巨川，任城人。泰和六年進士第一，除應奉翰林文字。再丁父母憂，居鄉里。貞祐初，任城被兵，演墨衰爲濟州刺史，畫守禦策。召集州人爲兵，搏戰三日，衆皆市人不能戰，逃散。演被執，大將見其冠服非常，且知其名，問之曰：「汝非李應奉乎？」演荅曰：「我是也。」使之跪不肯，以好語撫之亦不聽，許之官禄，演曰：「我書生也，本朝何負於我，而利人之官禄哉。」大將怒，擊折其脛，遂曳出殺之，時年三十餘。贈濟州刺史，詔有司爲立碑云。

劉德基，大興人。貞祐元年，特賜同進士出身。守官邊邑，夏兵攻城，德基坐廳事，積薪其傍，謂家人曰：「城破即焚我。」及城破，其家人不忍縱火，遂被執。脅使跪降，德基不屈。同僚故人紿夏人曰：「此人素病狂，故敢如此。」德基曰：「爲臣子當如此爾，吾豈狂耶？」夏人壯其義，乃縶諸獄，冀其改圖。已而召問，德基大罵，終不能從，曰：「吾豈苟生者哉。」遂害之。贈朝列大夫、同知通遠軍節度使事。

王毅，大興人。經義進士，累官東明令。貞祐二年，東明圍急，毅率民兵願戰者數百人拒守。城破，毅猶率衆抗戰，力窮被執，與縣人王八等四人同驅之郭外。先殺二人，王八即前跪將降，毅以足蹐之，厲聲曰：「忠臣不佐二主，汝乃降乎。」驅毅者以刃斫其脛，毅不屈而死。贈曹州刺史。

王晦字子明，澤州高平人。少負氣自憙，常慕張詠之爲人，友妻與人有私，晦手刃殺之。中明昌二年進士，調長葛主簿，有能聲。察廉除遼東路轉運司都勾判官，提刑司舉其能，轉北京轉運户籍判官。遷安陽令，累除簽陝西西路按察司事，改平涼治中。召爲少府少監，遷户部郎中。貞祐初，中都戒嚴，或舉晦有將帥才，俾募人自將，得死士萬餘統之。率所統衞送通州粟入中都，有功，遷霍王傅。以部兵守順州。

通州圍急，晦攻牛欄山以解通州之圍。賜賚優渥，遷翰林侍讀學士，加勸農使。九月，順州受兵，晦有别部在滄、景，遣人突圍召之，衆皆踊躍思奮，而主者不肯發。王臻，晦之故部曲也，免胄出見，且拜曰：「事急矣，自苦何爲，苟能相從，可不失富貴。」晦曰：「朝廷何負汝耶？」臻曰：「臻雖負國，不忍負公。」因泣下。晦叱曰：「吾年六十，致位三品，死則吾分，詎從汝耶。」將射之，臻掩泣而去。無何，將士縋城出降，晦被執，不肯降，遂就死。

初，晦就執，謂其愛將牛斗曰：「若能死乎？」曰：「斗蒙公見知，安忍獨生。」併見殺。詔贈榮禄大夫、樞密副使，仍命有司立碑，歲時致祭。録其子汝霖爲筆硯承奉。

齊鷹揚，淄州軍事判官。楊敏中，屯留縣尉致仕。張乞驢，淄州民。貞祐初，大元兵取淄州，鷹揚等募兵備禦，城破，率衆巷戰。鷹揚等三人創甚被執，欲降之，鷹揚伺守者稍怠，即起奪槊殺數人，與敏中、乞驢皆不屈以死〔一七〕。詔贈鷹揚嘉議大夫、淄州刺史，仍立廟于州，以時致祭。敏中贈昭勇大將軍、同知橫海軍節度使事。乞驢特贈宣武將軍、同知淄州軍州事。

术甲法心，薊州猛安人。官至北京副留守。貞祐二年，爲提控，與同知順州軍州事溫迪罕咬查剌俱守密雲縣。法心家屬在薊州，大元兵得之，以示法心曰：「若速降當以付汝，否則殺之。」法心曰：「吾事本朝受厚恩，戰則速戰，終不能降也，豈以家人死生爲計耶。」城破，死于陣。咬查剌被執，亦不屈而死。

盤安軍節度判官蒲察糺舍與雞澤縣令溫迪罕十方奴同守薊州，衆潰而出，糺舍、十方奴死之。

詔贈法心開府儀同三司、樞密副使，封宿國公，咬查剌鎮國上將軍、順州刺史，糺舍金紫光祿大夫、薊州刺史，十方奴鎮國上將軍、薊州刺史。仍命樹碑，以時致祭。

高錫字永之，德基子。以廕補官。積勞調淄州酒使，課最。遷平鄉令〔一八〕。察廉遷遼東路轉運度支判官〔一九〕、太倉使、法物庫使、兼尚林署直長、提舉都城所，歷北京遼東轉運副使、同知南京路轉運使事。貞祐初，累遷河北東路按察轉運使。城破，遂自投城下而死。

校勘記

〔一〕特虎　原作「特虎雅」。按，本卷特虎傳云，「特虎，雅撻瀾水人」。此「雅」字顯係涉下文而衍。今據删。

〔二〕天輔五年九月　本書卷二太祖紀記此事繫於天輔四年九月，與此異。

〔三〕六年正月斡魯伐實里古達于石里罕河追及於合撻剌山　本書卷二太祖紀載，天輔「五年春正月，斡魯敗實里古達於合撻剌山」。所記時間與此異。

〔四〕敗室韋五百于阿良葛城　本書卷七一斡魯傳記此事作「以兵五百，敗室韋，獲其民衆」。與此異。

〔五〕時天輔六年也　本書卷二太祖紀，天輔七年四月，「生獲大石，悉降其衆」。又五月「己巳，次落藜濼。斡魯等以趙王習泥烈、林牙大石、駙馬乳奴等來獻」。與此作「六年」異。

〔六〕歐里不羣牧使完顔术里骨　「使」字原脱。按，本書卷五七百官志三，諸羣牧所，「使一員，從四品。（中略）副使一員，從六品」。又本卷上文有「迪斡羣牧使徒單賽里、副使赤盞胡失荅，耶魯瓦羣牧使鶴壽」等，可知此處脱「使」字。今據補。

〔七〕鶴壽鄆王昂子本名吾都不　按，本書卷六五始祖以下諸子昂傳，「鄆王昂，本名吾都補」，「不」、「補」同音異譯，疑此處「本名吾都不」爲小注，「子」字當在「吾都不」之下。

〔八〕相與拒括里于伊改渡口　「伊」字原脱。按，上文已見伊改河之名。本書卷九一温迪罕移室懣傳，正隆末年契丹反，「移室懣率數千人殺賊萬餘于伊改河」。今據補。

〔九〕歷嵩涿　「涿」，原作「琢」，據南監本、殿本、局本改。按：金史詳校卷九：「嵩涿安得有按察副使，或副使分駐二州耶，疑『嵩涿』下當有脱文。」

〔一〇〕北京臨潢路按察副使　「臨潢路」，原作「臨洮路」。按，大金國志卷三八提刑司九處作「臨潢路」。今據改。

〔一一〕至寧末移彰化軍　「彰化軍」，原作「彰德軍」。按，本書卷二六地理志下，「涇州，中，彰化軍節度使」。卷六二交聘表下，貞祐元年「十二月癸亥，夏人陷鞏州，涇州節度使夾谷守中死之」。今據改。

〔二〕復何面目見朝廷乎　「見」字原脱，今據文義補。

〔三〕迨夜乃遁去　「迨」，原作「殆」，據南監本、北監本、殿本、局本改。

〔四〕歷薊曹景州刺史　「薊」，原作「蘇」。按，本書卷二四地理志上，中都路有「薊州，中，刺史」。今據改。

〔五〕改泌南軍　「泌南軍」，原作「泌南軍」，據南監本、北監本、殿本改。

〔六〕除都轉運司都勾判官　按，「都轉運司」上疑脱具體官署名稱。

〔七〕與敏中乞驢皆不屈以死　「與」字原脱，今據文義補。

〔八〕遷平鄉令　「平鄉」，原作「萍鄉」。按，本書卷二五地理志中，河北西路邢州有平鄉縣。今據改。

〔九〕察廉遷遼東路轉運度支判官　「度支」，本書卷五七百官志三，都轉運司，「支度判官一員，從六品，掌勾判、分判支度案事」，作「支度」。

金史卷一百二十二

列傳第六十

忠義二

吴僧哥　烏古論德升　張順　馬驤　伯德窊哥　奥屯醜和尚〔一〕
從坦　孛术魯福壽　吴邦傑　納合蒲剌都　女奚烈斡出
時茂先　温迪罕老兒　梁持勝　賈邦獻〔二〕　移剌阿里合
完顔六斤　紇石烈鶴壽　蒲察婁室　女奚烈資禄　趙益
侯小叔　王佐　黄摑九住　烏林答乞住　陀滿斜烈〔三〕
尼厖古蒲魯虎〔四〕　兀顔畏可　兀顔訛出虎　粘割貞〔五〕

吴僧哥，西南路唐古乙剌糺上沙鷰部落人。拳勇善騎射。大安間，選籍山西人爲兵，僧哥充馬軍千户，有功。貞祐初，遷萬户，權順義軍節度使。朔州失守，僧哥復取之，真授同知節度使事。弟權同知節度使事迪剌真授節度副使。權節度副使燕曹兒真授節度判官。提控馬壽兒以下，遷授有差。

衆苦乏食，僧哥乞賜糧十五萬斛，朝廷以爲應州已破，朔爲孤城，其勢不可守，乃遷朔之軍民九萬餘口分屯於嵐、石、隰、吉、絳、解之間。未行，大元兵至朔州，戰七晝夜，有功，加遥授同知太原府事、兼同知節度使事，迪剌石州刺史，曹兒同知岢嵐州防禦使事。

四年，始遷其民南行，且戰且行者數十里，僧哥力憊馬躓死焉，時年三十。詔贈鎮國上將軍、順義軍節度使。

烏古論德升本名六斤，益都路猛安人。明昌二年進士。累官補尚書省令史，知管差除。除吏部主事、絳陽軍節度副使。丁父憂，起復太常博士、東平治中。大安初，知弘文院。改侍御史，論西京留守紇石烈執中姦惡，衛紹王不聽，遷肇州防禦使。

宣宗遷汴，召赴闕，上言：「泰州殘破，東北路招討司猛安謀克人皆寓于肇州，凡徵調往復甚難。乞升肇州爲節度使，以招討使兼之。置招討副使二員，分治泰州及宜春。」詔從之。進翰林侍讀學士、兼户部侍郎。俄以翰林侍讀權參知政事，與平章政事抹撚盡忠論近侍局預政，宣宗怒，語在盡忠傳。無何，出爲集慶軍節度使，改汾陽軍節度使、河東北路宣撫副使，復改知太原府事、權元帥左監軍。

興定元年，大元兵急攻太原，糧道絶。德升屢出兵戰，糧道復通，詔遷官一階。德升上言：「皇太子聰明仁孝，保訓之官已備，更宜選德望素著之士朝夕左右之。日聞正言、見正行，此社稷之洪休、生民之大慶也。」宣宗嘉納之。

二年，真授左監軍，行元帥府事。大元兵復圍太原，環之數帀，已破濠垣，德升植柵爲拒，出其家銀幣及馬賞戰士。北軍壞城西北隅以入，德升聯車塞之，三却三登，矢石如雨，守陴者不能立。城破，德升至府署，謂其姑及其妻曰：「吾守此數年，不幸力窮。」乃自縊而死。其姑及其妻皆自殺。詔贈翰林學士承旨。子兀里偉尚幼，詔以奉御俸養之。

張順，淄州士伍。淄州被圍，行省侯摯遣總領提控王庭玉將兵救之。庭玉募順等三十人往覘兵勢，且欲令城中知援兵之至。乘夜潛至城下，順爲所得。執之使宣言行省軍敗績，庭玉亦死，宜速降。順陽許諾，既乃呼謂城中曰：「外兵無多，王節度軍且至，堅守毋降。」兵刃交下，順曰：「得爲忠孝鬼，足矣。」遂死。淄人知救兵至，以死守，城賴以完。

後贈宣武將軍、同知棣州防禦使事。詔有司給養其親，且訪其子孫，優加任用。

馬驤，禹城人也。登進士，歷官有聲。貞祐三年，爲曹州濟陰令。四月，大元克曹州，驤被執。軍卒搒掠求金，驤曰：「吾書生，何從得是。」又使跪，驤曰：「吾膝不能屈，欲殺即殺，得死爲大金鬼，足矣。」遂死。贈朝列大夫、泰定軍節度副使，仍樹碑于州，歲時致祭〔六〕。貞祐四年七月，詔以其男惟賢于八貫石局分收補。

伯德窊哥，西南路咩乣奚人。壯健沉勇。大元兵克西南路，鄰郡皆降，窊哥獨不屈。貞祐五年，東勝州已破，窊哥與姚里鴉胡、姚里鴉兒招集義軍，披荆棘復立州事。河東北路行元帥府承制除窊哥武義將軍、寧遠軍節度副使，姚里鴉胡武義將軍、節度判官，姚里鴉兒武義將軍、觀察判官。窊哥等以恩不出朝廷，頗懷觖望，縱兵剽掠。興定元年，詔窊哥遥授武州刺史、權節度使，姚里鴉胡權同知節度使事，姚里鴉兒權節度副使，各遷官兩階。

興定三年，窊哥特遷三官，遥授同知晉安府事，尋真授東勝軍節度使。東勝被圍，城中糧盡，援兵絶，窊哥率衆潰圍，走保長寧寨，詔各進一官，戰没者贈三官。九月，復被圍，窊哥死之。

奧屯醜和尚，爲代州經略使。貞祐四年八月，大元兵攻代州，和尚禦戰敗績，身被數創，被執。欲降之，不屈，遂死。

從坦，宗室子。大安中，充尚書省祗候郎君。貞祐二年，自募義兵數千，充宣差都提控，詔從提舉奉先、范陽三都統兵〔七〕。除同知涿州事，遷刺史，佩金牌，經略海州。頃之，充宣差都提控，安撫山西軍民，應援中都。上書曰：「絳、解二州僅能城守，而村落之民皆嘗被兵，重以連歲不登，人多艱食，皆恃鹽布易米。今大陽等渡乃不許粟麥過河，願罷其禁，官税十三，則公私皆濟矣。」又曰：「絳、解、河中必爭之地，惟令寶昌軍節度使從宜規畫鹽池之利〔八〕，以實二州，則民受其利，兵可以强矣。」又曰：「中條之南，垣曲、平陸、芮城、虞鄉，河東之形勢，陝、洛之襟喉也。可分陝州步騎萬二千人爲一提控、四都統，分戍四縣，此萬全之策也。」又曰：「平陸産銀鐵，若以鹽易米，募工鍊冶，可以廣財用、備戎器，小民傭力爲食，可以息盜。」又曰：「河北貧民渡河逐食，已而復還濟其饑者，艱苦殊甚。苛暴之吏抑止誅求，弊莫大焉。」又曰：「河南、陝西調度未急，擇騎軍牝馬羣牧，不二三年可增數萬騎，軍勢自振矣。」又曰：「諸路印造寶券，久而益多，必將積滯。止於南京印造給降，庶可久行。」又曰：「河北職任雖除授不次，而人皆不願者，蓋以物價十倍河南，禄廩不給，飢寒且至。若實給俸粟之半，少足養廉，則可責其效力。」又曰：「河北之官，朝廷減資遷秩躐等以答其勞。聞河南官吏以貶逐目之，彼若以爲信然，誰不解體。」書奏，下尚書省議，惟許放大陽等渡、宣撫司量民力給河北官俸、目河北爲貶所者有禁而已。

四年，行樞密院于河南府，上書曰：「用兵累年，出輒無功者，兵不素勵也。士庶且充行伍，況於皇族與國同休戚哉。皆當從軍，親冒矢石爲士卒先，少寬聖主之憂。族人道哥實同此心，願隸臣麾下。」宣宗嘉其忠，許之。

興定元年，改輝州刺史，權河平軍節度使、孟州經略使。初，御史大夫權尚書右丞永錫被詔經略陝西，宣宗曰：「敵兵强則謹守潼關，毋使得東。」永錫既行，留澠池數日〔九〕，至京兆駐兵不動。頃之，潼關破，大元兵次近郊。由是永錫下獄，久不決。從坦乃上疏救之，略曰：「竊聞周祚八百，漢享國四百餘載，皆以封建親戚，犬牙相制故也。孤秦、曹魏亡國不永，晉八王相魚肉，猶歷過秦、魏，自古同姓之親未有不與國存亡者。本朝胡沙虎之難，百僚將士無敢誰何，鄯陽、石古乃奮身拒戰，盡節而死。御史大夫永錫才不勝任，而必用之，是朝廷之過也。國之枝葉已無幾矣，伏惟陛下審圖之。」於是，宗室四百餘人上書論永錫，皆不報。久之，永錫杖一百，除名。

當是時諸路兵皆入城自守，百姓耕稼失所，從坦上書曰：「養兵所以衛民。方今河朔惟真定、河間之衆可留扞城，其餘府州皆當散屯于外，以爲民防，俟稼穡畢功然後移于屯守之地，是爲長策。」從之。加遥授同知東平府事，權元帥左監軍、行元帥府事，與參知政事李革俱守平陽。

興定二年十月，從坦上奏：「太原已破，行及平陽。河東郡縣皆不守，大抵屯兵少、援兵不至故耳。行省兵不滿六千。平陽，河東之根本，河南之藩籬也。乞併懷、孟、衛州之兵以實潞州，調澤州、沁水、端氏、高平諸兵並山爲營，爲平陽聲援。惟祈聖斷，以救倒懸之急。」是月壬子，大元兵至平陽，提控郭用戰于城北濠垣，被執不屈而死。癸丑，城破，從坦自殺。贈昌武軍節度使。

孛术魯福壽，爲唐邑主簿。大元兵攻唐邑，福壽與戰，死之。贈官三階，賻錢五百貫。

吴邦傑，登州軍事判官。邦傑寓居日照之村墅，爲大元兵所得，驅令攻城，邦傑曰：「吾荷吾國恩，詎忍攻吾君之城。」與之酒食不顧，乃殺之。詔贈朝列大夫、定海軍節度副使。

納合蒲剌都，大名路猛安人。承安二年進士，調大名教授。累除比陽令，補尚書省令史，除彰德軍節度副使，以憂去官。貞祐二年，調同知西安軍節度使事，歷同知臨洮、平涼府事，河州防禦使。三年，夏人圍定羌，蒲剌都擊走之，以功加遥授彰化軍節度使。

四年，升河州爲平西軍，就以蒲剌都爲節度使。上言：「古者一人從軍，七家奉之，興十萬之師，不得操事者七十萬家。今籍諸道民爲兵者十之七八，奉之者纔一二三，民安得不困。夫兵貴精，不在衆寡。擇勇敢謀略者爲兵，脆懦之徒使歸農畝，是亦紓民之一端也。」又請補官贖罪以足用，及請許人射佃陝西荒田、開採礦冶，不報。

改知平涼府事，入爲户部尚書。是時，伐宋大捷，蒲剌都奏：「宋人屢敗，其氣必沮，可乘此遣人諭説，以尋舊盟。若宋人不從，然後伐之，疾讎怒頑，易以成功。」朝廷不能用。蒲剌都又言：「諸軍當汰去老弱，妙選精鋭，庶可取勝。陝西弓箭手不習騎射，可選善騎者代之。延安屯兵甚衆，分徙萬人駐平涼。關中元帥猥多，除京兆重鎮，其餘皆可罷。巩縣以北，黄河南岸，及金鉤、弔橋、虎牢關、虢州嶍嶺，凡斜徑僻路俱當置兵防守。」詔下尚書省、樞密院議，竟不施行。

未幾，改元帥右監軍、兼昭義軍節度使、行元帥府事。興定二年，潞州破，力戰而死。贈御史大夫。

女奚烈斡出，仕至楨州刺史，被行省牒徙州人于金勝堡。已而大兵至，斡出拒戰，中流矢，病創卧。花帽軍張提控言：「兵勢不可當，宜速降。」斡出曰：「吾曹坐食官禄，可忘國家恩乎。汝不聞趙坊州乎，以金帛子女與敵人，終亦不免。我輩但當力戰而死耳。」至夜，張提控引數人持兵仗以入，脅斡出使出降，斡出曰：「聽汝所爲，吾終不屈也。」遂殺之，執其妻子出降。

初，楨州人遷金勝堡多不能至，軍事判官王謹收遺散之衆，别屯周安堡。周安堡不繕完樓堞、置戰守之具，兵至，謹拒戰十餘日，内潰，被執不屈而死。詔斡出、謹各贈官六階、升職三等。

時茂先，日照縣沙溝酒監，寓居諸城。紅襖賊方郭三據密州，過其村，居民相率迎之。

賊以元帥自稱，茂先怒謂衆曰：「此賊首耳，何元帥之有。」方郭三聞而執之，斷其腕，茂先大罵，賊不勝忿，復剔其目，亂刃剉之，至死罵不絕。詔贈武節將軍、同知沂州防禦使事。

温迪罕老兒，爲同知上京留守事。蒲鮮萬奴攻上京〔一〇〕，其子鐵哥生獲老兒，脅之使招餘人，不從，鐵哥怒，亂斫而死。贈龍虎衞上將軍、婆速兵馬都總管，以其姪黑厮爲後，特授四官。

梁持勝字經甫，本名詢誼，避宣宗嫌名改焉。保大軍節度使襄之子。多力善射。泰和六年進士，復中宏詞。累官太常博士，遷咸平路宣撫司經歷官。興定初，宣撫使蒲鮮萬奴有異志〔一一〕，欲棄咸平徙曷懶路，持勝力止之，萬奴怒，杖之八十。持勝走上京，告行省太平。是時，太平已與萬奴通謀，口稱持勝忠，而心實不然，署持勝左右司員外郎。

既而，太平受萬奴命，焚毀上京宗廟，執元帥承充，奪其軍。持勝與提控咸平治中裴滿賽不、萬户韓公恕約，殺太平，復推承充行省事，共伐萬奴。事泄，俱被害。詔贈持勝中順大夫、韓州刺史，賽不鎮國上將軍、顯德軍節度使，公恕明威將軍、信州刺史。

賈邦獻，霍州霍邑縣陳村人也。舉進士第。質直有勇略。大元攻河東，邦獻集居民爲守禦計。既而，兵大至，居民悉降。邦獻棄其家，獨與子懿保於松平寨。是時，權知州事劉珍在寨，與之共守，竟能成功。珍每欲辟之，邦獻輒以衰老爲辭。興定四年十月，兵復大至，病不能避，與懿俱被執。欲以爲鎮西元帥，且持刃脅之，邦獻不屈，密遣懿歸松平，遂自剄。贈奉直大夫、本縣令。

移剌阿里合，遼人。興定間，累遷霍州刺史。興定四年正月，移霍州治好義堡。大元兵至，阿里合力戰不能敵，兵敗被執。誘使降，阿里合曰：「吾有死無貳。」叱使跪，但向闕而立，於是叢矢射殺之。

寶昌軍節度副使孔祖湯同時被獲。既又令祖湯跪，祖湯不從，亦死。詔贈阿里合龍虎衞上將軍、泰定軍節度使，祖湯資善大夫、同知平陽府事。祖湯，泰和三年進士。

完顏六斤，中都路胡土愛割蠻猛安人。大安中，以廕補官，選充親軍。調阜平尉，遷方城令，改通州軍事判官，以功遷本州刺史。頃之，元帥右都監蒲察七斤執之以去。未幾，挈家脱歸，除同知臨洮府事，徙慶陽，遷保大軍節度使。興定五年，鄜州破，六斤自投崖下死焉。贈特進、知延安府事。詔陝西行省訪其子孫以聞。

紇石烈鶴壽，河北西路山春猛安人。性淳質，軀幹雄偉。初充親軍。中泰和三年武舉，調褒信縣副巡檢。六年，宋人圍蔡州，鶴壽請于防禦使，與勇士五十人夜斫宋營，使諸軍譟于城上，斬三百餘級，宋兵自相蹂踐，死者千餘人。遲明，宋人解圍去。鶴壽追之，使殿曳柴，宋人顧塵起，以爲大兵且至，遂奔，追至陳寨而還。已而，宋兵復據新蔡、新息、褒信三縣，鶴壽皆復取之，得馬三百匹。充行軍萬户，從大軍出壽春，敗宋人于渦口，奪馬千餘匹，攻下真、滁二州及盱眙軍。軍還，進九官，遷同知息州軍州事。改萬寧宫同提舉。大安三年，充西南路馬軍萬户。夏人五萬圍東勝，鶴壽救之，突圍入城，夏兵解去。遷兩階，賜銀百兩、重綵十端。遷尚方署令，充行軍副統，升充行省左翼都統。轉武衛軍都統，充馬軍副提控。轉鈐轄，充都城東面宣差副提控。

貞祐二年，丁父憂，起復武寧軍節度副使。破紅襖賊于蘭陵石城堌，一切掠良人爲生口。監察御史陳規奏：「乞敕有司，凡鶴壽所獲俱從放免。」詔徐州、歸德行院拘括放之。

尋遥授同知武寧軍節度使事，兼節度副使。坐出獵縱火延燒官草，杖一百，改同知河平軍節度使事。

興定元年，充馬軍都提控，入宋襄陽界，遥授同知武勝軍節度使事，改遥授睢州刺史。二年，攻棗陽，三敗宋兵，改遥授同知歸德府事。三年，奪宋石渠寨，決去棗陽濠水，加宣差鄧州路軍馬從宜，遥授汝州防禦使。四年，宋扈太尉步騎十萬圍鄧州，鶴壽分兵拒守，出府庫金帛賞士，許以遷官加爵。自將餘衆日出搏戰，宋兵焚營去，鶴壽被創不能騎馬，遣招撫副使术虎移剌答追及之，殺數十人，奪其俘而還。詔所散金帛勿問，將士優遷官爵，鶴壽遷金紫光禄大夫，遥授武勝軍節度使。

俄丁母憂，以本官起復，權元帥左都監，行元帥府于鄜州。興定五年閏十二月，鄜州破〔一二〕，鶴壽與數騎突出城，追及之，鶴壽據土山力戰而死。謚果勇。

蒲察婁室，東北路按出虎割里罕猛安人。泰和三年進士。調慶都、牟平主簿，以廉能遷中都右警巡副使。補尚書省令史，知管差除。貞祐初，除吏部主事、監察御史。丁母憂，服闋，充行省經歷官，改京兆治中，遥授定西州刺史，充元帥參議官。

興定二年，與元帥承裔攻下西和州。白撒由秦州進兵抵棧道，宋人悉鋭來拒，婁室乘高立幟，策馬旋走，揚塵爲疑兵，別遣精騎掩出其後，宋兵大潰，乘勝遂拔興元。進一階，除丹州刺史。

再遷同知河中府事，權元帥右都監、河東路安撫使。復取平陽、晉安，優詔褒寵，進一階，賜銀二百兩、重幣二十端，遥授孟州防禦使，權都監如故。將兵救鄜州，轉戰而至，城破死之。贈資德大夫、定國軍節度使，謚襄勇。勑行省求其尸以葬。

女奚烈資禄本姓張氏，咸平府人。泰和伐宋，從軍有功，調易縣尉，遷潞縣主簿。貞祐初，遥授同知德州防禦事，改秦州。三年，遥授同知通遠軍節度事。興定元年，改西寧州刺史，賜今姓。久之，遥授同知臨洮府事，兼定西州刺史。從元帥右都監完顏阿鄰破宋兵于梢子嶺。三年，攻破武休關，資禄功最。詔比將士遷五官、職二等外，資禄更加官、職一等，遥授通遠軍節度使，刺史如故。

五年，遥授隴安軍節度使，俄改金安軍，詔曰：「陜西行省奏軍官闕員。卿久在行陣，御下有法，舊隸士卒多在京兆。今正防秋，關、河要衝，悉心備禦。」將兵救鄜州。閏十二月，鄜州破，被執不肯降，遂死。贈銀青榮禄大夫、中京留守。元光元年，言事者謂資禄褒贈尚薄，詔録其二子烈山、林泉，升職一等，陜西行省軍中用之。

趙益，太原人。讀書肄業。大元兵入境，益鳩合土豪，保聚山硤〔一三〕，屢戰有功。晉陽公郭文振署爲壽陽令，駐兵榆次重原寨。遂率衆收復太原，夜登其城，斬馘甚衆，所獲馬仗不可計，護老幼二萬餘口以出。升太原治中，復擢同知府事、兼招撫使。元光元年八月，大元兵大至，攻城益急，知不可支，迺自焚其府庫，殺妻子，沉其符印于井，遂自殺。宣宗聞之嘉歎，贈銀青榮禄大夫、河東北路宣撫使，仍諭有司求其子孫録用。

侯小叔，河東縣人。爲河津水手。貞祐初，籍充鎮威軍，以勞補官。元光元年，遷河中府判官，權河東南路安撫副使。小叔盡護農民入城，以家財賞戰士。河中圍解，遷治中，安撫如故。樞密院奏：「小叔才能可用，權位輕不足以威衆，乞假符節。」十二月，詔權元帥右都監〔一四〕，便宜從事。

提控吴德説小叔出降，叱出斬之。表兄張先從容言大兵勢重，可出降以保妻子，小叔怒謂先曰：「我舟人子，致身至此，何謂出降。」縛先於柱而殺之，飯僧祭葬，以盡戚黨之禮。

頃之，樞密院遣都監訛論與小叔議兵事，小叔出城與訛論會，石天應乘之取河中府，作浮橋通陝西。小叔駐欒李山寨，衆兵畢會，夜半坎城以登，焚樓櫓，火照城中，天應大驚不知所爲，盡棄輜重、牌印、馬牛雜畜，死于雙市門。小叔燒絶浮橋，撫定其衆。遷昭毅大將軍，遥授孟州防禦使、同知府事，監軍、安撫如故。

二年正月，大元軍騎十萬圍河中，總帥訛可遣提控孫昌率兵五千，樞密副使完顔賽不遣李仁智率兵三千，俱救河中。小叔期以夜中鳴鉦，内外相應。及期，小叔出兵戰，昌、仁智不敢動。小叔斂衆入城，圍益急，衆議出保山寨，小叔曰：「去何之？」密遣經歷官張思祖潰圍出，奔告于汴京。

明日，城破，小叔死，不得其尸。總帥訛可以河中府推官籍阿外代小叔權右都監。樞密院奏：「小叔功卓異，或疑尚在，遽令阿外代之，絶歸向之路。」至是，小叔已亡四十餘日，中條諸寨無所統領，乃詔阿外權領。宣宗思小叔功，下詔褒贈，切責訛可不救河中之罪。

王佐字輔之，霍州農家子。豁略不事産業，輕財好施，善騎射。興定中，聚兵數千人，權領霍州事。平陽胡天作承制加忠勇校尉、趙城丞，遷霍邑令、同知蒲州軍事，權招撫副使、蒲州經略使。詔遷宣武將軍，遥授寶昌軍節度副使。

大元兵取青龍堡，佐被獲，署霍州守將，隸元帥崔環，質其妻子。招撫使成天祐與環有隙，佐與天祐謀殺環，天祐曰：「君妻子爲質柰何？」佐曰：「佐豈顧家者邪？」元光二年七月〔一五〕，因環出獵殺之，率軍民數萬請命，加龍虎衞上將軍、元帥右監軍、兼知平陽府事。

佐與平陽公史詠素不協，請徙沁州玉女寨，詔從之，仍令聽上黨公完顔開節制。是歲七月，救襄垣，中流矢卒。贈金吾衞上將軍，以其子爲符寶典書。

黄摑九住，臨潢人。大定間，以廕補部令史，轉樞密院令史，調安肅州軍事判官。明昌四年，爲大理執法，同知薊州軍事，再遷潞王府司馬，累官河東北路按察使、轉運使，改知彰德府事。戰殁。贈榮禄大夫、南京留守，仍録用其子孫。

烏林答乞住，大名路猛安人。大定二十八年進士。累官補尚書省令史，除山東提刑判官、英王府司馬。御史臺舉前在山東稱職，改太原府治中。簽陝西按察司事，歷汝州、沁州刺史，北京臨潢按察副使，遷蒲與路節度使。未幾，以罪奪三官，解職，降德昌軍節度副使。崇慶初，戍邊有功，遷一官，賞銀百兩、重幣十端，轉利州刺史。貞祐初，改同知咸平府事，遷歸德軍節度使。改興平軍，就充東面經略使。尋罷經略司，改元帥右都監。赴援中都戰歿。贈榮禄大夫、參知政事，以參政半俸給其家。

陀滿斜烈，咸平路猛安人。襲父猛安。明昌中，以所部兵充押軍萬户，戍邊。承安中，討契丹有功，除陳州防禦使。遷知平涼府事，改保大軍節度使，徙知彰德府事。貞祐四年，大元兵復取彰德，斜烈死焉。

尼厖古蒲魯虎，中都路猛安人。明昌五年進士。累官補尚書省令史，從平章政事僕散揆伐宋。兵罷，除同知崇義軍節度使事。察廉，改東平府治中。歷環州、裕州刺史，翰林待制，開封府治中，大理卿。尋擢知河南府事，兼河南路副統軍。貞祐四年，急備京西，爲陜州宣撫副使、兼西安軍節度使。是歲，大元兵取潼關，戍卒皆潰，蒲魯虎禦戰，兵敗死焉。

兀顔畏可，隆安路猛安人〔一六〕。補親軍，充護衛，除益都總管府判官、中都兵馬副都指揮使，累官會州刺史。貞祐初，爲左衛將軍、拱衛直都指揮使、山東副統軍、安化軍節度使。土賊據九仙山爲巢穴，畏可擁衆不擊，賊愈熾。東平行省蒙古綱劾奏畏可不任將帥，朝廷不問。改鎮西軍，權經略副使，歷金安、武勝軍〔一七〕。興定四年，改泰定軍。是歲五月，兗州破，死焉。

兀顏訛出虎，隆安府猛安人。大定二十八年進士。累官補尚書省令史，除順天軍節度副使，召爲治書侍御史、刑部員外郎、單州刺史、户部郎中、河東北路按察副使、同知大興府事、秦州防禦使。丁母憂，起復泗州防禦使，遷武寧軍節度使，徙河平軍、兼都水監。坐前在武寧奏軍功不實，降沂州防禦使，遷汾陽軍節度使、兼經略使。興定二年九月，城破死焉。

粘割貞本名抄合，西南路招討司人。大定二十八年進士。歷教授、主簿，用薦舉除河北大名提刑知事。察廉遷都轉運户籍判官，累官泰定軍節度副使。丁父憂，服闋，除德興治中、宣德州刺史。貞祐元年十二月，貞以禮部郎中攝國子祭酒，與恩州刺史攝武衛軍副都指揮使粘割合達、河間府判官攝同知順天軍節度使事梅只乞奴、保州録事攝永定節度副使伯德張奴出議和事。二年，和議成，賞銀二百兩、重幣十端、玉吐鶻。改户部侍郎，歷沁南、河平、鎮南、集慶、汾陽軍節度使。貞祐四年，改昭義軍，充潞州經略使。

興定二年，入爲工部尚書。由壽州伐宋，攻正陽有功。權元帥左都監，守晉安府。興定三年十一月，城破，貞與府官十餘人皆死之。

校勘記

〔一〕奥屯醜和尚　「屯」，原作「敦」，爲同音異譯，今據傳文統一。

〔二〕賈邦獻　原作「賈邦憲」。按，本卷賈邦獻傳，其名凡五見，三作「獻」，二作「憲」。嘉慶一統志卷一五三霍州，志其州歷朝人物，有「賈邦獻」。今皆改作「賈邦獻」。

〔三〕陀滿斜烈　「陀」，原作「駞」，爲同音異譯，今據傳文統一。

〔四〕尼厖古蒲魯虎　「魯」，原作「路」，爲同音異譯，今據傳文統一。

〔五〕粘割貞　「貞」，原作「真」，爲同音異譯，今據傳文統一。

〔六〕歲時致祭　「歲」字原脱，今據文義補。

〔七〕詔從提舉奉先范陽三都統兵　「從」下疑脱「坦」字，或疑「從」爲衍字。

〔八〕惟令寶昌軍節度使從宜規畫鹽池之利　「鹽池」，原作「鹽地」。按，本書卷二六地理志下，河東南路解州，「貞祐三年復升爲節鎮，軍名寶昌」。所轄解縣、安邑皆有「鹽池」。今據改。

〔九〕留滙池數日　「滙池」，原作「沔池」，今改。參見本書卷二五校勘記〔一六〕。

〔一〇〕蒲鮮萬奴攻上京　本書卷一〇三紇石烈桓端傳載「復掠上古城」。與此異。

〔一一〕興定初宣撫使蒲鮮萬奴有異志　按，本書卷一四宣宗紀上，貞祐三年十月壬子，「遼東賊蒲鮮萬奴僭號，改元天泰」。卷一〇三完顏鐵哥傳，貞祐二年，「遷東北路招討使，兼德昌軍節度使。蒲鮮萬奴在咸平，忌鐵哥兵强，牒取所部騎兵二千，又召泰州軍三千及户口遷咸平。鐵哥察其有異志，不遣」。則「興定初」當爲「貞祐初」。

〔一二〕興定五年閏十二月鄜州破　「閏十二月」，原作「十月」，局本作「閏月」。按，本書卷一六宣宗紀下，興定五年十二月「閏月辛巳朔，大元兵徇鄜州，（中略）權元帥左都監紇石烈鶴壽、（中略）遥授金安軍節度使女奚烈資禄皆死之」。本卷女奚烈資禄傳，興定「五年，遥授隴安軍節度使，俄改金安軍，（中略）將兵救鄜州。閏十二月，鄜州破，被執不肯降，遂死」。今據改。

〔一三〕保聚山硤　「硤」，原作「陝」。按，上文云「益鳩合土豪」，且云「保聚」，則規模必不甚大。又下文亦僅記其「率衆收復太原」，而不及陝事，則「陝」字必訛。金史詳校卷九「『陝』當作『硤』」，是。今據改。

〔一四〕詔權元帥右都監　「右都監」，原作「左都監」。按，本書卷一六宣宗紀下，元光元年十二月乙亥朔，「以河中治中侯小叔權元帥右都監便宜行事」。又本傳下文「總帥訛可以河中府推官籍阿外代小叔權右都監」。皆作「右都監」。今據改。

〔一五〕元光二年七月　按，本書卷一六宣宗紀下，元光二年「夏四月癸酉朔，復霍州汾西縣，詔給空名宣勑，遷賞將士之有功者」。王佐反正當在此時。本卷下文記佐死於七月亦可證。今疑此作「七月」誤。

〔一六〕隆安路猛安人　「隆安路」，疑當作「隆安府」。按，本書卷二四地理志上，上京路隆州，「貞祐初，陞爲隆安府」。

〔一七〕歷金安武勝軍　「金安」，原作「全安」，據元刻本、南監本、北監本、殿本、局本改。按，金無「全安軍」。本書卷二六地理志下，京兆府路華州，「貞祐三年八月升爲節鎮，軍曰金安」。

金史卷一百二十三

列傳第六十一

忠義三

徒單航　完顏陳和尚　楊沃衍〔一〕　烏古論黑漢
陀滿胡土門〔二〕　姬汝作　愛申 馬肩龍附　禹顯

徒單航一名張僧，駙馬樞密使某之子也。父號九駙馬，衞王有事北邊，改授都元帥，仍權平章，殊不允人望。張僧時爲吏部侍郎，力勸其父請辭帥職，遂拜平章。至寧元年，胡沙虎弒逆，降航爲安州刺史。會北兵大至城下，聲言都城已失守，汝可速降。航謂其民曰：「城守雖嚴，萬一攻破，汝輩無孑遺矣。我家兩世駙馬，受國厚恩，決不可降。汝輩計將安出？」其民曰：「太守不屈，我輩亦何忍降，願以死守。」航乃盡出家財以犒軍民，軍民皆盡力備禦。又五日，城危，航度不可支，謂其妻孥曰：「今事急矣，惟有死爾。」乃先縊其妻孥，謂其家人曰：「我死即撤屋焚之。」遂自縊死。城破，人猶力戰，曰：「太守既死，我輩不可獨降。」死者甚衆。

完顏陳和尚名彝，字良佐，世以小字行，豐州人。系出蕭王諸孫。父乞哥，泰和南征，以功授同知階州軍事，及宋復階州，乞哥戰殁於嘉陵江。

貞祐中，陳和尚年二十餘，爲北兵所掠，大帥甚愛之，置帳下。時陳和尚母留豐州，從兄安平都尉斜烈事之甚謹。陳和尚在北歲餘，託以省母，乞還，大帥以卒監之至豐。乃與斜烈劫殺監卒，奪馬奉其母南奔，大兵覺，合騎追之，由他路得免。既而失馬，母老不能行，載以鹿角車，兄弟共輓，南渡河。宣宗奇之。

斜烈以世官授都統，陳和尚試補護衛，未幾轉奉御。及斜烈行壽、泗元帥府事，奏陳和尚自隨，詔以充宣差提控，佩金符。斜烈辟太原王渥爲經歷。渥字仲澤，文章論議與雷淵、李獻能相上下，故得師友之。陳和尚天資高明，雅好文史，自居禁衛日，人以秀才目之。至是，渥授以孝經、小學、論語、春秋左氏傳，略通其義。軍中無事，則窗下作牛毛細字，如寒苦之士，其視世味漠然。

正大二年，斜烈落帥職，例爲總領，屯方城。陳和尚隨以往，凡兄軍中事皆預知之。斜烈時在病，軍中李太和者與方城鎮防軍葛宜翁相毆，訴於陳和尚，宜翁事不直，即量笞之。宜翁素凶悍，恥以理屈受杖，竟鬱鬱以死，留語其妻必報陳和尚。妻訟陳和尚以私忿侵官，故殺其夫，訴於臺省，於近侍，積薪龍津橋南，約不得報則自焚以謝其夫。以故陳和尚繫獄。議者疑陳和尚狃於禁近，倚兵閫之重，必横恣違法，當以大辟。奏上，久不能決。陳和尚聚書獄中讀之，凡十有八月。明年，斜烈病愈，詔提兵而西，入朝，哀宗怪其瘦甚，問：「卿寧以方城獄未決故耶？卿但行，吾今赦之矣。」以臺諫復有言，不敢赦。未幾，斜烈卒。上聞，始馳赦陳和尚，曰：「有司奏汝以私忿殺人。汝兄死，失吾一名將。今以汝兄故，曲法赦汝，天下必有議我者。他日，汝奮發立功名，國家得汝力，始以我爲不妄赦矣。」陳和尚且泣且拜，悲動左右，不能出一言爲謝。乃以白衣領紫微軍都統，踰年轉忠孝軍提控。

五年，北兵入大昌原〔三〕，平章合達問誰可爲前鋒者，陳和尚出應命，先已沐浴易衣，若將就木然者，擐甲上馬不反顧。是日，以四百騎破八千衆，三軍之士踴躍思戰，蓋自軍興二十年始有此捷。奏功第一，手詔褒諭，授定遠大將軍、平涼府判官，世襲謀克〔四〕。一日名動天下。

忠孝一軍皆回紇、乃滿、羌、渾及中原被俘避罪來歸者，鷙狠凌突號難制。陳和尚御之有方，坐作進退皆中程式，所過州邑常料所給外秋毫無犯，街曲間不復喧雜，每戰則先登陷陣，疾若風雨，諸軍倚以爲重。六年，有衞州之勝〔五〕。八年，有倒回谷之勝。自刑徒不四五遷爲禦侮中郎將。

副樞移剌蒲阿無持重之略，嘗一日夜馳二百里趨小利，軍中莫敢諫止。陳和尚私謂同列曰：「副樞以大將軍爲剽略之事，今日得生口三百，明日得牛羊一二千，士卒喘死者則不復計。國家數年所積，一旦必爲是人破除盡矣。」或以告蒲阿，一日，置酒會諸將飲，酒行至陳和尚，蒲阿曰：「汝曾短長我，又謂國家兵力當由我盡壞，誠有否？」陳和尚飲畢，徐曰：「有。」蒲阿見其無懼容，漫爲好語云：「有過當面論，無後言也。」

九年正月，三峯山之敗，走鈞州。城破，大兵入，即縱軍巷戰。陳和尚趨避隱處，殺掠稍定乃出，自言曰：「我金國大將，欲見白事。」兵士以數騎夾之，詣行帳前。問其姓名，曰：「我忠孝軍總領陳和尚也。大昌原之勝者我也，衞州之勝亦我也，倒回谷之勝亦我也。我死亂軍中，人將謂我負國家，今日明白死，天下必有知我者。」時欲其降，斫足脛折不爲屈，豁口吻至耳，噀血而呼，至死不絕。大將義之，酹以馬湩，祝曰：「好男子，他日再生，當令我得之。」時年四十一。是年六月，詔贈鎮南軍節度使，壞像褒忠廟，勒石紀其忠烈。

斜烈名鼎，字國器，畢里海世襲猛安。年二十，以善戰知名。自壽、泗元帥轉安平都尉，鎮商州，威望甚重，敬賢下士，有古賢將之風。初至商州，一日搜伏，於大竹林中得歐陽脩子孫，問而知之，併其族屬鄉里三千餘人皆縱遣之。

楊沃衍一名斡烈，賜姓兀林荅，朔州靜邊官莊人，本屬唐括迪刺部族。少嘗爲北邊屯田小吏，會大元兵入境，朝命徙唐括族内地，沃衍留不徙，率本部族願從者入保朔州南山茶杞溝，有衆數千，推沃衍爲招撫使，號其溝曰府。故殘破鎮縣徒黨日集，官軍不能制，又與大兵戰，連獲小捷，及乏食遂行剽劫，官軍捕之，拒戰不下，轉走寧、隩、武、朔、寧邊諸州，民以爲病。朝廷遣人招之，沃衍即以衆來歸。時宣宗適南遷，次淇門，聞之甚喜，遂以爲武州刺史。

武州屢經殘毀，沃衍入州未幾而大兵來攻，死戰二十七晝夜不能拔，乃退，時貞祐二年二月也。既而，朝廷以武州終不可守，令沃衍遷其軍民駐嵩嵐州，以武州功擢爲本州防禦使。俄升嵩嵐爲節鎮，以沃衍爲節度使，仍詔諭曰：「卿於國盡忠，累有勞績。今特升三品，恩亦厚矣，其益勵忠勤，與宣撫司輯睦以安軍民。」沃衍自奉詔即以身許國，曰：「爲人不死王事而死於家，非大丈夫也。」

三年，奉旨屯涇、邠、隴三州，沃衍分其軍九千人爲十翼五都統，親統者十之四。是冬，西夏四萬餘騎圍定西州〔六〕，元帥右都監完顏賽不以沃衍提控軍事，率兵與夏人戰，斬首幾二千，生擒數十人，獲馬八百餘疋，器械稱是，餘悉遁去。詔陝西行省視功官賞之。

興定元年春，上以沃衍累有戰功，賜今姓。未幾，遥授通遠軍節度使、兼鞏州管内觀察使。是冬，詔陝西行省伐宋，沃衍與元帥左都監内族白撒、通遠軍節度使温迪罕婁室、同知通遠軍節度使事烏古論長壽、平西軍節度副使和速嘉兀迪將兵五千出鞏州鹽川〔七〕，至故城逢夏兵三百，擊走之。又入西和州至岐山堡，遇兵六千凡三隊，遣軍分擊，逐北三十餘里，斬首四百級，生獲十人、馬二百疋、甲仗不勝計。尋復得散關。二年正月，捷報至，上大喜，詔遷沃衍官一階，遥授知臨洮府事。三年，武休關之捷，沃衍功居多，詔特遷一官。

元光元年正月，遥授中京留守。六月，進拜元帥右監軍，仍世襲納古胡里愛必剌謀克。二年春，北兵游騎數百掠延安而南，沃衍率兵追之，戰于野猪嶺，獲四人而還。俄而，兵大至，駐德安寨，復擊走之。未幾，大兵攻鳳翔還，道出保安，沃衍遣提控完顏查剌破于石樓臺，前後獲馬二百、符印數十。詔有司論賞。

初，聞野猪嶺有兵，沃衍約陀滿胡土門以步軍會戰。胡土門宿將，常輕沃衍，至是失期。沃衍戰還，會諸將欲斬胡土門，諸將哀請乃釋之。時大兵聲勢益振，陝西行省檄沃衍清野，不從，曰：「我若清野，明年民何所得食。」遂隔大澗持勢使民畢麥事。正大二年，進拜元帥左監軍，遥領中京留守。

八年冬，平章合達、參政蒲阿由鄧州而西，沃衍自豐陽川遇於五朵山下，問禹山之戰如何，合達曰：「我軍雖勝，而大兵已散漫趨京師矣。」沃衍憤云：「平章、參政蒙國厚恩，握兵柄，失事機，不能戰禦，乃縱兵深入，尚何言耶。」

三峯山之敗，沃衍走鈞州。其部曲白留奴、呆劉勝既降，請于大帥，願入鈞招沃衍。大帥質留奴，令勝入鈞見沃衍，道大帥意，降則當授大官。沃衍善言慰撫之，使前，拔劍斫之，曰：「我起身細微，蒙國大恩，汝欲以此污我耶。」遂遺語部曲後事，望汴京拜且哭曰：「無面目見朝廷，惟有一死耳。」即自縊。部曲舉火并所寓屋焚之，從死者十餘人。沃衍死時年五十二。

初，大兵破西夏，長驅而至，關輔千里皆洶洶不安，雖智者亦無如之何。沃衍與其部將劉興哥者率兵往來邠、隴間，屢戰屢勝，故大軍猝不能東下。

興哥，鳳翔虢縣人，起於羣盜，人呼曰「熱劉」。後於清化戰死，大兵至酹酒以弔，西州耆老語之至爲泣下。

烏古論黑漢，初以親軍入仕，嘗爲唐、鄧元帥府把軍官。天興二年，唐州刺史内族斜魯病卒，鄧州總帥府以蒲察都尉權唐州事。宋軍兩來圍唐，又唐之糧多爲鄧州所取，以故乏食。六月，遣萬户夾谷定住入歸德，奏請軍糧，不報。七月，鎮防軍馮總領、甄改住爲變，殺蒲察都尉。時朝廷道梗，帥府承制以黑漢權刺史行帥府事。

既而，鎮防軍有歸宋之謀，時裕州大成山聶都統一軍五百人在州，獨不欲歸宋，與鎮防軍爲敵，鎮防不能勝，棄老幼奔棗陽，宋人以故知唐之虚實。會鄧帥移剌瑗以城叛歸于宋〔八〕，遣書招黑漢，黑漢殺其使者不報。

宋王安撫率兵攻唐，鄂司王太尉繼至，攻益急。黑漢聞哀宗遷蔡，遣人求救，上命權參政兀林荅胡土將兵以往。宋人設伏，縱其半入城，邀擊之，胡土大敗，僅存三十騎以還。

城中糧盡，人相食，黑漢殺其愛妾啖士，士爭殺其妻子。官屬聚議欲降，黑漢與聶都統執議益堅，馮總領乃私出城與王安撫會飲，約明日宋軍入城。馮歸，宋軍不得入，聶都統請馮議事，即坐中斬之，及其黨皆死。總領趙醜兒者初與馮同謀，内不自安，開西門納宋軍。黑漢率大成山軍巷戰，自辰至午，宋軍大敗而出，殺傷無數。宋人城下大呼趙醜兒，約併力殺大成山軍。大成軍敗，宋人獲黑漢，脅使降，黑漢不屈，爲所殺。其得脱走者十餘人，總領移剌望軍、女奚烈軍、醜兒走蔡州，皆得遷賞，後俱死於甲午之難。

陀滿胡土門字子秀，策論進士也。累官翰林待制。貞祐二年，遷知中山府。三年，改知臨洮府、兼本路兵馬都總管。叛賊蘭州程陳僧等誘夏人入寇，圍臨洮凡半月，城中兵數千而粟且不支，衆皆危之。胡土門日爲開諭逆順禍福，皆自奮，因捕其黨欲爲内應者二十人，斬之，擲首城外。賊四面來攻，乃夜出襲賊壘，夏兵大亂，金軍乘之，遂大捷，夏人遁去。

四年，知河中府事，權河東南路宣撫副使。十月，進元帥右監軍、兼前職。興定二年，爲絳陽軍節度使、兼絳州管内觀察使。十月，遷元帥左監軍、行元帥府事、兼知晉安府、河東南路兵馬都總管。於是，修城池，繕甲兵，積芻糧，以備戰守。民不悅，行省胥鼎聞之，遺以書曰：「元帥始鎮河中，惠愛在民，移旆晉安，遠近忻仰。去歲兵入，平陽不守，河東保完者惟絳而已。蓋公坐籌制勝，威德素著，故不動聲氣以至無虞也。邇來傳聞，治政太剛，科徵太重，鼎切憂之。古人有言，御下不寬則人多懼禍，用人有疑則士不盡心。況大兵在邇，鄰境已虛，小人易動，誠不可不慮也。願公以謙虛待下，忠孝結人，明賞罰，平賦稅，上以分聖主宵旰之憂，下以爲河東長城之託。」

胡土門得書，懼民不從且或生變，乃上言：「臣本瑣材，猥膺重寄，方將治隍陴、積芻糧爲捍禦之計，而小民難與慮始，以臣政令頗急，皆有怨言，遂貽行省之憂。自聞訓諭，措身無所，内自悛悔，外加寬撫，庶幾少慰衆心。而近以朝命分軍過河，則又讙言帥臣不益兵保守，而反助河南，將棄我也。人心如此，恐一旦遂生他變。向者李革在平陽，人不安之，而革隱忍不言，以至于敗。臣實拙繆，無以服人，敢以鼎書上聞，惟朝廷圖之。」朝廷以鼎言，遣吏部尚書完顔閭山代之。或曰，胡土門欲以計去晉安，乃大興役，恣爲殺戮，務失民心，故鼎言及之。未幾，晉安失守，死者幾百萬人，遂失河東。

三年八月，改太常卿、權簽樞密院事、知歸德府事。元光二年二月，坐上書不實，削一官。正大三年七月，復爲臨洮府總管。四年五月，城破被執，誘之降不應，使之跪不從，以刀亂斫其膝脛，終不爲屈，遂殺之。五年，詔贈中京留守，立像褒忠廟，録用其子孫。其妻烏古論氏亦死節，有傳。

姬汝作字欽之，汝陽人，全州節度副使端脩之姪孫也。父懋以蔭試部掾，轉尚書省令史。汝作讀書知義理，性豪宕不拘細行，平日以才量稱。正大末，避兵崧山，保鄉鄰數百家，衆以長事之。後徙居交牙山砦，會近侍局使烏古論四和撫諭西山，以便宜授汝作北山招撫使，佩銀符，遂遷入汝州。

初，汝州殘破之後，天興元年正月，同知宣徽院事張楷授防禦使，自汴率襄、郟縣土兵百餘人入青陽堡。時呼延實者領青陽砦事。實，趙城人，本楊沃衍部曲，以戰功至寶昌軍節度使，閒居汝之西山。楷自揣不能服衆，乃以州事託實，尋往鄧州從恒山公武仙。後大元兵至，城破，殺數千人，乃許降，以張宣差者管州事。三月，鈞州潰軍柳千户者入州，張逃去，柳遂據之。未幾，城復破。

及汝作至，北兵雖去，但空城爾。汝作招集散亡，復立市井，北兵屢招之不從，數戰互有勝負。已而，北兵復來攻，汝作親督士卒，以死拒之。兵退，間道納奏，哀宗宣諭：「此州無險固可恃，汝乃能爲國用命，今授以同知汝州防禦使，便宜從事。」

是時，此州南通鄧州，西接洛陽，東則汴京，使傳所出，供億三面，傳通音耗。然呼延實在青陽爲總帥，忌汝作城守之功，不能相下，州事動爲所制。實欲遷州入山，謂他日必爲大兵所破。汝作以爲倉中糧尚多，四面潰軍日至，此輩經百死，激之皆可用，朝廷倚我守此州，總帥乃欲棄之，何心哉。讒間既行，有相圖之隙，詳議官楊鵬釋之曰「外難未解而顧私忿」，語甚諄切。實乃還山，鵬因勸汝作納奏，乞死守此州，以堅軍民之心。其冬，戰于襄、郟，得馬百餘，士氣頗振，遂以汝作爲總帥，不復與實相關矣。

天興二年六月，哀宗在蔡州，遣使徵兵入援。州人爲邏騎所擾，農事盡廢，城中糧亦垂盡。是月，中京破，部曲私議有脣亡之懼，謀以城降，懼汝作，不敢言，乃以遷州入山白之。汝作怒曰：「吾家父祖食禄百年，今朝廷又以州事帥職委我，吾生爲金民，死爲金鬼。汝輩欲避於山，非欲降乎？有再言遷者吾必斬之。」

八月，塔察將大兵攻蔡，經汝州。州人梁皋作亂，與故吏温澤、王和七八人徑入州廨，汝作不爲備，遂爲所殺。時宣使石珪體究洛陽所以破及强伸死節事，以路阻，留汝州驛。

梁皋既殺汝作，走告珪曰：「汝作私積糧斛，不衃軍民，衆怒殺之矣。皋不圖汝作官職，惟宣使裁之。」珪懼，乃以皋權汝州防禦使、行帥府事。脱走入蔡，以皋殺汝作事聞。

哀宗甚嗟惜之，遣近侍張天錫贈汝作昌武軍節度使，子孫世襲謀克，仍詔峴山帥呼延實、登封帥范真併力討皋。天錫避峴山遠，先約范真，真以麾下李某者往，以撫諭軍民爲名。皋率軍士迎於東門，知朝廷圖己，陰爲之備，李猶豫不敢發。皋館天錫于望崧樓，隱毒於食，天錫遂中毒而死。皋後爲大元兵所殺。

楊鵬字飛卿，能詩。

愛申逸其族與名，或曰一名忙哥。本虢縣鎮防軍，累功遷軍中總領。李文秀據秦州，宣宗詔鳳翔軍討之，軍圍秦州城。時愛申在軍中，有罪當死。宣宗問之樞帥，有知其名者奏此人將帥材，忠實可倚。宣宗命馳赦之，以爲德順節度使、行元帥府事。

正大四年春，大兵西來，擬以德順爲坐夏之所，德順無軍，人甚危之。愛申識鳳翔馬肩龍舜卿者可與謀事，乃遺書招之。肩龍得書欲行，鳳翔總管禾速嘉國鑑以大兵方進，吾城可恃，德順決不可守，勸勿往。肩龍曰：「愛申平生未嘗識我，一見許爲知己。我知德順不可守，往則必死，然以知己故，不得不爲之死耳。」乃舉行橐付族父，明爲死別，冒險而去。既至，不數日受圍，城中惟有義兵鄉軍八九千人，大兵舉天下之勢攻之。愛申假舜卿鳳翔總管府判官，守禦一與共之。凡攻百二十晝夜，力盡乃破，愛申以劍自剄，時年五十三。軍中募生致肩龍，而不知所終。臺諫有言當贈德順死事者官，以勸中外。詔各贈官，配食褒忠廟。

肩龍字舜卿，宛平人。先世遼大族，有知興中府者，故人號興中馬氏。祖大中，金初登科，節度全、錦兩州。父成誼，明昌五年登科，仕爲京兆府路統軍司判官。肩龍在太學有賦聲。

宣宗初，有誣宗室從坦殺人，將置之死。人不敢言其冤，肩龍上書，大略謂：「從坦有將帥材，少出其右者，臣一介書生，無用於世，願代從坦死，留爲天子將兵。」書奏，詔問：「汝與從坦交分厚歟？」肩龍對曰：「臣知有從坦，從坦未嘗識臣。從坦冤人不敢言，臣以死保之。」宣宗感悟，赦從坦，授肩龍東平録事，委行省試驗。

宰相侯摯與語不契，留數月罷歸，將渡河，與排岸官紛競，搜篋中得軍馬糧料名數及利害數事，疑其爲姦人偵伺者，繫歸德獄根勘，適從坦至，立救出之。正大三年，客鳳翔，元帥愛申深器重之，至是，同死於難。

禹顯，鴈門人。貞祐初，隸上黨公張開，累以戰功授義勝軍節度使、兼沁州招撫副使。元光二年四月，大帥達兒觧、按察兒攻河東，張開遣顯扼龍猪谷，夾攻敗之，擒元帥韓光國，獲輜重甲仗甚衆，追至祁縣而還，所歷州縣悉復之。

顯將軍三百人，守襄垣，八年不遷。大帥嘗集河朔步騎數萬攻之，至於數四不能拔。既而，戰於玉女寨，大獲。開言於朝，權元帥右都監。

正大六年冬十二月，軍内變，城破被擒。帥義之，不欲加害。初以鐵繩鈐之，既而，密與舊部曲二十人遁去，聞上黨公軍復振，將往從之。大兵四向來追，顯適與負釜一兵相失，乞飯山寺中，僧走報焉，被執不屈死，時年四十一。

秦州人張邦憲字正叔，登正大中進士第，爲永固令。天興二年，避兵徐州。卓翼率兵至城，邦憲被執，將驅之北，邦憲罵曰：「我進士也，悮蒙朝廷用爲邑長，可從汝曹反耶。」遂遇害。

劉全者，彭城民也。率鄉隣數百避兵沬溝，推爲砦主。北兵至徐，盡俘其老幼，全父亦在其中，北兵質之以招全，全縛其人送徐州，因竊其父以歸。徐帥益都嘉其忠，承制以爲昭信校尉，遥領彭城縣尉。後遇國用安，怒其不附己，見殺。

校勘記

〔一〕楊沃衍　「沃」，原作「兀」，據南監本、北監本、殿本、局本改。此係同音異譯，今改與傳文統一。

〔二〕陀滿胡土門　「陀」，原作「駝」，據南監本、北監本、殿本改。此係同音異譯，今改與傳文統一。

〔三〕（正大）五年北兵入大昌原　按，本書卷一一一紇石烈牙吾塔傳，正大「七年正月，戰于大昌原，慶陽圍解」。卷一一二移剌蒲阿傳，正大「七年正月，戰北兵於大昌原，北軍還，慶陽圍解」。卷一一四白華傳，正大「七年正月，慶陽圍解，大軍還」。清畢沅續資治通鑑卷一六五宋紀一六五，紹定三年（金正大七年）正月，「金人之救慶陽，布哈傳、約赫德（舊作牙吾塔）傳、白華傳載之甚詳。本紀於七年正月書副樞布哈等解慶陽之圍，約赫德、布哈傳云，七年正月戰於大昌原，慶陽圍解，此即陳和尚爲前鋒奏捷之事也。前人誤分大昌原、慶陽爲二役，固宜輾轉而不得其實矣。今定作七年」。此處「五年」當作「七年」。

〔四〕授定遠大將軍平涼府判官世襲謀克　本書卷一七哀宗紀上，正大六年，「授定遠大將軍、平涼府判官，世襲謀克」。時間與此異。

〔五〕六年有衛州之勝　「六年」，局本作「七年」。按，本書卷一七哀宗紀上，正大七年「冬十月，平章合達、副樞蒲阿引兵救衛州。衛州圍解」，是其事。據此「六年」當作「七年」。

〔六〕是冬西夏四萬餘騎圍定西州　本書卷一四宣宗紀上，貞祐四年十一月「乙酉，元帥右都監完顔賽不來獻其提控石盞合喜、楊斡烈等大敗夏人于定西之捷」。卷一一三赤盞合喜傳，「貞祐四年十一月，夏人四萬餘騎圍定西，（中略）合喜及楊斡烈等率兵鏖戰走之」。卷一三四外國傳上西夏傳，貞祐四年「十一月，提控石盞合喜、楊斡烈解定西之圍」。據此「是冬」當是貞祐四年冬。又上文「三年，奉旨屯涇、邠、隴三州」。究是「三年」或「四年」，今無可考。

〔七〕將兵五千出鞏州鹽川　「鹽川」，原作「鹽井」。按，本書卷二六地理志下，臨洮路鞏州定西縣「鎮一　鹽川」。今據改。

〔八〕會鄧帥移剌瑗以城叛歸于宋　「剌」字原脱。按，本書卷一八哀宗紀下，天興二年四月「甲辰，鄧州節度使移剌瑗以其城叛」。卷一一八武仙傳，「仰給于鄧州總帥移剌瑗」。今據補。

金史卷一百二十四

列傳第六十二

忠義四

馬慶祥字瑞寧，本名習禮吉思。先世自西域入居臨洮狄道，以馬爲氏，後徙家淨州天山。泰和中，試補尚書省譯史。大安初，衞王始通問大元，選使副，上曰：「習禮吉思智辯通六國語，往必無辱也。」使還，授開封府判官。内城之役充應辦使，不擾而事集。未幾，大元兵出陜右，朝廷命完顏仲元爲鳳翔元帥，舉慶祥爲副，上曰：「此朕志也，且築城有勞。」即拜鳳翔府路兵馬都總管判官。

元光元年冬十一月，聞大將萌古不花將攻鳳翔，行省檄慶祥與治中胥謙分道清野。將行，命畫工肖其貌，付其家人。或曰：「君方壯，何乃爲此不祥？」慶祥曰：「非汝所知也。」明日遂行。遇先鋒于澮水，戰不利。且行且戰，將及城，會大兵邀其歸路，度不能脫，令其騎曰：「吾屬荷國厚恩，竭力效死乃其職也。」諸騎皆曰：「諾。」人殊死戰，良久矢盡。大兵圍數匝，欲降之，軍擁以行，語言往復，竟不屈而死，年四十有六。元帥郭仲元輿其尸以歸，葬鳳翔普門寺之東。事聞，詔贈輔國上將軍、恒州刺史，謚忠愍。胥謙及其子嗣亨亦不屈死，謙贈輔國上將軍、彰化軍節度使，嗣亨贈威遠將軍、鳳翔府判官。

楨州金勝堡提控僕散胡沙亦死，贈銀青榮禄大夫。

正大二年，哀宗詔褒死節士，若馬習禮吉思、王清、田榮、李貴、王斌、馮萬奴、張德威、高行中、程濟、姬玘、張山等十有三人，爲立褒忠廟，仍録其孤。二人者逸其名，餘亦無所考。

商衡字平叔，曹州人。至寧元年，特恩第一人，授鄜州洛郊主簿。以廉能換郿縣，尋辟威戎令。興定三年，歲飢，民無所於糴，衡白行省，得開倉賑貸，全活者甚衆。後因地震城圮，夏人乘釁入侵，衡率蕃部土豪守禦應敵，保以無虞。秩滿，縣人爲立生祠。再辟原武令。未幾，入爲尚書省令史，轉户部主事，兩月拜監察御史。

哀宗姨郕國夫人不時出入宫闈，干預政事，聲跡甚惡。衡上章極言，自是郕國被召乃敢進見。内族慶山奴將兵守盱眙，與李全戰敗，朝廷置而不問。衡上言：「自古敗軍之將必正典刑，不爾則無以謝天下。」詔降慶山奴爲定國軍節度使。户部侍郎權尚書曹温之女在掖庭，親舊干預權利，其家人填委諸司，貪墨彰露。臺臣無敢言者，衡歷數其罪。詔罷温户部，改太后府衛尉。再上章言：「温果可罪當貶逐，無罪則臣爲妄言，豈有是非不別而兩可之理。」哀宗爲之動容，乃出温爲汝州防禦使。

未幾，爲右司都事，改同知河平軍節度使，未赴，改樞密院經歷官，遥領昌武軍同知節度使事。丞相完顔賽不領陝西行省，奏衡爲左右司員外郎，密院表留，有旨「行省地重，急於得人，可從丞相奏」。明年，召還，行省再奏留之。

正大八年，以母喪還京師。十月，起復爲秦藍總帥府經歷官。天興元年二月，關、陝行省徒單兀典等敗於鐵嶺，衡未知諸帥存殁，招集潰軍以須其至。遂爲兵士所得，欲降之，不爲屈。監至長水縣東岳祠前，誘之使招洛陽，衡曰：「我洛陽識何人爲汝招之耶？」兵知不可誘，欲捽其巾。衡瞋目大呼曰：「汝欲脅從我耶？」終不肯降，望闕瞻拜曰：「主將無狀，亡兵失利。臣之罪責亦無所逃，但以一死報國耳。」遂引佩刀自剄，年四十有六。

正大初，河間許古詣闕拜章，言：「八座率非其材，省寺小臣有可任宰相者，不大升黜之則無以致中興。」章奏，詔古赴都堂，問孰爲可相者，古以衡對，則衡之材可知矣。

术甲脫魯灰，上京人，世爲北京路部長。其先有開國功，授北京路宋阿苔阿猛安，脫魯灰自幼襲爵。貞祐二年，宣宗遷汴，率本部兵赴中都扈從，上喜，特授御前馬步軍都總領。

宋人略南鄙，命同簽樞密院事時全將大軍南伐，脫魯灰率本部屢摧宋兵破城寨，以功遙授昌武軍節度使〔一〕、元帥右都監、行蔡、息等路元帥府事。既而，宋人有因畜牧越境者，邏卒擒之，法當械送朝廷，脫魯灰曰：「國家自遷都以來，境土日蹙，民力彫耗，幸邊無事，人稍得息。若戮此曹則邊釁復生，兵連禍結矣。不如釋之，以絶兵端。」

哀宗即位，授鎮南軍節度使、蔡州管内觀察使，行户、工部尚書。時大元兵入陝西，乃上章曰：「宋人與我爲讎敵，頃以力屈自保，非其本心。今陝西被兵，河南出師，轉戰連年不絶，兵死于陣，民疲于役，國力竭矣。壽、泗一帶南接盱、楚，紅襖賊李全巢穴也。萬一宋人諜知，與全乘虛而入，腹背受敵，非計之得者也。臣已令所部沿邊警斥，以備非常。宜勑壽、泗帥臣謹斥候，嚴烽燧，常若敵至，此兵法所謂『無恃其不來，恃吾有以待之』之道也。」上是而行之。

正大二年秋〔二〕，傳言宋人將入侵，農司令民先期刈禾，脱魯灰曰：「夫民所恃以仰事俯育及供億國家者，秋成而已。今使秋無所獲，國何以仰，民何以給。」遂遣軍巡邏，聽民待熟而刈，宋人卒不入寇。諜者又報光州汪太尉將以八月發兵來取真陽，議者請籍丁男以備，脱魯灰曰：「汪太尉恇怯人耳，寧敢爲此？必姦人聲言來寇，欲使吾民廢務也，不可信。」已而果然。

叛人焦風子者，沿河南北屢爲反覆，朝廷授以提控之職，令將三千人戍遂平。四年春，風子謀率其衆入宋，脱魯灰策之，以兵數千伏鄱陽道，賊果夜出此途，伏發殪之。

七年，大元兵攻藍關，至八渡倉退。舉朝皆賀，以爲無事。脱魯灰獨言曰：「潼關險隘，兵精足用。然商、洛以南瀕於宋境，大山重複，宋人不知守，國家亦不能逾宋境屯戍。大兵若由散關入興元，下金、房，繞出襄、漢，北入鄧鄙，則大事去矣。宜與宋人釋怨，諭以輔車之勢，唇亡齒寒，彼必見從。據其險要以備，不然必敗。」是秋，改授小關子元帥，屯商州大吉口。

九年春，從行省參政徒單吾典將潼關兵入援，至商山遇雪，大兵邀擊之，士卒饑凍不能戰而潰。脫魯灰被執不屈，拔佩刀自殺。

楊達夫字晉卿，耀州三原人。泰和三年進士。有才幹，所至可紀。召補省掾，草奏章，坐字誤，降平涼府判官。嘗主鄠縣簿，事一從簡，吏民樂之。達夫亦愛其山水之勝，因家焉。日以詩酒自娛，了無宦情。

會有詔徙民東入關，達夫與衆行，及韶，避兵于州北之横嶺，爲游騎所執，將褫衣害之。達夫挺然直立馬首，略無所懼，稍侵辱之，即大言曰：「我金國臣子，既爲汝所執，不過一死，忍裸袒以黷天日耶。」遂見殺。兩山潛伏之民竊觀之者，皆相告曰：「若此好官，異日祠之，當作我横嶺之神。」

馮延登字子俊，吉州吉鄉人。世業毉。延登幼穎悟，既長事舉業，承安二年登詞賦進士第。調臨真簿、德順州軍事判官。泰和元年，轉寧邊令。大安元年秋七月，霜害稼，民艱于食，延登發粟賑貸，全活甚衆。貞祐二年，補尚書省令史，尋授河中府判官、兼行尚書省左右司員外郎。興定五年，入爲國史院編修官，改太常博士。元光二年，知登聞鼓院，兼翰林修撰，奉使夏國，就充接送伴使。

正大七年十二月，遷國子祭酒。假翰林學士承旨，充國信使。以八年春奉國書朝見於虢縣御營。有旨問：「汝識鳳翔帥否？」對曰：「識之。」又問：「何如人？」曰：「敏於事者也。」又問：「汝能招之使降即貰汝死，不則殺汝矣。」曰：「臣奉書請和，招降豈使職乎。招降亦死，還朝亦死，不若今日即死爲愈也。」明日，復問：「汝曾思之不？」對如前，問至再三，執義不回。又明日，乃喻旨云：「汝罪應死，但古無殺使者理，汝愛汝須髯猶汝命也。」叱左右以刀截去之，延登岸然不動，乃監之豐州。二年後放還，哀宗撫慰久之，復以爲祭酒，歷禮、吏二部侍郎，權刑部尚書。

明年，大元兵圍汴京，倉猝逃難，爲騎兵所得，欲擁而北行。延登辭情慷慨，義不受辱，遂躍城旁井中，年五十八。

烏古孫仲端本名卜吉，字子正。承安二年策論進士。宣宗時，累官禮部侍郎。與翰林待制安延珍奉使乞和于大元〔三〕，謁見太師國王木華黎，於是安延珍留止，仲端獨往。並大夏，涉流沙，踰葱嶺，至西域，進見太祖皇帝，致其使事乃還。自興定四年七月啓行，明年十二月還至。朝廷嘉其有奉使勞，進官兩階，延珍進一階。歷裕州刺史。正大元年，召爲御史中丞，奉詔安撫陝西。及歸，權參知政事。

正大五年十二月，知開封府事完顏麻斤出、吏部郎中楊居仁以奉使不職，尚書省具獄，有旨釋之備再使。仲端言曰：「麻斤出等辱君命，失臣節，大不敬，宜償禮幣誅之。」奏上，麻斤出等免死除名。會議降大軍事，及諍太后奉佛，涉亡家敗國之語，上怒，貶同州節度使。

哀宗將遷歸德，召爲翰林學士承旨，兼同簽大睦親府事，留守汴京。及大元兵圍汴，日久食盡，諸將不相統一，仲端自度汴中事變不測。一日與同年汝州防禦裴滿思忠小飲，談太學同舍事以爲笑樂，因數言「人死亦易事耳」。思忠曰：「吾兄何故頻出此語？」仲端因寫一詩示之，其詩大概謂人生大似巢燕，或在華屋杏梁，或在村居茅茨，及秋社甫臨，皆當逝去。人生雖有富貴貧賤不同，要之終有一死耳。書畢，連飲數杯，送思忠出門，曰：「此別終天矣。」思忠去，仲端即自縊，其妻亦從死。明日，崔立變。

仲端爲人樂易寬厚，知大體，奉公好善，獨得士譽。一子名愛實，嘗爲護衞、奉御〔四〕，以誅宦奴功授節度、世襲千户。

思忠名正之，本名蒲剌篤，亦承安二年進士。

烏古孫奴申，字道遠。由譯史入官。性伉特敢爲有直氣，嘗爲監察御史，時中丞完顏百家以酷烈聞，奴申以事糾罷，朝士聳然。後爲左司郎中、近侍局使，皆有名。哀宗東遷，爲諫議大夫、近侍局使、行省左右司郎中、兼知宮省事，留汴京居守。崔立變之明日，同御史大夫裴滿阿虎帶自縊死於臺中。是日，户部尚書完顏珠顆亦自縊。

阿虎帶字仲寧，珠顆字仲平，皆女直進士。

時不辱而死者，奉御完顏忙哥、大睦親府事吾古孫仲端〔五〕。大理裴滿德輝、右副點檢完顏阿撒〔六〕、參政完顏奴申之子麻因，可知者數人，餘各有傳。

蒲察琦本名阿憐，字仁卿，棣州陽信人。試補刑部掾。兄世襲謀克，兄死，琦承襲。正大六年，秦、藍總帥府辟琦爲安平都尉粘葛合典下都統兼知事。其冬，小關破，事勢已迫，琦常在合典左右，合典令避矢石，琦不去，曰：「業已從公，死生當共之，尚安所避耶。」哀宗遷歸德，汴京立講議所，受陳言文字，其官則御史大夫納合寧以下十七人，皆朝臣之選，而琦以有論議預焉。時左司都事元好問領講議，兼看讀陳言文字，與琦甚相得。

崔立變後，令改易巾髻，琦謂好問曰：「今日易巾髻，在京人皆可，獨琦不可。琦一刑部譯史，襲先兄世爵，安忍作此。今以一死付公，然死則即死，付公一言亦剩矣。」因泣涕而別。琦既至其家，母氏方晝寢，驚而寤。琦問阿母何爲，母曰：「適夢三人潛伏梁間，故驚寤。」仁卿跪曰：「梁上人，鬼也。兒意在懸梁，阿母夢先見耳。」家人輩泣勸曰：「君不念老母歟。」母止之曰：「勿勸，兒所處是矣。」即自縊，時年四十餘。

琦性沉靜好讀書，知古今事。其母完顏氏，以孝謹稱。

蔡八兒，不知其所始。趫捷有勇，性純質可任。時爲忠孝軍元帥。天興二年，自息州入援，會大將奔盞遣數百騎駐城東，令人大呼曰：「城中速降，當免殺戮，不然無噍類矣。」於是，上登城，遣八兒率挽强兵百餘潛出暗門，渡汝水，左右交射之。自是兵不復薄城，築長壘爲久困計。上令分軍防守四城，以殿前都點檢兀林荅胡土守西面，八兒副之。已而，哀宗度蔡城不守，傳位承麟。羣臣入賀，班定，八兒不拜，謂所親曰：「事至於此，有死而已，安能更事一君乎。」遂戰死。

毛佺者，恩州人。貞祐中爲盜，宣宗南渡，率衆歸國，署爲義軍招撫。哀宗遷蔡，以佺爲都尉。圍城之戰，佺力居多，城破自縊。其子先佺戰歿。

時死事者則有閻忠、郝乙、王阿驢、樊喬焉。忠，滑州人。衞王時，開州刺史賽哥叛，忠單騎入城，縛賽哥以出，由是漸被擢用。乙，磁州人，同日戰死，哀宗贈官。阿驢、樊喬皆河中人，初爲砲軍萬户。鳳翔破，北降，從軍攻汴，司砲如故，即紿主者曰：「砲利於短，不利於長。」信之，使截其木數尺、緶十餘握，由是機雖起伏，所擊無力。即日，二人皆捐家走城。

是時，女直人無死事者，長公主言於哀宗曰：「近來立功效命多諸色人，無事時則自家人爭强，有事則他人盡力，焉得不怨。」上默然。餘各有傳。

温敦昌孫，皇太后之姪，衞尉七十五之子。爲人短小精悍，性復豈弟。累遷諸局分官。上幸蔡，授殿前左副點檢。圍城中，數引軍潛出巡邏。時尚食須魚，汝河魚甚美，上以水多浮尸，惡之。城西有積水曰練江，魚大且多，往捕必軍衞乃可。昌孫常自領兵以往，所得動千餘斤，分賜將士。後知其出，左右設伏，伺而邀之，力戰而死。蔡城破，前監察御史納坦胡失打聞之〔七〕，慟哭，投水而死。

完顏絳山，哀宗之奉御也，系出始祖。天興二年十月，蔡城被圍，城中飢民萬餘訴於有司求出，有司難之，民大呼於道。上聞之，遣近侍官分監四門，門日出千人，必老稚羸疾者聽其出。絳山時在北門，憫人之飢，出過其數，命杖之四十。然出者多泄城中虛實，尋止之。

三年正月己酉，蔡城破，哀宗傳位承麟，即自縊于幽蘭軒。權點檢内族斜烈矯制召承御石盞氏、近侍局大使焦春和、内侍局殿頭宋珪赴上前，曉以名分大義，及侍從官巴良弼、阿勒根文卿皆從死。斜烈將死，遺言絳山，使焚幽蘭軒。

火方熾，子城破，大兵突入，近侍左右皆走避，獨絳山留不去，爲兵所執，問曰：「汝爲誰？」絳山曰：「吾奉御絳山也。」兵曰：「衆皆散走，而獨後何也？」曰：「吾君終于是，吾候火滅灰寒，收瘞其骨耳。」兵笑曰：「若狂者耶，汝命且不能保，能瘞而君耶？」絳山曰：「人各事其君。吾君有天下十餘年，功業弗終，身死社稷，忍使暴露遺骸與士卒等耶？吾逆知君輩必不遺吾，吾是以留，果瘞吾君之後，雖寸斬吾不恨矣。」兵以告其帥，奔盞曰：「此奇男子也。」許之。絳山乃掇其餘燼，裹以弊衾，瘞于汝水之旁，再拜號哭，將赴汝水死。軍士救之得免，後不知所終。

畢資倫，縉山人也。泰和南征，以傭雇從軍，軍還，例授進義副尉。崇慶元年，改縉山爲鎮州，术虎高琪爲防禦使、行元帥府事于是州，選資倫爲防城軍千户。至寧元年秋，大元兵至鎮州，高琪棄城遁。資倫行及昌平，收避遷民兵，轉戰有功，擢授都統軍。軍數千，與軍中將領沈思忠、甯子都輩同隸一府，屯鄭州及衞州，時號「沈、畢軍」。積功至都總領，思忠爲副都尉。

僕散阿海南征，軍次梅林關不得過，阿海問諸將誰能取此關者，資倫首出應命，問須軍士幾何，曰：「止用資倫所統足矣，不煩餘軍。」明日遲明，出宋軍不意，引兵薄之，萬衆崩，遂取梅林關。阿海軍得南行，留提控王禄軍萬人守關。不數日，宋兵奪關守之，阿海以梅林歸途爲敵據，計無所出，復問「誰能取梅林者，以帥職賞之」，資倫復出應命，以本軍再奪梅林。阿海破蘄、黄，按軍而還，論功資倫第一，授遥領同知昌武軍節度使、宣差總領都提控。

既而，樞密院以資倫、思忠不相能，恐敗事，以資倫統本軍屯泗州。興定五年正月戊戌，提控王禄湯餅會軍中宴飲，宋龜山統制時青乘隙襲破泗州西城。資倫知失計，墮南城求死，爲宋軍所執，以見時青。青説之曰：「畢宣差，我知爾好男子，亦宜相時達變。金國勢已衰弱，爾肯降我，宋亦不負爾。若不從，見劉大帥即死矣。」資倫極口罵曰：「時青逆賊聽我言。我出身至貧賤，結柳器爲生，自征南始得一官，今職居三品。不幸失國家城池，甘分一死尚不能報，肯從汝反賊求生耶。」青知無降意，下盱眙獄。

時臨淮令李某者亦被執，後得歸，爲泗州從宜移剌羊哥言其事。羊哥以資倫惡語罵時青必被殺，即以死不屈節聞于朝。時資倫子牛兒年十二，居宿州，收充皇后位奉閤舍人。

宋人亦賞資倫忠憤不撓，欲全活之，鈐以鐵繩，囚于鎮江府土獄，略給衣食使不至寒餓，脅誘百方，時一引出問云：「汝降否？」資倫或罵或不語，如是十四年。及盱眙將士降宋，宋使總帥納合買住已下北望哭拜，謂之辭故主，驅資倫在旁觀之。資倫見買住罵曰：「納合買住，國家未嘗負汝，何所求死不可，乃作如此觜鼻耶。」買住俯首不敢仰視。

及蔡州破，哀宗自縊，宋人以告資倫。資倫歎曰：「吾無所望矣。容我一祭吾君乃降耳。」宋人信之，爲屠牛羊設祭鎮江南岸。資倫祭畢，伏地大哭，乘其不防投江水而死。宋人義之，宣示四方，仍議爲立祠。

鎮江之囚有方士者親嘗見之，以告元好問，及言泗州城陷資倫被執事，且曰：「資倫長身，面赤色，顴頰微高，鬚疏而黃。資稟質直，重然諾，故其堅忍守節卓卓如此。」宣宗實録載資倫爲亂兵所殺，當時傳聞不得其實云。

郭蝦蟆，會州人。世爲保甲射生手，與兄禄大俱以善射應募。興定初，禄大以功遷遥授同知平涼府事、兼會州刺史，進官一階，賜姓顏盞。夏人攻會州，禄大遥見其主兵者人馬皆衣金，出入陣中，約二百餘步，一發中其吭，殪之。又射一人，矢貫兩手於樹，敵大駭。城破，禄大、蝦蟆俱被禽。夏人憐其技，囚之，兄弟皆誓死不屈。朝廷聞之，議加優獎，而未知存没，乃特遷禄大子伴牛官一階，授巡尉職，以旌其忠。其後兄弟謀奔會，自拔其鬢，事覺，禄大竟爲所殺，蝦蟆獨拔歸。上思禄大之忠，命復遷伴牛官一階，遥授會州軍事判官，蝦蟆遥授鞏州鈐轄。會言者乞獎用禄大弟，遂遷蝦蟆官兩階，授同知蘭州軍州事。

興定五年冬，夏人萬餘侵定西，蝦蟆敗之，斬首七百，獲馬五十匹，以功遷同知臨洮府事。

元光二年，夏人步騎數十萬攻鳳翔甚急，元帥赤盞合喜以蝦蟆總領軍事。從巡城，濠外一人坐胡床，以箭力不及，氣貌若蔑視城守者。合喜指似蝦蟆云：「汝能射此人否？」蝦蟆測量遠近，曰：「可。」蝦蟆平時發矢，伺腋下甲不掩處射之無不中，即持弓矢伺坐者舉肘，一發而斃。兵退，升遥授靜難軍節度使，尋改通遠軍節度使，授山東西路斡可必剌謀克，仍遣使賞賚，徧諭諸郡焉。

是年冬，蝦蟆與鞏州元帥田瑞攻取會州。蝦蟆率騎兵五百皆被赭衲，蔽州之南山而下，夏人猝望之以爲神。城上有舉手於懸風版者，蝦蟆射之，手與版俱貫。凡射死數百人。夏人震恐，乃出降。蓋會州爲夏人所據近四年，至是復焉〔八〕。

正大初，田瑞據鞏州叛，詔陝西兩行省併力擊之。蝦蟆率衆先登，瑞開門突出，爲其弟濟所殺，斬首五千餘級，以功遷遥授知鳳翔府事、本路兵馬都總管、元帥左都監、兼行蘭會洮河元帥府事。六年九月，蝦蟆進西馬二疋，詔曰：「卿武藝超絶。此馬可充戰用，朕乘此豈能盡其力。既入進，即尚厩物也，就以賜卿。」仍賜金鼎一、玉兔鶻一，并所遣郭倫哥等物有差。

天興二年，哀宗遷蔡州，慮孤城不能保，擬遷鞏昌，以粘葛完展爲鞏昌行省。三年春正月，完展聞蔡已破，欲安衆心，城守以待嗣立者，乃遣人稱使者至自蔡，有旨宣諭。綏德州帥汪世顯者亦知蔡凶問，且嫉完展制己，欲發矯詔事，因以兵圖之，然懼蝦蟆威望，乃遣使約蝦蟆併力破鞏昌。使者至，蝦蟆謂之曰：「粘葛公奉詔爲行省，號令孰敢不從。今主上受圍於蔡，擬遷鞏昌。國家危急之際，我輩既不能致死赴援，又不能叶衆奉迎，乃欲攻粘葛公，先廢遷幸之地，上至何所歸乎。汝帥若欲背國家，任自爲之，何及於我。」世顯即攻鞏昌破之，劫殺完展，送款於大元，復遣使者二十餘輩諭蝦蟆以禍福，不從。

甲午春，金國已亡，西州無不歸順者，獨蝦蟆堅守孤城。丙申歲冬十月，大兵併力攻之。蝦蟆度不能支，集州中所有金銀銅鐵，雜鑄爲砲以擊攻者，殺牛馬以食戰士，又自焚廬舍積聚，曰：「無至資兵。」日與血戰，而大兵亦不能卒拔。及軍士死傷者衆，乃命積薪於州廨，呼集家人及城中將校妻女，閉諸一室，將自焚之。蝦蟆之妾欲有所訴，立斬以徇。火既熾，率將士於火前持滿以待。城破，兵填委以入，鏖戰既久，士卒有弓盡矢絶者，挺身入火中。蝦蟆獨上大草積，以門扉自蔽，發二三百矢無不中者，矢盡，投弓劍于火，自焚。城中無一人肯降者。蝦蟆死時年四十五。土人爲立祠。

完展字世昌。泰和三年策論進士。初爲行省，以蠟丸爲詔，期以天興二年九月集大軍與上會於饒峯關，出宋不意取興元。既而不果云。

校勘記

〔一〕以功遥授昌武軍節度使　「昌武軍」，原作「武昌軍」。按，金無「武昌軍」。本書卷二五地理志中，南京路有「許州，下，昌武軍節度使」。今據乙正。

〔二〕正大二年秋　「正大」二字原脱，今據局本及上下文義補。

〔三〕與翰林待制安延珍奉使乞和于大元　「安延珍」，按，本書卷一六宣宗紀下，興定五年十二月

「丁巳，禮部侍郎烏古孫仲端、翰林待制安庭珍使北還，各遷一階」，作「安庭珍」，與此異。

〔四〕嘗爲護衛奉御　「護衛」，原作「護尉」。按，本書卷四一儀衛志上，「金制，天子之儀衛，（中略）其衛士，曰護衛」。卷四四兵志禁軍之制，「又設護衛二百人，近侍之執兵仗者也」。今據改。

〔五〕大睦親府事吾古孫仲端　「仲」字原脱。按，本卷烏古孫仲端傳，「哀宗將遷歸德，召爲翰林學士承旨，兼同簽大睦親府事，留守汴京」。元兵圍汴，「仲端即自縊」。據此補「仲」字。

〔六〕右副點檢完顏阿撒　本書卷一一五完顏奴申傳，「冬十月，哀宗議親出捍禦，以（中略）左副點檢完顏阿撒、右副點檢温敦阿里副之」。與此異。

〔七〕前監察御史納坦胡失打聞之　「監察御史」，原作「御史監察」。按，本書卷五五百官志一，御史臺，「監察御史十二員，正七品」。今據乙正。

〔八〕蓋會州爲夏人所據近四年至是復焉　「四年」，原作「十年」。按，本書卷一六宣宗紀下，興定四年八月庚午，「夏人陷會州」，至元光二年冬共四年。今據改。

金史卷一百二十五

列傳第六十三

文藝上

韓昉　蔡松年子珪　吴激　馬定國　任詢　趙可　郭長倩
蕭永祺　胡礪　王競　楊伯仁　鄭子聃　党懷英

金初未有文字。世祖以來漸立條教〔一〕。太祖既興，得遼舊人用之，使介往復，其言已文。太宗繼統，乃行選舉之法，及伐宋，取汴經籍圖〔二〕，宋士多歸之。熙宗款謁先聖，北面如弟子禮。世宗、章宗之世，儒風丕變，庠序日盛，士繇科第位至宰輔者接踵。當時儒者雖無專門名家之學，然而朝廷典策、鄰國書命，粲然有可觀者矣。金用武得國，無以異於遼，而一代制作能自樹立唐、宋之間，有非遼世所及，以文而不以武也。傳曰：「言之不文，行之不遠。」文治有補於人之家國，豈一日之效哉。作文藝傳。

韓昉字公美，燕京人。仕遼，累世通顯。昉五歲喪父，哭泣能盡哀。天慶二年，中進士第一。補右拾遺，轉史館修撰。累遷少府少監、乾文閣待制。加衞尉卿，知制誥，充高麗國信使。

高麗雖舊通好，天會四年，奉表稱藩而不肯進誓表，累使要約，皆不得要領。而昉復至高麗，移督再三。高麗徵國中讀書知古今者，商榷辭旨，使酬荅專對。凡涉旬乃始置對，謂昉曰：「小國事遼、宋二百年無誓表，未嘗失藩臣禮。今事上國當與事遼、宋同禮。而屢盟長亂聖人所不與，必不敢用誓表。」昉曰：「貴國必欲用古禮，舜五載一巡狩，羣后四朝。周六年五服一朝，又六年王乃時巡，諸侯各朝于方岳。今天子方事西狩，則貴國當從朝會矣。」高麗人無以對，乃曰：「徐議之。」昉曰：「誓表朝會，一言決耳。」於是高麗乃進誓表如約，昉乃還。宗幹大說曰：「非卿誰能辦此。」因謂執事者曰：「自今出疆之使皆宜擇人。」

明年，加昭文館直學士，兼堂後官。再加諫議大夫，遷翰林侍講學士。改禮部尚書，遷翰林學士，兼太常卿、修國史，尚書如故。昉自天會十二年入禮部，在職凡七年。當是時，朝廷方議禮制度，或因或革，故昉在禮部兼太常甚久云。除濟南尹，拜參知政事。皇統四年，表乞致仕，不許。六年，再表乞致仕，乃除汴京留守〔三〕，封鄆國公。復請如初，以儀同三司致仕。天德初，加開府儀同三司。薨。年六十八。

昉性仁厚，待物甚寬。有家奴誣告昉以馬資送叛人出境，考之無狀，有司以奴還昉，昉待之如初，曰：「奴誣主人以罪，求爲良耳，何足怪哉。」人稱其長者。昉雖貴，讀書未嘗去手，善屬文，最長於詔册，作太祖睿德神功碑，當世稱之。自使高麗歸，後高麗使者至必問昉安否云。

蔡松年字伯堅。父靖，宋宣和末，守燕山。松年從父來，管勾機宜文字。宗望軍至白河，郭藥師敗，靖以燕山府降，元帥府辟松年爲令史。天會中，遼、宋舊有官者皆换授，松年爲太子中允，除真定府判官，自此爲真定人。

嘗從元帥府與齊俱伐宋。是時，初平真定西山羣盜〔四〕，山中居民爲賊汙者千餘家，松年力爲辨論，竟得不坐。齊國廢，置行臺尚書省於汴，松年爲行臺刑部郎中。都元帥宗員外郎。

弼領行臺事，伐宋，松年兼總軍中六部事。宋稱臣，師還，宗弼入爲左丞相，薦松年爲刑部員外郎。

皇統七年，尚書省令史許霖告田㲄黨事，松年素與㲄不相能。是時宗弼當國，㲄性剛正，好評論人物，其黨皆君子，韓企先爲相愛重之。而松年、許霖、曹望之欲與㲄相結，㲄拒之，由是構怨。故松年、許霖構成㲄等罪狀，勸宗弼誅之，君子之黨熄焉。是歲，松年遷左司員外郎。

松年前在宗弼府，而海陵以宗室子在宗弼軍中任使，用是相厚善。天德初，擢吏部侍郎，俄遷户部尚書。海陵遷中都，徙榷貨務以實都城，復鈔引法，皆自松年啓之。海陵謀伐宋，以松年家世仕宋，故亟擢顯位以聳南人觀聽，遂以松年爲賀宋正旦使。使還，改吏部尚書，尋拜參知政事。是年，自崇德大夫進銀青光禄大夫。遷尚書右丞，未幾，爲左丞，封郜國公。

初，海陵愛宋使人山呼聲，使神衛軍習之。及孫道夫賀正隆三年正旦，入見，山呼聲不類往年來者。道夫退，海陵謂宰臣曰：「宋人知我使神衛軍習其聲，此必蔡松年、胡礪泄之。」松年皇恐對曰：「臣若懷此心，便當族滅。」

久之，進拜右丞相，加儀同三司，封衛國公。正隆四年薨，年五十三。海陵悼惜之，奠于其第，命作祭文以見意。加封吳國公〔五〕，謚文簡。起復其子三河主簿珪爲翰林修撰，璋賜進士第。遣翰林待制蕭籲護送其喪，歸葬真定，四品以下官離都城十里送之，道路之費皆從官給。

松年事繼母以孝聞，喜周恤親黨，性復豪侈，不計家之有無。文詞清麗，尤工樂府，與吳激齊名，時號「吳、蔡體」。有集行于世。子珪。

珪字正甫。中進士第，不求調，久乃除澄州軍事判官，遷三河主簿。丁父憂，起復翰林修撰，同知制誥。在職八年，改户部員外郎，兼太常丞。珪號爲辨博，凡朝廷制度損益，珪爲編類詳定檢討删定官〔六〕。

初，兩燕王墓舊在中都東城外，海陵廣京城圍，墓在東城内。前嘗有盜發其墓，大定九年詔改葬於城外。俗傳六國時燕王及太子丹之葬，及啓壙，其東墓之柩題其和曰「燕靈王舊」。「舊」，古「柩」字，通用。乃西漢高祖子劉建葬也。其西墓，蓋燕康王劉嘉之葬也。珪作兩燕王墓辯，據葬制名物款刻甚詳。

安國軍節度判官高元鼎坐監臨姦事，求援於太常博士田居實、大理司直吳長行、吏部主事高震亨、大理評事王元忠。震亨以屬鞫問官御史臺典事李仲柔，仲柔發之。珪與刑部員外郎王倐、宛平主簿任詢、前衞州防禦判官閻恕、承事郎高復亨、文林郎翟詢、敦武校尉王景晞、進義校尉任師望，坐與居實等轉相傳教，或令元鼎逃避，居實、長行、震亨、元忠各杖八十，倐、珪、詢、恕、復亨、翟詢各笞四十，景晞、師望各徒二年，官贖外並的決。

久之，除河東北路轉運副使，復入爲脩撰，遷禮部郎中，封真定縣男。珪已得風疾，失音不能言，乃除濰州刺史，同輩已奏謝，珪獨不能入見。世宗以讓右丞唐括安禮、參政王蔚曰：「卿等閱書史，亦有不能言之人可以從政者乎。」又謂中丞劉仲誨曰：「蔡珪風疾不能奏謝，卿等何不糾之。人言卿等相爲黨蔽，今果然邪。」珪乃致仕，尋卒。

珪之文有補正水經五篇，合沈約、蕭子顯、魏收宋、齊、北魏志作南北史志三十卷〔七〕，續金石遺文跋尾十卷，晉陽志十二卷，文集五十五卷。補正水經、晉陽志、文集今存，餘皆亡。

吴激字彦高，建州人。父拭，宋進士，官終朝奉郎、知蘇州。激，米芾之壻也，工詩能文，字畫俊逸得芾筆意。尤精樂府，造語清婉，哀而不傷。將宋命至金，以知名留不遣，命爲翰林待制。皇統二年，出知深州，到官三日卒。詔賜其子錢百萬、粟三百斛、田三頃以周其家。有東山集十卷行于世。「東山」，其自號也。

馬定國字子卿，茌平人。自少志趣不羣。宣、政末，題詩酒家壁，坐譏訕得罪，亦因以知名。阜昌初，遊歷下，以詩撼齊王豫，豫大悦，授監察御史，仕至翰林學士。石鼓自唐以來無定論，定國以字畫考之，云是宇文周時所造，作辯萬餘言，出入傳記，引據甚明，學者以比蔡正甫燕王墓辯。初，學詩未有入處，夢其父與方寸白筆，從是文章大進。有集傳于世。

任詢字君謨〔八〕，易州軍市人。父貴有才幹，善畫，喜談兵，宣、政間游江、浙。詢生於虔州，爲人慷慨多大節。書爲當時第一，畫亦入妙品。評者謂畫高於書，書高於詩，詩高於文，然王庭筠獨以其才具許之。登正隆二年進士第。歷益都都勾判官，北京鹽使。年六十四致仕，優游鄉里，家藏法書名畫數百軸。年七十卒。

趙可字獻之，高平人。貞元二年進士。仕至翰林直學士。博學高才，卓犖不羈。天德、貞元間，有聲場屋。後入翰林，一時詔誥多出其手，流輩服其典雅。其歌詩樂府尤工，號玉峯散人集。

郭長倩字曼卿，文登人。登皇統丙寅經義乙科。仕至秘書少監，兼禮部郎中，修起居注。與施朋望、王無競、劉嵓老、劉無黨相友善。所撰石決明傳爲時輩所稱。有崑崙集行于世。

蕭永祺字景純，本名蒲烈。少好學，通契丹大小字。廣寧尹耶律固奉詔譯書，辟置門下，因盡傳其業。固卒，永祺率門弟子服齊衰喪。固作遼史未成，永祺繼之，作紀三十卷、志五卷、傳四十卷，上之。加宣武將軍，除太常丞。海陵爲中京留守，永祺特見親禮。天德初，擢左諫議大夫，遷翰林侍講學士，同脩國史，再遷翰林學士。明年，遷承旨。尚書左丞耶律安禮出守南京，海陵欲以永祺代之，召見于内閣，諭以旨意，永祺辭曰：「臣材識卑下，不足以辱執政。」海陵曰：「今天下無事，朕方以文治，卿爲是優矣。」永祺固辭，既出，或問曰：「公遇知人主，進取爵位，以道佐時，何多讓也。」永祺曰：「執政繫天下休戚，縱欲貪冒榮寵，如蒼生何。」海陵嘗選廷臣十人備諮訪，獨永祺議論寬厚，時稱長者。卒年五十七。

胡礪字元化，磁州武安人。少嗜學。天會間，大軍下河北，礪爲軍士所掠，行至燕，亡匿香山寺，與傭保雜處。韓昉見而異之，使賦詩以見志，礪操筆立成，思致清婉，昉喜甚，因館置門下，使與其子處，同教育之，自是學業日進。昉嘗謂人曰：「胡生才器一日千里，他日必將名世。」十年，舉進士第一，授右拾遺，權翰林修撰。久之，改定州觀察判官。定之學校爲河朔冠，士子聚居者常以百數，礪督教不倦，經指授者悉爲場屋上游，稱其程文爲「元化格」。

皇統初，爲河北西路轉運都勾判官。礪性剛直無所屈。行臺平章政事高禎之汴，道真定，燕于漕司。礪欲就坐，禎責之，礪曰：「公在政府則禮絶百僚，今日之會自有賓主禮。」禎曰：「汝他日爲省吏當何如？」礪曰：「當官而行，亦何所避。」禎壯其言，改謝之〔九〕。

改同知深州軍州事，加朝奉大夫。郡守暴戾，蔑視僚屬，礪常以禮折之，守愧服，郡事一委于礪。州管五縣，例置弓手百餘，少者猶六七十人，歲取民錢五千餘萬爲顧直〔一〇〕。其人皆市井無賴，以迹盜爲名，所至擾民。礪知其弊，悉罷去。繼而有飛語曰：「某日賊發，將殺通守。」或請爲備，礪曰：「盜所利者財耳，吾貧如此，何備爲。」是夕，令公署撤關，竟亦無事。

再補翰林修撰，遷禮部郎中，一時典禮多所裁定。海陵拜平章政事，百官賀於廟堂，礪獨不跪。海陵問其故，礪以令對，且曰：「朝服而跪，見君父禮也。」海陵深器重之。天德初，再遷侍講學士，同修國史。以母憂去官。起復爲宋國歲元副使，刑部侍郎白彥恭爲使，海陵謂礪曰：「彥恭官在卿下，以其舊勞，故使卿副之。」遷翰林學士，改刑部尚書。扈從至汴得疾，海陵數遣使臨問，卒，深悼惜之。年五十五。

王競字無競，彰德人。警敏好學。年十七以廕補官。宋宣和中，太學兩試合格，調屯留主簿。入國朝，除大寧令，歷竇勝鹽官，轉河内令。時歲饑盜起，競設方略以購賊，不數月盡得之。夏秋之交，沁水泛溢，歲發民築隄，豪民猾吏因緣爲姦，競覈實之，減費幾半，縣民爲之諺曰：「西山至河岸，縣官兩人半。」蓋以前政韓希甫與競相繼治縣，皆有幹能，絳州正平令張元亦有治績而差不及，故云然。

天眷元年，轉固安令。皇統初，參政韓昉薦之，召權應奉翰林文字，兼太常博士。詔作金源郡王完顏婁室墓碑，競以行狀盡其實，乃請國史刊正之，時人以爲法。二年，試館閣，競文居最，遂爲真。

遷尚書禮部員外郎。時海陵當國，政由己出，欲令百官避堂諱，競言人臣無公諱，遂止。蕭仲恭以太傅領三省事封王，欲援遼故事，親王用紫羅傘。事下禮部，競與郎中翟永固明言其非是，事竟不行，海陵由是重之。天德初，轉翰林待制，遷翰林直學士，改禮部侍郎，遷翰林侍講學士，改太常卿，同修國史，擢禮部尚書，同修國史如故。

大定二年春，從太傅張浩朝京師，詔復爲禮部尚書。是歲，奉遷睿宗山陵，儀注不應典禮，競削官兩階。詔改創五龍車，兼翰林學士承旨，修國史。四年，卒官。

競博學而能文，善草隸書，工大字，兩都宫殿牓題皆競所書，士林推爲第一云。

楊伯仁字安道，伯雄之弟也。天性孝友，讀書一過成誦。登皇統九年進士第，事親不求調。天德二年，除應奉翰林文字。初名伯英，避太子光英諱，改今名。海陵嘗夜召賦詩，傳趣甚亟，未二鼓奏十詠，海陵喜，解衣賜之。海陵射烏，伯仁獻獲烏詩以諷。丁父憂，起復，賜金帶襲衣，及賜白金以奉母。改左拾遺。進士呂忠翰廷試已在第一，未唱名，海陵以忠翰程文示伯仁，問其優劣，伯仁對曰：「當在優等。」海陵曰：「此今試狀元也。」伯仁自以知忠翰姓名在第一，遂宿諫省，俟唱名乃出，海陵嘉其慎密。轉翰林修撰。

孟宗獻發解第一，伯仁讀其程文稱之「此人當成大名」。是歲，宗獻府試、省試、廷試皆第一，號「孟四元」，時論以爲知文。故事，狀元官從七品，階承務郎，世宗以宗獻獨異等，與從六品，階授奉直大夫。

改著作郎。居母喪，服除，調鎮西節度副使。入爲起居注兼左拾遺，上書論時務六事。改大名少尹。郡中豪民横恣甚，莫可制，民受其害，伯仁窮竟渠黨，四境帖然。讞館陶大辟，得其冤狀，館陶人爲立祠。府尹荆王文坐贓削封，降德州防禦使，同知裴滿子寧及伯仁、判官謝奴皆以不能匡正解職。伯仁降南京留守判官，改同知安化軍節度使，到官三日，召爲太子右諭德、兼侍御史，改翰林待制，復兼右諭德。

除濱州刺史。郡俗有遺奴出亡，捕之以規賞者，伯仁至，責其主而杖殺其奴，如是者數輩，其弊遂止。入爲左諫議大夫，兼禮部侍郎、翰林直學士。故事，諫官詞臣入直禁中，上閔其勞，特免入直。改吏部侍郎，直學士如故。鄭子聃卒，宰相舉伯仁代之，乃遷侍講，兼禮部侍郎。

伯仁久在翰林，文詞典麗，上曰：「自韓昉、張鈞後，則有翟永固，近日則張景仁、鄭子聃，今則伯仁而已，其次未見能文者。吕忠翰草降海陵庶人詔，點竄再四終不能盡朕意，狀元雖以詞賦甲天下，至於辭命未必皆能。凡進士可令補外，考其能文者召用之。」不數月，兼左諫議大夫，俄兼太常卿。

大臣舉可修起居注者數人，上以伯仁領之。從幸上京，伯仁多病，至臨潢，地寒因感疾〔一二〕，還中都。明年，上還幸中都，遣使勞問，賜以丹劑。是歲，卒。

鄭子聃字景純，大定府人。父宏，遼金源令，二子子京、子聃。楊丘行嘗謂人曰：「金源二子，鳳毛也。小者尤特達，後必名世。」子聃及冠有能賦聲。天德三年，丘行爲太子左衛率府率，廷試明日，海陵以子聃程文示丘行，對曰：「可入甲乙。」及拆卷，果中第一甲第三人。調翼城丞，遷贊皇令，召爲書畫直長。

子聃頗以才望自負，常慊不得爲第一甲第一人。正隆二年會試畢，海陵以第一人程文問子聃，子聃少之。海陵問作賦何如，對曰：「甚易。」因自矜，且謂他人莫己若也。海陵不悅，乃使子聃與翰林修撰綦戩〔一二〕、楊伯仁、宣徽判官張汝霖、應奉翰林文字李希顏同進士雜試〔一三〕。七月癸未，海陵御寶昌門臨軒觀試，以「不貴異物民乃足」爲賦題，「忠臣猶孝子」爲詩題，「憂國如飢渴」爲論題。上謂讀卷官翟永固曰：「朕出賦題，能言之或能行之，未可知也。詩、論題，庶戒臣下。」丁亥，御便殿親覽試卷，中第者七十三人，子聃果第一，海陵奇之。有頃，進官三階，除翰林修撰。改侍御史。

京畿旱，詔子聃決囚，遂澍雨，人以比顏真卿。遷待制，兼吏部郎中，改祕書少監。遷翰林直學士，兼太子左諭德，顯宗深器重之。以疾求補外，遂爲沂州防禦使，皇太子幣贐甚厚，命以安興之官。召還，爲左諫議大夫、兼直學士。改吏部侍郎、同修國史，直學士如故。遷侍講、兼修國史，上曰：「修海陵實録，知其詳無如子聃者。」蓋以史事專責之也。二十年，卒〔一四〕，年五十五。子聃英俊有直氣，其爲文亦然。平生所著詩文二千餘篇。

党懷英字世傑，故宋太尉進十一代孫，馮翊人。父純睦，泰安軍録事參軍，卒官，妻子不能歸，因家焉。應舉不得意，遂脱略世務，放浪山水間。簞瓢屢空，晏如也。大定十年，中進士第，調莒州軍事判官，累除汝陰縣令〔一五〕、國史院編修官、應奉翰林文字、翰林待制、兼同修國史。

懷英能屬文，工篆籀，當時稱爲第一，學者宗之。大定二十九年，與鳳翔府治中郝俣充遼史刊修官，應奉翰林文字移剌益、趙渢等七人爲編修官。凡民間遼時碑銘墓誌及諸家文集，或記憶遼舊事，悉上送官。

是時，章宗初即位，好尚文辭，旁求文學之士以備侍從，謂宰臣曰：「翰林闕人如之何？」張汝霖奏曰：「郝俣能屬文，宦業亦佳〔一六〕。」上曰：「近日制詔惟党懷英最善。」移剌履進曰：「進士擢第後止習吏事，更不復讀書，近日始知爲學矣。」上曰：「今時進士甚滅裂，唐書中事亦多不知，朕殊不喜。」上謂宰臣曰：「郝俣賦詩頗佳，舊時劉迎能之，李晏不及也。」

明昌元年，懷英再遷國子祭酒。二年，遷侍講學士。明年，議開邊防濠塹，懷英等十六人請罷其役，詔從之。遷翰林學士。六年，有事于南郊〔一七〕，攝中書侍郎讀祝册，上曰：

「讀册至朕名，聲微下，雖曰尊君，然在郊廟，禮非所宜，當平讀之。」承安二年乞致仕，改泰寧軍節度使。明年，召爲翰林學士承旨。泰和元年，增修遼史編修官三員，詔分紀、志、列傳刊修官，有改除者以書自隨。久之，致仕。大安三年卒，年七十八，謚文獻。懷英致仕後，章宗詔直學士陳大任繼成遼史云。

校勘記

〔一〕世祖以來漸立條教　按，本書卷一世紀云，「昭祖稍以條教爲治，部落寖强」。今疑此處誤。

〔二〕取汴經籍圖　按，此下當有脱文。

〔三〕六年再表乞致仕乃除汴京留守　本書卷四熙宗紀，皇統七年「十二月戊午，參知政事韓昉罷」。繫年與此異。

〔四〕初平真定西山羣盜　「真定」，原作「鎮定」，據南監本、北監本、殿本、局本改。按，上文亦作「真定」。

〔五〕加封吴國公　「吴國公」，按，集禮卷九親王，熙宗天眷元年次國封號，「衛」在「吴」之上。蔡松年生前已封「衛國公」，此云「加封」爲「吴國公」，似與天眷格不合。

〔六〕珪爲編類詳定檢討删定官　中州集卷一蔡太常珪、大金國志卷二八文學翰苑上蔡珪傳皆云：「正隆三年，銅禁行，官得三代以來鼎鐘彝器無慮千數，禮部官以珪博物，且識古文奇字，辟爲編類官。」與此異。

〔七〕作南北史志三十卷　「三十卷」，蘇天爵滋溪文稿卷二九題跋題補正水經後：「予自蚤歲訪公遺書，得其文集五十五卷，晉陽志十二卷，燕王墓辨一卷，補正水經三卷。其他補南北史志六十卷，古器類編三十卷，續歐陽公金石遺文六十卷，并跋尾十卷，皆已不存。而文集乃高丞相汝礪模本，晉陽志、墓辨、水經皆寫本也。」中州集亦作「六十卷」。疑「三十」爲「六十」之誤。

〔八〕任詢字君謨　「君謨」，任詢書韓愈秋懷詩石刻的署款作「龍岩君謀」。與此異。

〔九〕改謝之　「改謝」，文義不順。按，金史詳校卷一〇：「『改』下當加『容』。」

〔一〇〕歲取民錢五千餘萬爲顧直　「取」字原脱，據局本補。

〔一一〕地寒因感疾　「地」，原作「池」，據局本改。

〔一二〕乃使子聃與翰林修撰綦戩　「綦戩」，原作「篡戩」。按，本書卷八三祁宰傳，「綦戩，宰壻也」。中州集卷九鄭内翰子聃、要録卷一七九、會編卷二四二、桯史卷九正隆南寇諸書皆作「綦戩」。今據改。

〔一三〕李希顔　中州集卷九鄭内翰子聃作「李師顔」。

〔一四〕二十年卒　此上當脱「大定」二字。

〔一五〕累除汝陰縣令　「令」，原作「尹」。按，金制無縣尹，元始有之。此蓋作者或寫刻者之誤，今改。

〔一六〕宦業亦佳　「宦」，原作「官」，據南監本、北監本、殿本、局本改。

〔一七〕六年有事于南郊　按，明昌六年無祀南郊事。本書卷一〇章宗紀二，承安元年十一月「戊戌，有事于南郊，大赦，改元」。祀南郊當是明昌七年。

金史卷一百二十六

列傳第六十四

文藝下

趙渢字文孺，東平人。大定二十二年進士，仕至禮部郎中。性沖澹，學道有所得，尤工書，自號「黄山」。趙秉文云：「渢之正書體兼顏、蘇，行草備諸家體，其超放又似楊凝式，當處蘇、黄伯仲間。」党懷英小篆，李陽冰以來鮮有及者，時人以渢配之，號曰「党、趙」。有黄山集行於世。

周昂字德卿，真定人。父伯禄字天錫，大定進士，仕至同知沁南軍節度使。昂年二十四擢第〔一〕。調南和簿，有異政。遷良鄉令，入拜監察御史。路鐸以言事被斥，昂送以詩，語涉謗訕，坐停銓。久之，起爲龍州都軍〔二〕，以邊功復召。爲三司官。大安兵興，權行六部員外郎。

其甥王若虚嘗學於昂，昂教之曰：「文章工於外而拙於内者，可以驚四筵而不可以適獨坐，可以取口稱而不可以得首肯。」又云：「文章以意爲主，以言語爲役，主强而役弱則無令不從。今人往往驕其所役，至跋扈難制，甚者反役其主，雖極辭語之工，而豈文之正哉。」

昂孝友，喜名節，學術醇正，文筆高雅，諸儒皆師尊之。既歷臺省，爲人所擠，竟坐詩得罪，謫東海上十數年。始入翰林，言事愈切。出佐三司非所好，從宗室承裕軍。承裕失利，跳走上谷，衆欲徑歸，昂獨不從，城陷，與其從子嗣明同死於難。嗣明字晦之。

王庭筠字子端，遼東人〔三〕。生未期，視書識十七字。七歲學詩，十一歲賦全題。稍長，涿郡王翛一見，期以國士。登大定十六年進士第。調恩州軍事判官，臨政即有聲。郡民鄒四者謀爲不軌，事覺，逮捕千餘人，而鄒四竄匿不能得。朝廷遣大理司直王仲軻治其獄，庭筠以計獲鄒四，分別詿誤，坐預謀者十二人而已。再調館陶主簿。

明昌元年三月，章宗諭旨學士院曰：「王庭筠所試文，句太長，朕不喜此，亦恐四方傚之。」又謂平章張汝霖曰：「王庭筠文藝頗佳，然語句不健，其人才高，亦不難改也。」四月，召庭筠試館職，中選。御史臺言庭筠在館陶嘗犯贓罪，不當以館閣處之，遂罷。乃卜居彰德，買田隆慮，讀書黄華山寺，因以自號。是年十二月，上因語及學士，歎其乏材，參政守貞曰：「王庭筠其人也。」三年，召爲應奉翰林文字，命與秘書郎張汝方品第法書、名畫，遂分入品者爲五百五十卷。

五年八月，上顧謂宰執曰：「應奉王庭筠，朕欲以詔誥委之，其人才亦豈易得。近党懷英作長白山册文，殊不工。聞文士多妬庭筠者，不論其文，顧以行止爲訾。大抵讀書人多口頰，或相黨。昔東漢之士與宦官分朋，固無足怪。如唐牛僧孺、李德裕，宋司馬光、王安石，均爲儒者，而互相排毁何耶。」遂遷庭筠爲翰林修撰。

承安元年正月，坐趙秉文上書事，削一官，杖六十，解職，語在秉文傳。二年，降授鄭州防禦判官。四年，起爲應奉翰林文字。泰和元年，復爲翰林修撰，扈從秋山，應制賦詩三十餘首，上甚嘉之。明年，卒，年四十有七。上素知其貧，詔有司賻錢八十萬以給喪事，求生平詩文藏之秘閣。又以御製詩賜其家，其引云：「王遵古，朕之故人也。乃子庭筠，復以才選直禁林者首尾十年，今茲云亡，玉堂、東觀無復斯人矣。」

庭筠儀觀秀偉，善談笑，外若簡貴，人初不敢與接。既見，和氣溢於顏間，殷勤慰藉如恐不及，少有可取極口稱道，他日雖百負不恨也。從游者如韓温甫、路元亨、張進卿、李公度，其薦引者如趙秉文、馮璧、李純甫，皆一時名士，世以知人許之。

爲文能道所欲言，暮年詩律深嚴，七言長篇尤工險韻。有藂辨十卷，文集四十卷。書法學米元章，與趙渢、趙秉文俱以名家，庭筠尤善山水墨竹云。

子曼慶，亦能詩并書，仕至行省右司郎中〔四〕，自號「澹游」云。

劉昂字之昂，興州人。大定十九年進士。曾、高而下七世登科。昂天資警悟，律賦自成一家，作詩得晚唐體，尤工絶句。李純甫故人外傳云，昂早得仕，年三十三爲尚書省掾，調平涼路轉運副使。時術士有言昂官止五品，昂不信。俄以母憂去職，連蹇十年，卜居洛陽，有終焉之志。有薦其才於章宗者，泰和初，自國子司業擢爲左司郎中。會掌書大中與賈鉉漏言除授事，爲言者所劾，獄辭連昂。章宗震怒。一時聞人如史肅、李著、王宇、宗室從郁皆譴逐之，鉉尋亦罷政。昂降上京留守判官，道卒，竟如術者之言。

李經字天英，錦州人。作詩極刻苦，喜出奇語，不蹈襲前人。李純甫見其詩曰：「真今世太白也。」由是名大震。再舉不第，拂衣去。南渡後，其鄉帥有表至朝廷，士大夫識之曰：「此天英筆也。」朝議以武功就命倅其州，後不知所終。

劉從益字雲卿，渾源人。其高祖撝，天會元年詞賦進士，子孫多由科第入仕。從益登大安元年進士第，累官監察御史，坐與當路辨曲直，得罪去。久之，起爲葉縣令，修學勵俗，有古良吏風。葉自兵興，户減三之一，田不毛者萬七千畝有奇，其歲入七萬石如故。從益請於大司農，爲減一萬，民甚賴之，流亡歸者四千餘家〔五〕。未幾，被召，百姓詣尚書省乞留，不聽。入授應奉翰林文字，踰月以疾卒，年四十四。葉人聞之，以端午罷酒爲位而哭，且立石頌德，以致哀思。

子祁字京叔。爲太學生，甚有文名。值金末喪亂，作歸潛志以紀金事，修金史多採用焉。

從益博學强記，精於經學。爲文章長於詩，五言尤工，有蓬門集。

呂中孚字信臣，冀州南宫人。張建字吉甫，蒲城人。皆有詩名。中孚有清漳集。建，明昌初，授絳州教官，召爲宫教、應奉翰林文字。以老請致仕，章宗愛其純素，不欲令去，授同知華州防禦使，仍賜詩以寵之。自號「蘭泉」，有集行于世。

李純甫字之純，弘州襄陰人。祖安上，嘗魁西京進士。父采，卒於益都府治中。純甫幼穎悟異常，初業詞賦，及讀左氏春秋，大愛之，遂更爲經義學。擢承安二年經義進士。爲文法莊周、列禦寇、左氏、戰國策，後進多宗之。又喜談兵，慨然有經世心。章宗南征，兩上疏策其勝負，上奇之，給送軍中，後多如所料。宰執愛其文，薦入翰林。及大元兵起，又上疏論時事，不報。宣宗遷汴，再入翰林。時丞相高琪擅威福柄，擢爲左司都事〔六〕。純甫審其必敗，以母老辭去。既而高琪誅，復入翰林，連知貢舉。正大末，坐取人踰新格〔七〕，出倅坊州。未赴，改京兆府判官。卒於汴，年四十七。

純甫爲人聰敏，少自負其材，謂功名可俯拾，作矮柏賦，以諸葛孔明、王景略自期。由小官上萬言書，援宋爲證，甚切，當路者以迂闊見抑。中年，度其道不行，益縱酒自放，無仕進意。得官未成考，旋即歸隱。日與禪僧士子游，以文酒爲事，嘯歌袒裼出禮法外，或飲數月不醒。人有酒見招，不擇貴賤必往，往輒醉，雖沉醉亦未嘗廢著書。然晚年喜佛，力探其奧義。自類其文，凡論性理及關佛老二家者號「内藁」，其餘應物文字爲「外藁」。又解楞嚴、金剛經、老子、莊子。又有中庸集解、鳴道集解，號「中國心學、西方文教」〔八〕，數十萬言，以故爲名教所貶云。

王鬱字飛伯，大興人。儀狀魁奇，目光如鶻。少居釣臺〔九〕，閉門讀書，不接人事。久之，爲文法柳宗元，閎肆奇古，動輒數千言。歌詩俊逸，效李白。嘗作王子小傳以自敍。

天興初元，汴京被圍，上書言事，不報。四月，圍稍解，挺身突出，爲兵士所得。其將遇之甚厚，鬱經行無機防，爲其下所忌，見殺。臨終，懷中出書曰：「是吾平生著述，可傳付中州士大夫曰，王鬱死矣。」年三十餘。同時以詩鳴者，雷琯、侯册、王元粹云。

宋九嘉字飛卿，夏津人。爲人剛直豪邁，少遊太學，有能賦聲。長從李純甫讀書，爲文有奇氣，與雷淵、李經相伯仲。中至寧元年進士第。歷藍田、高陵、扶風、三水四縣令，咸以能稱。入爲翰林應奉。正大中，以疾去。没于癸巳之難。

龐鑄字才卿，遼東人。少擢第，仕有聲。南渡後，爲翰林待制，遷户部侍郎。坐游貴戚家，出倅東平，改京兆路轉運使，卒。博學能文，工詩，造語奇健不凡，世多傳之。

李獻能字欽叔，河中人。先世有爲金吾衞上將軍者，時號「李金吾家」。迨獻能昆弟皆以文學名，從兄獻卿獻誠、從弟獻甫相繼擢第，故李氏有「四桂堂」。

獻能苦學博覽，於文尤長於四六。貞祐三年，特賜詞賦進士，廷試第一人，宏詞優等。授應奉翰林文字。在翰苑凡十年，出爲鄜州觀察判官。用薦者復爲應奉，俄遷修撰。正大末，以鎮南軍節度副使充河中帥府經歷官。大元兵破河中，奔陝州，行省以權左右司郎中，值趙三三軍變遇害，年四十三。

獻能爲人眇小而墨色，頗有髯。善談論，每敷説今古，聲鏗亮可聽。作詩有志於風雅，又刻意樂章。在翰院，應機敏捷號得體。趙秉文、李純甫嘗曰：「李獻能天生今世翰苑材。」故每薦之，不令出館。

家故饒財，盡於貞祐之亂，在京師無以自資。其母素豪奢，厚於自奉，小不如意則必訶譴，人視之殆不堪憂，獻能處之自若也。時人以純孝稱之。嘗謂人云：「吾幼夢官至五品，壽不至五十。」後竟如其言。

王若虚字從之，藁城人也。幼穎悟，若夙昔在文字間者。擢承安二年經義進士。調鄜州録事，歷管城、門山二縣令，皆有惠政，秩滿，老幼攀送，數日乃得行。用薦入爲國史院編脩官，遷應奉翰林文字。奉使夏國，還授同知泗州軍州事，留爲著作佐郎。正大初，章宗宣宗實録成〔一〇〕，遷平涼府判官。未幾，召爲左司諫，後轉延州刺史，入爲直學士。

天興元年，哀宗走歸德。明年春，崔立變。羣小附和，請爲立建功德碑，翟奕以尚書省命召若虛爲文。時奕輩恃勢作威，人或少忤，則讒構立見屠滅。若虛自分必死，私謂左右司員外郎元好問曰：「今召我作碑，不從則死。作之則名節掃地，不若死之爲愈。雖然，我姑以理諭之。」乃謂奕輩曰：「丞相功德碑當指何事爲言。」奕輩怒曰：「丞相以京城降，活生靈百萬，非功德乎？」曰：「學士代王言，功德碑謂之代王言可乎。且丞相既以城降，則朝官皆出其門，自古豈有門下人爲主帥誦功德而可信乎後世哉。」奕輩不能奪，乃召太學生劉祁、麻革輩赴省，好問、張信之喻以立碑事，曰：「衆議屬二君，且已白鄭王矣，二君其無讓。」祁等固辭而别。數日，促迫不已，祁即爲草定，以付好問。好問意未愜，乃自爲之，既成以示若虛，乃共删定數字，然止直敍其事而已。後兵入城，不果立也。

金亡，微服北歸鎮陽，與渾源劉郁東游泰山，至黄峴峯，憩萃美亭，顧謂同游曰：「汩没塵土中一生，不意晚年乃造仙府，誠得終老此山，志願畢矣。」乃令子忠先歸，遣子恕前行視夷險，因垂足坐大石上，良久瞑目而逝，年七十。所著文章號慵夫集若干卷、滹南遺老若干卷，傳於世。

王元節字子元，弘州人也。祖山甫，遼户部侍郎。父詡，海陵朝，左司員外郎。元節幼穎悟，雖家世貴顯，而從學甚謹。渾源劉撝愛其才俊，以女妻之，遂傳其賦學。登天德三年詞賦進士第。雅尚氣節，不能隨時俯仰，故仕不顯。及遷密州觀察判官，既罷，即逍遥鄉里，以詩酒自娱，號曰「遯齋」。年五十餘卒。有詩集行於世。

弟元德，亦第進士。有能名於時，終南京路提刑使。

孫國綱字正之。業儒術，尤長吏事。爲人端重樂易，或有忤者略不與校，亦未嘗形于怒色。大安三年，試補尚書吏部掾，未幾，轉御史臺令史。宣宗聞其材幹，興定三年特召爲近侍，奉職承應，甚見寵遇，勒留凡三考，出爲同知申州事。無何，召爲筆硯直長，擢監察御史，秩滿，勑留再任，蓋知其材器故也。

開興元年，關、陜完顔總帥屯河中府，與大元軍戰敗績，哀宗遣國綱乘上厩馬，徑詣河中問敗軍之由〔一二〕，還至中途，值大兵見殺，時年四十四。

麻九疇字知幾，易州人〔一二〕。三歲識字，七歲能草書，作大字有及數尺者，一時目爲神童。章宗召見，問：「汝入宮殿中亦懼怯否？」對曰：「君臣，父子也。子寧懼父耶？」上大奇之。弱冠入太學，有文名。

南渡後，寓居郾、蔡間，入遂平西山，始以古學自力。博通五經，於易、春秋爲尤長。興定末，試開封府，詞賦第二，經義第一。再試南省，復然。聲譽大振，雖婦人小兒皆知其名。及廷試，以誤黜〔一三〕，士論惜之。已而，隱居不爲科舉計。正大初，門人王說、王采苓俱中第，上以其年幼，怪而問之，乃知嘗師九疇。平章政事侯摰、翰林學士趙秉文連章薦之，特賜盧亞牓進士第。以病，未拜官告歸。再授太常寺太祝，權博士，俄遷應奉翰林文字。

九疇性資野逸，高蹇自便，與人交，一語不相入則逕去不返顧。自度終不能與世合，頃之，復謝病去。居郾城，天興元年，大元兵入河南，挈家走確山，爲兵士所得，驅至廣平，病死，年五十。

九疇初因經義學易，後喜邵堯夫皇極書，因學筭數，又喜卜筮、射覆之術。晚更喜醫，與名醫張子和游，盡傳其學，且爲潤色其所著書。爲文精密奇健，詩尤工緻。後以避謗忌，持戒不作。明昌以來，稱神童者五人，太原常添壽四歲能作詩，劉滋、劉微、張漢臣後皆無稱，獨知幾能自樹立，耆舊如趙秉文，以徵君目之而不名。

李汾字長源，太原平晉人。爲人尚氣，跌宕不羈。性褊躁，觸之輒怒，以是多爲人所惡。喜讀史。工詩，雄健有法。避亂入關，京兆尹子容愛其材，招致門下。留二年去，之涇州，謁左丞張行信，一見即以上客禮之。

元光間，游大梁，舉進士不中，用薦爲史館書寫。書寫，特抄書小史耳，凡編修官得日録，纂述既定，以藁授書寫，書寫録潔本呈翰長〔一四〕。汾既爲之，殊不自聊。時趙秉文爲學士，雷淵、李獻能皆在院，刊修之際，汾在旁正襟危坐，讀太史公、左丘明一篇，或數百言，音吐洪暢，旁若無人。既畢，顧四坐漫爲一語云「看」。秉筆諸人積不平，而雷、李尤切齒，乃以嫚罵官長訟于有司，然時論亦有不直雷、李者。尋罷入關。

明年來京師，上書言時事，不合，去客唐、鄧間。恒山公武仙署行尚書省講議官。既而，仙與參知政事完顏思烈相異同，頗謀自安，懼汾言論，欲除之。汾覺，遁泌陽，仙令總帥王德追獲之，鎖養馬平，絶食而死，年未四十。

汾平生詩甚多，不自收集，世所傳者十二三而已。

元德明，系出拓拔魏，太原秀容人。自幼嗜讀書，口不言世俗鄙事，樂易無畦畛，布衣蔬食處之自若，家人不敢以生理累之。累舉不第，放浪山水間，飲酒賦詩以自適。年四十八卒。有東嵒集三卷。子好問，最知名。

好問字裕之。七歲能詩。年十有四，從陵川郝晉卿學，不事舉業，淹貫經傳百家，六年而業成。下太行，渡大河，爲箕山、琴臺等詩，禮部趙秉文見之，以爲近代無此作也。於是名震京師。

中興定五年第，歷内鄉令。正大中，爲南陽令。天興初，擢尚書省掾，頃之，除左司都事，轉行尚書省左司員外郎〔一五〕。金亡，不仕。

爲文有繩尺，備衆體。其詩奇崛而絶雕劌，巧縟而謝綺麗。五言高古沈鬱。七言樂府不用古題，特出新意。歌謠慷慨挾幽、并之氣。其長短句，揄揚新聲，以寫恩怨者又數百篇。兵後，故老皆盡，好問蔚爲一代宗工，四方碑板銘志盡趨其門。其所著文章詩若干卷、杜詩學一卷、東坡詩雅三卷、錦機一卷、詩文自警十卷。

晚年尤以著作自任，以金源氏有天下，典章法度幾及漢、唐，國亡史作，己所當任。時金國實録在順天張萬户家，乃言於張，願爲撰述，既而爲樂夔所沮而止。好問曰：「不可令一代之跡泯而不傳。」乃構亭於家，著述其上，因名曰「野史」。凡金源君臣遺言往行，采摭所聞，有所得輒以寸紙細字爲記録，至百餘萬言。今所傳者有中州集及壬辰雜編若干卷。年六十八卒。纂修金史，多本其所著云。

贊曰：韓昉、吴激，楚材而晉用之，亦足爲一代之文矣。蔡珪、馬定國之該博，胡礪、楊伯仁之敏贍，鄭子聃、麻九疇之英儁，王鬱、宋九嘉之邁往。三李卓犖，純甫知道，汾任氣，獻能尤以純孝見稱。王庭筠、党懷英、元好問自足知名異代。王競、劉從益、王若虚之吏治，文不掩其所長。蔡松年在文藝中，爵位之最重者，道金人言利，興黨獄，殺田瑴，文不能掩其所短者歟？事繼母有至行，其死家無餘貲，有足取云。

校勘記

〔一〕昂年二十四擢第　中州集卷四常山周先生昂，「年二十一擢第」。大金國志卷二九文學翰苑下周昂傳，「年二十擢第」。皆與此異。

〔二〕起爲龍州都軍　按，金無「龍州」。本書卷二四地理志上，上京路隆州，古扶餘之地，遼太祖時名黄龍府。大定二十九年更今名。遼史卷三八地理志二有「龍州，黄龍府」。本渤海扶餘府」。故金史詳校卷一〇稱：「『龍州』即『隆州』。」然中州集卷四常山周先生昂亦作「龍州」。知此處乃襲用遼時舊稱。

〔三〕遼東人　「遼東」，原作「河東」。按，中州集卷三黄華王先生庭筠，王庭筠爲「熊岳人」。據本書卷二四地理志上，蓋州熊岳縣屬東京路，自當稱「遼東」。今據改。

〔四〕子曼慶亦能詩并書仕至行省右司郎中　按，遺山先生文集卷一六王黄華墓碑，「公既無子，以弟庭淡之次子萬慶爲之後，以蔭補官，至行尚書省左右司郎中」。「子」作「弟次子」，「曼慶」作「萬慶」，「右司郎中」作「左右司郎中」，皆與此異。

〔五〕「田不毛者」至「四千餘家」　按，金文最卷七〇趙秉文葉令劉君德政碑、閑閑老人滏水文集卷一二故葉令劉君遺愛碑、中州集卷六劉御史從益，所記數字均與此有出入。

〔六〕擢爲左司都事　「左司都事」，中州集卷四屏山李先生純甫作「右司都事」。

〔七〕正大末坐取人踰新格　據周惠泉金代文學家李純甫生卒年考辨，李純甫卒於元光二年（一二二三），「正大末」疑誤。

〔八〕又有中庸集解鳴道集解號中國心學西方文教　「又有」二字原脱；「文教」，原作「父教」，局本作「文教」。按，本傳全抄歸潛志卷一，而略有删節。歸潛志云，「又解楞嚴、金剛經、老子、莊子，又有中庸集解、鳴道集解，號爲『中國心學、西方文教』」。今據補改。

〔九〕少居釣臺　「釣臺」，北監本、殿本作「鈞臺」。

〔一〇〕正大初章宗宣宗實録成　「章宗」二字疑衍。按，本書卷一六宣宗紀下，興定四年九月「辛卯，進章宗實録」。卷一七哀宗紀上，正大五年「冬十一月辛巳，進宣宗實録」。

〔一一〕徑詣河中問敗軍之由　「徑」，原作「經」，據南監本、北監本、殿本、局本改。

〔一二〕易州人　「易州」，續夷堅志卷二麻神童作「獻州」，中州集卷六麻徵君九疇、大金國志卷二九文學翰苑下麻九疇傳皆作「莫州」。

〔一三〕及廷試以誤黜　「黜」，原作「出」，據局本改。按，歸潛志卷二作「絀」。

〔一四〕書寫録潔本呈翰長　「長」，原作「表」。按，中州集卷一〇李講議汾，「舊例，史院有監修，宰相爲之；同修，翰長至直學士兼之」，又「録潔本呈翰長」。今據改。

〔一五〕轉行尚書省左司員外郎　本書卷一八哀宗紀下，天興二年正月，「尚書省掾元好問爲左右司員外郎」。與此異。

金史卷一百二十七

列傳第六十五

孝友

温迪罕斡魯補　陳顔　劉瑜　孟興　王震　劉政

孝友者人之至行也，而恒性存焉。有子者欲其孝，有弟者欲其友，豈非人之恒情乎。爲子而孝，爲弟而友，又豈非人之恒性乎。以人之恒情責人之恒性，而不副所欲者恒有焉。有竭力於是，豈非難乎。天生五穀以養人，五穀之有恒性也。服田力穡以望有秋，農夫之有恒情也。五穀熟，人民育，豈異事乎。然以唐、虞之世，「黎民阻飢」不免以命稷，「百姓不親、五品不遜」不免以命契，以是知順成之不可必，猶孝友之不易得也。是故「有年」、「大有年」以異書於聖人之經，孝友以至行傳於歷代之史，劭農、興孝之教不廢於歷代之政，孝弟、力田自漢以來有其科。章宗嘗言：「孝義之人，素行已備，雖有希覬猶不失爲行善。」庶幾帝王之善訓矣。夫金世孝友見於旌表、載於史册者僅六人焉。作孝友傳。

温迪罕斡魯補，西北路宋葛斜斯渾猛安人。年十五，居父喪，不飲酒食肉，廬于墓側。母疾，刲股肉療之，疾愈。詔以爲護衛。

陳顔，衛州汲縣人。世業農。父光，宋季擢武舉第，調壽陽尉，未赴。值金兵取汴，光病，圍城中。顔艱關渡河〔一〕，往省其父，因扶疾北歸。光家奴謀良不可，誣告光與賊殺人。光繫獄，榜掠不勝，因自誣服。顔詣郡請代父死，太守徐某哀之，不敢決，適帥臣至郡，以其狀白，帥曰：「此真孝子也。」遂併釋之。天會七年，詔旌表其門閭。

劉瑜，棣州人。家貧甚，母喪不能具葬，乃質其子以給喪事。明昌三年，詔賜粟帛，復其終身。

孟興，蚤喪父，事母孝謹，母没，喪葬盡禮。事兄如事其父。明昌三年，詔賜帛十匹、粟二十石。

王震，寧海州文登縣人。爲進士學。母患風疾，刲股肉雜飲食中〔二〕，疾遂愈。母没，哀泣過禮，目生瞖。服除〔三〕，目不療而愈，皆以爲孝感所致。特賜同進士出身，詔尚書省擬注職任。

劉政，洺州人。性篤孝，母老喪明，政每以舌舐母目，逾旬母能視物。母疾，晝夜侍側，衣不解帶，刲股肉啖之者再三。母死，負土起墳，鄉隣欲佐其勞，政謝之。葬之日，飛鳥哀鳴，翔集丘木間。廬於墓側者三年。防禦使以聞，除太子掌飲丞。

隱逸

褚承亮　王去非　趙質　杜時昇　郝天挺　薛繼先
高仲振　張潛　王汝梅　宋可　辛愿　王予可

孔子稱逸民伯夷、叔齊、夷逸、朱張、柳下惠、少連，其立心造行之異同，各有所稱謂，而柳下惠則又嘗仕於當世者也。長沮、桀溺之徒，則無所取焉。後世，凡隱遯之士其名皆列於史傳，何歟？蓋古之仕者，其志將以行道，其爲貧而仕下列者，猶必先事而後食焉。後世干禄者多，其先人尚人之志與歎老嗟卑之心，能去是者鮮矣。故君子於士之遠引高蹈者特稱述之，庶聞其風猶足以立懦廉頑也。作隱逸傳。

褚承亮字茂先，真定人。宋蘇軾自定武謫官過真定，承亮以文謁之，大爲稱賞。宣和五年秋，應鄉試，同試者八百人，承亮爲第一。明年，登第。調易州户曹，未赴，會金兵南下。

天會六年，斡離不既破真定，拘藉境内進士試安國寺，承亮名亦在藉中，匿而不出〔四〕。軍中知其才，嚴令押赴，與諸生對策。策問「上皇無道、少帝失信」。舉人承風旨，極口詆毁。承亮詣主文劉侍中曰：「君父之罪豈臣子所得言耶。」長揖而出。劉爲之動容。餘悉放第，凡七十二人，遂號七十二賢榜。狀元許必仕爲郎官，一日出左掖門，墮馬，首中闑石死，餘皆無顯者。劉多承亮之誼，薦知稾城縣。漫應之，即棄去。年七十終，門人私謚曰「玄貞先生」。

子席珍，正隆二年進士，官州縣有聲。

王去非字廣道，平陰人。嘗就舉，不得意即屏去，督妻孥耕織以給伏臘。家居教授，束脩有餘輒分惠人。弟子班忱貧不能朝夕〔五〕，一女及笄，去非爲辦資裝嫁之。北隣有喪忌東出，西與北皆人居，南則去非家，去非壞蠶室使喪南出，遂得葬焉。大定二十四年卒，年八十四。

趙質字景道，遼相思温之裔。大定末，舉進士不第，隱居燕城南，教授爲業。明昌間，章宗遊春水過焉，聞絃誦聲，幸其齋舍，見壁間所題詩，諷詠久之，賞其志趣不凡。召至行殿，命之官。固辭曰：「臣僻性野逸，志在長林豐草，金鑣玉絡非所願也。况聖明在上，可不容巢、由爲外臣乎。」上益奇之，賜田畝千，復之終身。泰和二年卒，年八十五。

杜時昇字進之，霸州信安人。博學知天文，不肯仕進。承安、泰和間，宰相數薦時昇可大用。時昇謂所親曰：「吾觀正北赤氣如血，東西亘天，天下當大亂，亂而南北當合爲一。消息盈虛，循環無端，察往考來，孰能違之。」是時，風俗侈靡，紀綱大壞，世宗之業遂衰。時昇乃南渡河，隱居嵩、洛山中，從學者甚衆。大抵以「伊洛之學」教人自時昇始。

正大間，大元兵攻潼關，拒守甚堅，衆皆相賀，時昪曰：「大兵皆在秦、鞏間，若假道於宋，出襄、漢入宛、葉，鐵騎長驅勢如風雨，無高山大川爲之阻，土崩之勢也。」頃之，大元兵果自饒峯關涉襄陽出南陽，金人敗績于三峯山，汴京不守，皆如時昪所料云。正大末，卒。

郝天挺字晉卿，澤州陵川人。早衰多疾，厭於科舉，遂不復充賦。太原元好問嘗從學進士業，天挺曰：「今人賦學以速售爲功，六經百家分磔緝綴，或篇章句讀不之知，幸而得之，不免爲庸人。」又曰：「讀書不爲藝文，選官不爲利養，唯通人能之。」又曰：「今之仕多以貪敗，皆苦飢寒不能自持耳。丈夫不耐飢寒，一事不可爲。子以吾言求之，科舉在其中矣。」或曰：「以此學進士無乃戾乎？」天挺曰：「正欲渠不爲舉子爾。」貞祐中，居河南，往來淇、衞間。爲人有崖岸，耿耿自信，寧落魄困窮，終不一至豪富之門。年五十〔六〕，終于舞陽。

薛繼先字曼卿。南渡後，隱居洛西山中，課童子讀書。事母孝，與人交謙遜和雅，所居化之。子純孝字方叔，有父風。有詐爲曼卿書就方叔取物者，曼卿年已老，狀貌如少者，客不知其爲曼卿而以爲方叔也，而與之書，曼卿如所取付之。監察御史石玠行部過曼卿，曼卿不之見。或言君何無鄉曲情，曼卿曰：「君未之思耳。凡今時政未必皆善，御史一有所劾，將謂自我發之。同惡相庇，他日并鄰里必有受禍者。」其畏慎皆此類〔七〕。壬辰之亂，病没宜陽。

高仲振字正之，遼東人。其兄領開封鎮兵，仲振依之以居。既而以家業付其兄，挈妻子入嵩山。博極羣書，尤深易皇極經世學。安貧自樂，不入城市，山野小人亦知敬之。嘗與其弟子張潛、王汝梅行山谷間，人望之翩然如仙。或曰仲振嘗遇異人教以養生術〔八〕，嘗終日燕坐，骨節戛戛有聲，所談皆世外事，有扣之者輒不復語云。

張潛字仲升，武清人。幼有志節，慕荆軻、聶政爲人，年三十始折節讀書。時人高其行誼，目曰：「張古人。」後客崧山，從仲振受易。年五十，始娶魯山孫氏，亦有賢行，夫婦相敬如賓，負薪拾穗，行歌自得，不知其貧也。鄰里有爲潛種瓜者，及熟讓潛，潛弗許，竟分而食之。嘗行道中拾一斧，夫婦計度移時，乃持歸訪其主還之。里有兄弟分財者，其弟曰：「我家如此，獨不畏張先生知耶。」遂如初。天興間，潛挈家避兵少室，乃不食七日死，孫氏亦投絶澗死焉。

王汝梅字大用，大名人。始由律學爲伊陽簿，秩滿，遂隱居不仕。性嗜書，動有禮法。生徒以法經就學者，兼授以經學。諸生服其教，無敢爲非義者。同業嘗憫其貧，時周之，皆謝不受。後不知所終。

宋可字予之，武陟人。其姑適大族稾氏，貞祐之兵，夫及子皆死於難。姑以白金五十笏遺可，可受不辭。其後姑得稾氏疎族立爲後，挈之省外家。可乃置酒會鄉鄰，謂姑曰：「姑往時遺可以金，可以稾氏無子故受之。今有子矣，此金稾氏物，非姑物也，可何名取之。」因呼妻子舁金歸之，鄉里用是重之。

未幾，北兵駐山陽，軍中有聞可名者，訪知所在，質其子，使人招之曰：「從我者禍福共之，不然，汝子死矣。」親舊競勸之往，可皆謝不從，曰：「吾有子無子，與吾兒死生，皆有命焉。豈以一子故，併平生所守者亡之。」後竟以無子。

辛愿字敬之，福昌人。年二十五始知讀書，取白氏諷諫集自試，一日便能背誦。乃聚書環堵中讀之，至書伊訓、詩河廣頗若有所省，欲罷不能，因更致力焉。由是博極書史，作文有繩尺，詩律精嚴有自得之趣。

性野逸不修威儀，貴人延客，麻衣草屨、足脛赤露坦然於其間，劇談豪飲，傍若無人。嘗謂王鬱曰：「王侯將相，世所共嗜者，聖人有以得之亦不避。得之不以道，與夫居之不能行己之志，是欲澡其身而伏於廁也。是難與他人道，子宜保之。」其志趣如此。

後爲河南府治中高廷玉客。廷玉爲府尹温迪罕福興所誣，愿亦被訊掠，幾不得免，自是生事益狼狽。

愿雅負高氣，不能從俗俯仰，迫以飢凍流離，往往見之于詩。有詩數千首，常貯竹橐中。正大末，歿洛下。其詩有云：「黄、綺暫來爲漢友，巢、由終不是唐臣。」真處士語也。

王予可字南雲，河東吉州人。父本軍校，予可亦嘗隸籍。年三十許，大病後忽發狂，久之能把筆作詩文，及説世外怳惚事。南渡後，居上蔡、遂平、郾城之間，遇文士則稱「大成將軍」，於佛前則稱「諦摩龍什」，於道則稱「騶天玄俊」，於貴游則稱「威錦堂主人」。

爲人軀幹雄偉，皃奇古，戴青葛巾，項後垂雙帶若牛耳，一金鏤環在頂額之間。兩頰以青涅之爲翠靨。衣長不能掩脛。落魄嗜酒，每入城，市人爭以酒食遺之。夜宿土室中，夏月或尸穢在傍、蛆蟲狼藉不恤也。

人與之紙，落筆數百言，或詩或文，散漫碎雜，無句讀、無首尾，多六經中語及韻學家古文奇字，字畫峭勁，遇宋諱亦時避之。或問以故事，其應如響，諸所引書皆世所未見。談說之際稍若有條貫，則又以誕幻語亂之。麻九疇、張穀與之游最狎，言其詩以百分爲率，可曉者才二三耳。

壬辰兵亂，爲順天將領所得，知其名，竊議欲挈之北歸，館於州之瑞雲觀。予可明日見將領自言曰：「我不能住君家瑞雲觀也。」不數日卒。後復有見於淮上者。

贊曰：金世隱逸不多見，今於簡册所有，得十有二人焉。其卓爾不羣者三人。褚承亮宋人，勒試進士，主司發策問宋徽、欽之罪，承亮長揖而去之。方金人重舉業，杜時昇居山中，首以「伊洛之學」教後進。宋可不願仕，人執其子爲質，寧棄而不就，遂以無子。雖制行過中，豈不賢於殺妻以求大將者乎。大夫士見善明、用心剛，故能爲人所難爲者如此。

校勘記

〔一〕顏艱關渡河　「艱」，北監本、殿本、局本作「間」。

〔二〕刲股肉雜飲食中　「中」，永樂大典卷一二〇一五「有」字韻下友「孝友」條下引王震傳作「進」。

〔三〕服除　永樂大典卷一二〇一五「有」字韻下友「孝友」條下引王震傳「除」下有「日」字。

〔四〕「天會六年斡離不既破真定」至「匿而不出」　按，本書卷七四宗望傳，宗望本名「斡离不」。卷三太宗紀，天會五年六月「庚辰，右副元帥宗望薨」。又卷五一選舉志一，太宗天會「五年，以河北、河東初降，職員多闕，以遼、宋之制不同，詔南北各因其素所習之業取士，號爲南北選」。此處「六年」疑爲「五年」之誤。

〔五〕弟子班帨貧不能朝夕　「班帨」，南監本、北監本、殿本、局本作「班忱」。

〔六〕年五十　「五十」，疑當作「五十七」。按，中州集卷九郝先生天挺：「年五十七，卒於舞陽。」郝經陵川集卷三六先大父墓銘記，天挺「興定元年冬十一月八日遘疾，考終命于北舞寓舍，春秋五十有七」。

〔七〕其畏慎皆此類　「慎」，原作「甚」，據南監本、北監本、殿本、局本改。按，中州集卷九薛繼先亦作「慎」。

〔八〕或曰仲振嘗遇異人教以養生術　「曰」，原作「自」，據南監本、北監本、殿本、局本改。

金史卷一百二十八

列傳第六十六

循吏

盧克忠　牛德昌　范承吉　王政　張奕　李瞻　劉敏行
傅慎微　劉焕　高昌福　孫德淵　趙鑑　蒲察鄭留
女奚烈守愚　石抹元　張彀　趙重福　武都
紇石烈德　張特立　王浩

金自穆宗號令諸部不得稱都孛堇，於是諸部始列於統屬。太祖命三百户爲謀克，十謀克爲猛安，一如郡縣置吏之法。太宗既有中原，申畫封疆，分建守令。熙宗遣廉察之使循行四方。世宗承海陵彫弊之餘，休養生息，迄于明昌、承安之間，民物滋殖，循吏迭出焉。泰和用兵，郡縣多故，吏治衰矣。宣宗尚刀筆之習，嚴考核之法，能吏不乏，而豈弟之政罕見稱述焉。金百餘年吏治始終可攷，於是作循吏傳。

盧克忠，貴德州奉集人〔一〕。高永昌據遼陽，克忠走詣金源郡王斡魯營降，遂以撒屋出爲鄉導。斡魯克東京，永昌走長松島，克忠與渤海人撻不也追獲之。收國二年，授世襲謀克。其後，定燕伐宋皆與有功，除登州刺史，改刺澶州。

天德間，同知保大軍節度使。綏德州軍卒數人道過鄜城，求宿民家，是夜有賊剽主人財而去。有司執假宿之卒，繫獄榜掠誣服。克忠察其冤，獨不肯署，未幾果得賊，假宿之卒遂釋。

大定二年，除北京副留守，會民艱食，克忠下令凡民有蓄積者計留一歲，悉平其價糴之，由是無捐瘠之患。轉陳州防禦使，後以靜難軍節度使致仕，卒。

牛德昌字彥欽，蔚州定安人。父鐸，遼將作大監。德昌少孤，其母教之學，有勸以就蔭者，其母曰：「大監遺命不使作承奉也。」中皇統二年進士第，調礬山簿。

遷萬泉令。屬蒲、陝荐饑，羣盜充斥，州縣城門晝閉。德昌到官，即日開城門縱百姓出入，牓曰：「民苦飢寒，剽掠鄉聚以偷旦夕之命，甚可憐也。能自新者一不問。」賊皆感激解散，縣境以安。府尹王伯龍嘉之，禮待甚厚。累官刑部、吏部侍郎，中都路都轉運使，廣寧、太原尹。卒，贈中奉大夫。

范承吉字寵之。好學問，屬遼季盜賊起，雖避地未嘗廢書。天慶八年中進士丙科，授祕書省校書郎，至大定府金源令。歸朝爲御前承應文字。天會初〔二〕，遷殿中少監。四年，從攻太原，遷少府監。五年，宗翰克宋，所得金珠承吉司其出入，無毫髮欺，及還，櫝車載書史而已。尋遷昭文館直學士，知絳州。

先是，軍興，民有爲將士所掠而逃歸者，承吉使吏遍諭，俾其自實，凡數千人，具白元帥府，許自贖爲良，或貧無貲者以公廚代輸。六年，改河東北路轉運使。時承宋季之弊，民賦繁重失當，承吉乃爲經畫，立法簡便，所入增十數萬斛，官既足而民有餘。歷同知平陽尹、西京副留守，遷河東南路轉運使，改同簽燕京留守事、順天軍節度使。屬地震壞民廬舍，有欲爭先營葺者，工匠過取其直，承吉命官屬董其役，先後以次，不問貧富，民賴以省費。

歷鎮西軍節度使、行臺禮部尚書、泰寧軍節度使，復鎮順天。奚卒散居境内，率數千人爲盜，承吉繩以法不少貸，懼而不敢犯。貞元二年以光禄大夫致仕，卒年六十六。

王政，辰州熊岳人也。其先仕渤海及遼，皆有顯者。政當遼季亂，浮沈州里。高永昌據遼東，知政材略，欲用之。政度其無成，辭謝不就。永昌敗，渤海人爭縛永昌以爲功，政獨逡巡引退。吳王闍母聞而異之，言於太祖，授盧州渤海軍謀克。從破白霫，下燕雲。及金兵伐宋，滑州降，留政爲安撫使。前此，數州既降，復殺守將反爲宋守。及是，人以爲政憂，政曰：「苟利國家，雖死何避。」宋王宗望壯之，曰：「身没王事，利及子孫，汝言是也。」政從數騎入州。是時，民多以饑爲盜，坐繫。政皆釋之，發倉廩以賑貧乏，於是州民皆悦，不復叛。傍郡聞之，亦多降者。宋王召政至轅門，撫其背曰：「吾以汝爲死矣，乃復成功耶。」慰諭者久之。

天會四年，爲燕京都麴院同監。未幾，除同知金勝軍節度使事。改權侍衛親軍都指揮使、兼掌軍資。是時，軍旅始定，筦庫紀綱未立，掌吏皆因緣爲姦。政獨明會計，嚴扃鐍，金帛山積而出納無錙銖之失。吳王闍母戲之曰：「汝爲官久矣，而貧不加富何也？」對曰：「政以楊震四知自守，安得不貧。」吳王笑曰：「前言戲之耳。」以黄金百兩、銀五百兩及所乘馬遺之。

六年，授左監門將軍，歷安州刺史、檀州軍州事、户吏房主事。天眷元年，遷保靜軍節度使，致仕，卒年六十六。

政本名南撒里，嘗使高麗，因改名政。子遵仁、遵義、遵古。遵古有傳〔三〕。

張奕字彦微，其先澤州高平人。以廕補官，仕齊爲歸德府通判。齊國廢，齊兵之在郡者二萬人謀爲亂，約夜半舉燎相應。奕知之，選市人丁壯授以兵，結陣扼其要巷，開小南門以示生路，亂不得作，比明亡匿略盡，擒其首惡誅之。後五日，都統完顔阿魯補以軍至歸德〔四〕，欲根株餘黨，奕以闔門保郡人無他，遂止。行臺承制除同知歸德尹。

天眷元年，以河南與宋，改同知沂州防禦使事。三年，宗弼復取河南，徵奕赴行省，既定汴京，授汴京副留守。歷陳、秦州防禦使，同知太原尹。

晉寧軍報夏人侵界，詔奕往征之。奕至境上，按籍各歸所侵土，還奏曰：「折氏世守麟府，以抗夏人。本朝有其地遂以與夏。夏人夷折氏墳壠而戮其屍，折氏怨入骨髓而不得報也。今復使守晉寧，故激怒夏人使爲鼠侵，而絛上其罪，苟欲開邊釁以雪私讎耳。獨可徙折氏他郡，則夏人自安。」朝廷從之，遂移折氏守青州。

疾卒。

正隆間，同知西京留守事，遷河東北路轉運使。大定二年，徵爲户部尚書，甫視事，得疾卒。

李瞻，薊州玉田人。遼天慶二年進士，爲平州望雲令。張覺據平州叛，以瞻從事。宗望復平州，覺亡去，城中復叛，瞻踰城出降，其子不能出，爲賊所害。宋王宗望嘉之，承制以爲興平府判官〔五〕。天會三年，遷大理少卿，從宗望南伐，爲漢軍糧料使。四年，金兵圍汴，宋人請割河北三鎮，瞻與禮部侍郎李天翼安撫河北東、西兩路，略定懷、濬、衞等州，衞、湯陰等縣。七年，知寧州，累遷德州防禦使。爲政寬平，民懷其惠，相率詣京師請留者數百千人。貞元三年，遷濟州路轉運使，改忠順軍節度使。正隆末，盜賊蠭起，瞻增築城壘爲備，蔚人賴之以安。大定初，卒于官。

劉敏行，平州人。登天會三年進士。除太子校書郎，累遷肥鄉令。歲大饑，盜賊掠人爲食。諸縣老弱入保郡城，不敢耕種，農事廢，畎畝荒蕪。敏行白州，借軍士三十護縣民出耕，多張旗幟爲疑兵，敏行率軍巡邏，日暮則閱民入城，由是盜不敢犯而耕稼滋殖。

轉高平令。縣城圮壞久不修，大盜横恣掠，縣鎮不能禦。敏行出己俸，率僚吏出錢顧役繕治，百姓欣然從之，凡用二千人，版築遂完。鄉村百姓入保，賊至不能犯。凡九遷，爲河北東路轉運使。致仕，卒。

傅慎微字幾先。其先秦州沙溪人，後徙建昌。慎微遷居長安。宋末登進士，累官河東路經制使。宗翰已克汴京，使婁室定陝西，慎微率衆迎戰〔六〕，兵敗被獲，送至元帥府。元帥宗翰愛其才學，弗殺，羈置歸化州，希尹收置門下。宗弼復取河南地，起爲陝西經略使，尋權同州節度使事。明年，陝西大旱，饑死者十七八，以慎微爲京兆、鄜延、環慶三路經濟使，許以便宜。慎微募民入粟，得二十餘萬石，立養濟院飼餓者，全活甚衆。改同知京兆尹，權陝西諸路轉運使。復修三白、龍首等渠以溉田，募民屯種，貸牛及種子以濟之，民賴其利。轉中京副留守，用廉改忻州刺史，累遷太常卿，除定武軍節度使，移靜難軍，忤用事者，蘇保衡救之得免。

大定初，復爲太常卿，遷禮部尚書，與翰林侍講學士徒單子温、翰林待制移剌熙載俱兼同修國史。卒官，年七十六。

慎微博學喜著書，嘗奏興亡金鏡録一百卷。性純質篤古，喜談兵，時人以爲迂闊云。

劉焕字德文，中山人。宋末兵起，城中久乏食，焕尚幼，煮糠覈而食之，自飲其清者，以醲厚者供其母，鄉里異之。稍長就學，天寒擁糞火讀書不怠。登天德元年進士。調任丘尉。縣令貪汙，焕每規正之，秩滿，令持盃酒謝曰：「尉廉慎，使我獲考。」調中都市令。樞密使僕散忽土家有絛結工，牟利於市，不肯從市籍役，焕繫之。忽土召焕，焕不往，暴工罪而笞之。焕初除市令，過謝鄉人吏部侍郎石琚，琚不悦曰：「京師浩穰，不與外郡同，棄簡就煩，吾所不曉也。」至是，始重之。

以廉升京兆推官，再遷北京警巡使。捕二惡少杖于庭中，戒之曰：「孝弟敬慎，則爲君子。暴戾隱賊，則爲小人。自今以往，毋狃于故習，國有明罰，吾不得私也。」自是，衆皆畏憚，毋敢犯者。召爲監察御史，父老數百人或卧車下，或挽其靴鐙，曰：「我欲復留使君期年，不可得也。」

以本官攝户部員外郎。代州錢監雜青銅鑄錢，錢色惡，類鐵錢。民間盜鑄，抵罪者衆，朝廷患之，下尚書省議。焕奏曰：「錢寳純用黄銅精治之，中濡以錫，若青銅可鑄，歷代無緣不用。自代州取二分與四六分，青黄雜糅，務省銅而功易就。由是，民間盜鑄，陷罪者衆，非朝廷意也。必欲爲天下利，宜純用黄銅，得數少而利遠。其新錢已流行者，宜驗數輸納準換。」從之。

再遷管州刺史，耆老數百人疏其著蹟十一事，詣節鎮請留煥，曰：「刺史守職奉法，乞留之。」以廉升鄭州防禦使，遷官一階，轉同知北京留守事。

世宗幸上京，所過州郡大發民夫治橋梁馳道，以希恩賞，煥所部惟平治端好而已。上嘉其意，遷遼東路轉運使，卒。

高昌福，中都宛平人。父履，遼御史中丞致仕，太宗聞其名召之，未及入見而卒，特詔昌福釋服應舉。登天會十年進士第，補樞密院令史。明年，辟元帥府令史。

皇統初，宗弼復河南，元帥府治汴，人有疑似被獲，皆目爲宋諜者，即殺之。昌福讞得其實，釋去者甚衆。

許州都統韓常用法嚴，好殺人，遣介送囚於汴，或道亡，監吏自度失囚恐得罪，欲盡殺諸囚以滅口。昌福識監吏意，窮竟其狀，免死者十七八，而諸吏遂怨昌福，欲搆害之。是時方用兵，梁、楚間夜多陰雨，元帥府選人偵宋兵動静，諸吏遣昌福。昌福不辭即行，盡得敵軍虚實報元帥府。師還，除震武軍節度副使，轉行臺禮部員外郎。天德間，行臺罷，改絳陽軍節度副使，入爲兵部員外郎，改河間少尹。

世宗即位，上書陳便宜事，上披閱再三，因謂侍臣曰：「內外官皆上書言事，可以知人材優劣，不然，朕何由知之。」三除同知東京留守事，治最，遷山東西路轉運使、工部尚書，改彰德軍節度使。上書言賦稅太重，上問翰林學士張景仁曰：「稅法比近代爲輕，而以爲重何也？」景仁曰：「今之稅殊輕，若復輕之，國用且不足。」事遂寢。累遷河中尹，致仕，卒。

孫德淵字資深，興中州人也〔七〕。大定十六年進士，調石州軍事判官、淶水丞，察廉遷沙河令。有盜秋桑者，主逐捕之，盜以叉自刺其足面，曰：「秋桑例不禁採，汝何得刺我。」主懼，賂而求免，盜不從，訴之縣。德淵曰：「若逐捕而傷，瘡必在後，今在前，乃自刺也。」盜遂引服。選尚書省令史，不就。丁父憂去官，民爲刻石祠之。

察廉起復北京轉運司都勾判官，以累薦遷中都左警巡使、監察御史、山東東路轉運副使，累官大理丞、兼左拾遺。審官院奏德淵剛正幹能，可任繁劇，遂再任。丁母憂，服除特遷恩州刺史，入爲右司郎中，滕州刺史，遷同知河間府事，歷大興治中、同知府事。大安初，遷盤安軍節度使，改河北西路按察轉運使，改昭義軍節度使。潞州破被執，俄有拜于前者，皆沙河舊民也，密護德淵，由是得脫。

貞祐二年，拜工部尚書，攝御史中丞。是時，山東乏兵食，有司請鬻恩例舉人，居喪者亦許納錢就試。德淵奏，此大傷名教，事遂寢。尋致仕。監察御史許古論德淵「忠亮明敏，可以大用，近許告老，士大夫竊歎。望朝廷起復，必能建明以利國家」。宣宗嘉納，未及用而卒。

趙鑑字擇善，濟南章丘人。宋建炎二年進士，調廬州司理參軍。是時江、淮方用兵，鑑棄官還鄉里。齊國建，除歷城丞，轉長清令，皆劇邑難治，鑑政甚著。劉豫召見，遷直祕閣、提舉涇原路弓箭手、兼提點本路刑獄公事，誡之曰：「邊將多不法，可痛繩之。」原州守將武悍自用，以鑑年少易之，鑑發其姦，守將坐免，郡縣聞風無敢犯者。

齊廢，除知城陽軍，改山東東路轉運副使，攝行臺左司郎中。行臺宰相欲以故宋宦者權都水監，鑑曰：「誤國閹豎，汴人視爲寇讎，付以美官，將失人望。」遂不用。以母憂解職，天德初，起爲濟州刺史，移涿州。海陵召鑑入朝，應對失旨，遣還郡，俄除知火山軍，以病免。

大定初，起知寧海軍。秋禾方熟，子方蟲生，鑑出城行視，蟲乃自死。再遷鎮西軍節度使，改河北西路轉運使，致仕，卒。

蒲察鄭留字文叔，東京路斡底必剌猛安人。大定二十二年進士，調高苑主簿、潛州司候，補尚書省令史，除監察御史，累遷北京臨潢按察副使、户部侍郎。御史臺奏鄭留前任北京稱職，遷陝西路按察使，改順義軍節度使。

西京人李安兄弟爭財，府縣不能決，按察司移鄭留平理，月餘不問。會釋奠孔子廟，鄭留乃引安兄弟與諸生敍齒，列坐會酒，陳説古之友悌數事，安兄弟感悟，謝曰：「節使父母也，誓不復爭。」乃相讓而歸。

朔州多盜，鄭留禁絶游食，多蓄兵器，因行春撫諭之，盜乃衰息，獄空。賜錫宴錢以褒之。

改利涉軍節度使，詔括馬，鄭留使百姓飼養以須，御史劾之。既而伐宋，諸路括馬皆瘦，惟隆州馬肥，乃釋鄭留。大安初，徙安國軍。二年，知慶陽府事。三年，夏人犯邊，鄭留擊走之。至寧元年，改知平涼府。是時，平涼新被兵，夏人復來攻，鄭留招潰卒爲禦守計，夏兵退，遷官四階。貞祐二年，改東京留守，致仕。貞祐四年，卒。

鄭留重厚寡言笑，人不見其喜愠，臨終取奏藁盡焚之。

女奚烈守愚字仲晦，本名胡里改門，真定府路吾直克猛安人也。六歲知讀書。既亂，或謂食肉昏神識，乃戒而不食。性至孝，父没時年十五，營葬如禮，治家有法，鄉人稱之。中明昌二年進士。調深澤主簿，治有聲。遷懷仁令，改弘文校理，秩滿爲臨沂令。有不逞輩五百人，結爲黨社，大擾境内，守愚下車，其黨散去。蝗起莒、密間，獨不入臨沂境。

先是，朝廷括河朔、山東地，隱匿者没入官，告者給賞。莒州刺史教其奴告臨沂人冒地，積賞錢三百萬，先給官鏹乃徵于民，民甚苦之。守愚列其寃狀白州，州不爲理，即聞于户部而徵還之，流民歸業，縣人勒其事于石。

改秘書郎。母喪，勺飲不入口三日，終喪未嘗至内寢。太常寺、勸農司交辟守愚，皆不聽，服除，除同知登聞檢院，改著作郎、永定軍節度副使。泰和伐宋，守愚爲山東行六部員外郎，改大興都總管判官。大安元年，除修起居注，轉刑部員外郎、户部郎中、太子左諭德。貞祐初，除户部侍郎，數月拜諫議大夫、提點近侍局。二年，除保大軍節度使，改翰林學士、參議陝西路安撫司事。安撫完顏弼重其爲人，每事咨而後行。未幾，有疾，詔賜御藥。三年，卒。

守愚爲人忠實無華，孜孜于公，蓋天性然也。

石抹元字希明，懿州路胡土虎猛安人。七歲喪父，號泣不食者數日。十三居母喪如成人。嘗爲擊鞠戲，馬踣，歎曰：「生無兄弟，而數乘此險，設有不測奈何。」由是終身不復爲之。補樞密院、尚書省譯史，調同知恩州軍州事，遷監察御史，爲同知淄州軍州事。劇盜劉奇久爲民患，一日捕獲，方訊鞫，聞赦將至，亟命杖殺之，闔郡稱快。改大興府判官、沂王府司馬、沁南軍節度副使。河内民家有多美橙者，歲獲厚利。仇家夜入殘毀之，主人捕得，乃以劫財誣其人，仇家引服，贓不可得。元攝州事，究得其情。尋改河北西路轉運副使，累遷山東西路按察轉運使。

貞祐初，黄摑吾典徵兵東平，擁衆不進，大括民財，衆皆忿怨。副統僕散掃合殺吾典於坐，取其符佩之，縱恣尤甚。元密疏劾掃合擅殺近臣，無上不道，掃合坐誅。移知濟南府，到官六月卒。

元生平寡言笑，尚節儉，居官自守，不交權要，人以是稱之。

張彀字伯英，許州臨潁人。大定二十八年進士，調寧陵縣主簿。改泰定軍節度判官，率儒士行鄉飲酒禮。改同州觀察判官。是時，出兵備邊，州徵箭十萬，限以鵰鴈羽爲之，其價翔躍不可得。彀曰：「矢去物也，何羽不可。」節度使曰：「當須省報。」彀曰：「州距京師二千里，如民急何。萬一有責，下官身任其咎。」一日之間，價減數倍。尚書省竟如所請。補尚書省令史，除同知鄭州防禦使事，改北京鹽使。丁父憂，服除，再遷監察御史。從伐宋，遷武寧軍節度副使。居母憂。貞祐二年，改惠民司令，歷河南治中、隰州刺史、刑部郎中、同知河南府事，遷河東南路轉運使、權行六部尚書、安撫使。興定元年，以疾卒。

轂天性孝友，任子悉先諸弟，俸入所得亦委其弟掌之，未嘗問有無云。

趙重福字履祥，豐州人。通女直大小字，試補女直誥院令史。轉兵部譯史、陝西提刑知法，遷陝西東路都勾判官、右藏庫副使、同知陳州防禦事。宋諜人蘇泉入河南，重福迹之，至魚臺將渡河，見前一舟且渡，令從者大呼泉姓名，前舟中忽有蒼惶失措者，執之果泉也。

改滄州鹽副使。歲饑，民煮鹵爲鹽賣以給食，鹽官往往杖殺之。重福曰：「寧使課殿，不忍殺人。」歲滿，課殿當降，尚書右丞完顏匡、三司使按出虎知其事，乃以歲荒薄其罰，除織染署令。

大安三年，佐户部尚書張煒調兵食于古北口〔八〕，遷都水少監，行西北路六部郎中，治密雲縣，俄兼户部員外郎。貞祐二年，以守密雲功遷同知河間府事，行六部侍郎，權清州防禦使，攝河北東路兵馬都總管。三年，河間被圍，有劉中者嘗與重福密雲聯事，勸重福出降，重福不聽。是時，河間兵少，多羸疾不任戰，欲亡去。重福勸其父老率其子弟，强者戰、弱者守，會久雨圍乃解去。遷河東北路轉運使，致仕。元光二年，卒。

武都字文伯，東勝州人。大定二十二年進士，調陽穀主簿，遷商水令。縣素多盜，凡姦民嘗縱火行劫、椎埋發冢者，都皆廉得姓名，牓之通衢，約毋再犯，悉奔他境。察廉遷南京路轉運度支判官〔九〕，累遷中都路都轉運副使，以親老，與弟監察御史郁俱乞侍。尋丁憂，服除，調太原治中，復爲都轉運副使，遷灤州刺史。充宣差北京路規措官，都拘括散逸官錢百萬。入爲户部郎中，權右司郎中，奏事稱旨。被詔由海道漕遼東粟賑山東，都高其價直募人入粟，招海賈船致之。三遷中都西京按察副使。大安三年，充宣差行六部侍郎，以勞遷本路按察使，行西南路六部尚書，佐元帥抹撚盡忠備禦西京，有勞，召爲户部尚書，賞銀二百兩、絹一百匹。

宣宗即位，議衞紹王降封，語在衞紹王紀。頃之，中都戒嚴，都知大興府，佩虎符便宜行事，彈壓中外軍民。都醉酒以褻衣見詔使，坐是解職。起爲刑部尚書。中都解圍，爲河東路宣撫使，俄以參知政事胥鼎代之。興定元年，以疾卒。

紇石烈德字廣之，真定路山春猛安人。明昌二年進士，調南京教授。察廉能遷厭次令，補尚書省令史，除同知泗州防禦事、監察御史、大名治中、安曹裕三州刺史，歷同知臨潢、大興府事。

貞祐二年，遷肇州防禦使。是歲，肇州升爲武興軍節度，德爲節度使，宣撫司署都提控。肇州圍急，食且盡，有糧三百船在鴨子河，去州五里不能至。德乃浚濠增陴，築甬道導濠水屬之河。鑿陷馬穽，伏甲其傍以拒守，一日兵數接，士殊死戰。渠成，船至城下，兵食足，圍乃解。改遼東路轉運使，軍民遮道挽留，乘夜乃得去。

蒲鮮萬奴逼上京，德與部將劉子元戰却之。遷東京留守，歷保靜、武勝軍節度使。興定二年，以本官行六部事。三年，以節度權元帥右都監，與左都監單州經略使完顏仲元俱行元帥府于宿州。四年，遷工部尚書。明年，召還中都。是歲，卒。

張特立字文舉，曹州東明人。泰和三年中進士第，調宣德州司候。郡多皇族巨室，特立律之以法，闔境肅然。調萊州節度判官，不赴，躬耕杞之圉城〔一〇〕，以經學自樂。正大初，左丞侯摯、參政師安石薦其才，授洛陽令。

四年，拜監察御史。拜章言：「鎬、厲二宅〔二〕，久加禁錮，棘圍柝警，如防寇盜。近降赦恩，謀反大逆皆蒙湔雪，彼獨何罪，幽囚若是。世宗神靈在天，得無傷其心乎。聖嗣未立，未必不由是也。」又言：「方今三面受敵，百姓凋敝，宰執非才，臣恐中興之功未可以歲月期也。」又言：「尚書右丞顏盞世魯遣其奴與小民爭田，失大臣體。參知政事徒單兀典諂事近習，得居其位。皆宜罷之。」

當路者忌其直，陰有以擠之。因劾省掾高楨輩受請託，飲娼家。時平章政事白撒犒軍陝西歸，楨等泣訴于道，以當時同席并有省掾王賓，張爲其進士故不劾。白撒以其私且不實，并治特立及賓。特立左遷邳州軍事判官〔三〕，杖五十，賓亦勒停。士論皆惜特立之去。後卒癸丑歲，年七十五。

王浩，由吏起身，初辟涇陽令，廉白爲關輔第一。時西臺檄州縣增植棗果，督責嚴急，民甚被擾，浩獨無所問，主司將坐之，浩曰：「是縣所植已滿其數，若欲增植，必盜他人所有，取彼置此，未見其利。」其愛民多此類。所在有善政，民絲毫無所犯，秦人爲立生祠，歲時思之。

南遷後，爲扶溝令。開興元年正月，民錢大亨等執縣官送款于北，大亨以浩有恩於民，不忍加刃，日遣所知勸之降，浩終不聽，於是殺之，無血。主簿劉坦、尉宋乙並見害。棄屍道路，自春徂夏，獨浩屍儼然如生，目且不瞑，烏犬莫敢近，殆若有神護者。

初，辟舉法行，縣官甚多得人，如咸寧令張天綱、長安令李獻甫、洛陽令張特立三人有傳。餘如興平師夔、臨潼武天禎、汜水党君玉、偃師王登庸、高陵宋九嘉、登封薛居中、長社李天翼、河津孫鼎臣〔三〕、郟城李無黨、滎陽李過庭、尉氏張瑜、長葛張子玉、猗氏安德璋、三原蕭邦傑、藍田張德直、葉縣劉從益皆清慎才敏，極一時之選，而能扶持百年將傾之祚者，亦曰吏得其人故也。

校勘記

〔一〕貴德州奉集人　「奉集」，原作「鳳集」。按，本書卷二四地理志上，東京路貴德州有奉集縣，「遼集州懷遠軍奉集縣，本渤海舊縣」。今據改。

〔二〕天會初　「天會」，原作「天眷」。按，下文「四年，從攻太原，遷少府監。五年，宗翰克宋」。考本書卷三太宗紀，天會四年「九月丙寅，宗翰克太原」；五年正月「癸巳，宗翰、宗望使使以宋降表來上」。皆爲天會年間事。今據改。

〔三〕遵古有傳　按，本書遵古無傳，僅附見於其子庭筠傳中。見卷一二六文藝傳下。

〔四〕都統完顏阿魯補以軍至歸德　「阿」字原脱。按，本書卷六八冶訶傳附子阿魯補傳，「天會十五年，詔廢齊國，（中略）明年，除歸德尹」。今據補。

〔五〕承制以爲興平府判官　「興平府」，疑當作「興平軍」。按，本書地理志無「興平府」。據上文此處當指平州。本書卷二四地理志上：「平州，中，興平軍節度使。」

〔六〕慎微率衆迎戰　「率」，原作「卒」，據南監本、北監本、殿本、局本改。

〔七〕興中州人也　「興中州」，疑當作「興中府」。按，本書卷二四地理志上，北京路有興中府，無「興中州」。

〔八〕佐户部尚書張煒調兵食于古北口　本書卷一〇〇張煒傳，「大安三年，起爲同簽三司事。（中略）累遷户部侍郎」，與此處「户部尚書」異。

〔九〕察廉遷南京路轉運度支判官　「度支判官」，本書卷五七百官志三，都轉運司，「支度判官二員，從六品，掌勾判、分判支度案事」。與此異。

〔一〇〕躬耕杞之圉城　「圉城」，原作「韋城」。按，本書卷二五地理志中，南京路開封府杞縣「鎮一圉城」。歸潛志卷九亦作「圉城」。今據改。

〔一一〕鎬厲二宅　「鎬厲」下疑脱「衞紹」二字。按，本書卷一七哀宗紀上，天興元年四月，「釋鎬厲王、衞紹王二族禁錮，聽自便」。

〔三〕特立左遷邳州軍事判官　「軍事判官」，原作「軍士判官」。按，本書常見「軍事判官」，如卷一二一忠義傳一烏古孫兀屯傳，「遷唐州刺史。（中略）令軍事判官撒虎帶」掩襲宋兵。卷一二二忠義傳二女奚烈斡出傳，「仕至楨州刺史，（中略）軍事判官王謹收遺散之衆，別屯周安堡」。今據改。

〔三〕河津孫鼎臣　「孫鼎臣」，原作「縣鼎臣」，據南監本、殿本、局本改。

金史卷一百二十九

列傳第六十七

酷吏

高閭山　蒲察合住

太史公有言，「法家嚴而少恩」。信哉斯言也。金法嚴密，律文雖因前代而增損之，大抵多準重典。熙宗迭興大獄，海陵翦滅宗室，鈎棘傅會，告姦上變者賞以不次。於是，中外風俗一變，咸尚威虐以爲事功，而讒賊作焉。流毒遠邇，慘矣。金史多闕逸，據其舊録得二人焉，作酷吏傳。

高閭山，澄州析木人。選充護衛，調順義軍節度副使，轉唐括、移剌都糺詳穩，改震武軍節度副使、曹王府尉、大名治中。遷汝州刺史，改單州。制禁不依法用杖決人者，閻山見之笑曰：「此亦難行。」是日，特用大杖杖死部民楊仙，坐削一官，解職。久之，降鳳翔治中，歷原州、濟州、泗州刺史，改鄭州防禦使，遷蒲與路節度使，移臨海軍〔一〕、盤安軍、寧昌軍。貞祐二年，城破死之。

蒲察合住，以吏起身，久爲宣宗所信，聲勢烜赫，性復殘刻，人知其蠹國而莫敢言。其子充護衞，先逐出之。繼而合住爲恒州刺史，需次近縣。後大兵入陝西，關中震動，或言合住赴恒州爲北走計，朝廷命開封羈其親屬，合住出怨言曰：「殺却我即太平矣。」尋爲御史所劾，初議笞贖，宰相以爲悖理〔二〕，斬於開封府門之下。故當時有宣朝三賊之目，謂王阿里、蒲察咬住，合住其一也。

興定中，駙馬僕散阿海之獄，京師宣勘七十餘所，阿里輩乘時起事以肆其毒，朝士惴惴莫克自保〔三〕，惟獨吉文之在開封府幕，明其不反，竟不署字，阿海誅，文之亦無所問。咬住，正大初致仕，居睢陽，潰軍變，與其家皆被殺。

初，宣宗喜刑罰，朝士往往被笞楚，至用刀杖決殺言者。高琪用事，威刑自恣。南渡之後習以成風，雖士大夫亦爲所移，如徒單右丞思忠好用麻椎擊人，號「麻椎相公」。李運使特立號「半截劍」，言其短小鋒利也。馮内翰璧號「馮劊」。雷淵爲御史，至蔡州得奸豪，杖殺五百人，號曰「雷半千」。又有完顏麻斤出，皆以酷聞，而合住、王阿里、李涣之徒，胥吏中尤狡刻者也。

佞幸

蕭肄　張仲軻　李通　馬欽　高懷貞　蕭裕　胥持國

世之有嗜慾者，何嘗不被其害哉。龍，天下之至神也，一有嗜慾，見制於人，故人君亦然。嗜欲不獨柔曼之傾意也，征伐、畋獵、土木、神仙，彼爲佞者皆有以投其所好焉。金主内蠱聲色，外好大喜功，莫甚於熙宗、海陵，而章宗次之。金史自蕭肄至胥持國得佞臣之尤者七人，皆被寵遇於三君之朝，以亡其身，以蠹其國，其禍皆始於此，可不戒哉。作佞幸傳。

蕭肄，本奚人，有寵於熙宗，復諂事悼后，累官參知政事。皇統九年四月壬申夜，大風雨，雷電震壞寢殿鴟尾，有火自外入，燒内寢幃幔。帝徙别殿避之，欲下詔罪己，翰林學士張鈞視草。鈞意欲奉荅天戒，當深自貶損，其文有曰：「惟德弗類，上干天威」及「顧茲寡昧眇予小子」等語。肆譯奏曰：「弗類是大無道，寡者孤獨無親，昧則於人事弗曉，眇則目無所見，小子嬰孩之稱，此漢人託文字以詈主上也。」帝大怒，命衞士拽鈞下殿，榜之數百，不死，以手劍劙其口而醢之。賜肆通天犀帶。

憑恃恩倖，倨視同列，遂與海陵有惡。及篡立，加大臣官爵，例加銀青光禄大夫。數日，召肆詰之曰：「學士張鈞何罪被誅，爾何功受賞？」肆不能對。海陵曰：「朕殺汝無難事，人或以我報私怨也。」於是，詔除名，放歸田里，禁錮不得出百里外。

張仲軻幼名牛兒，市井無賴，説傳奇小説，雜以俳優詼諧語爲業〔四〕。海陵引之左右，以資戲笑。海陵封岐國王，以爲書表，及即位，爲秘書郎。海陵嘗對仲軻與妃嬪褻瀆，仲軻但稱死罪，不敢仰視。又嘗令仲軻倮形以觀之，侍臣往往令倮裎，雖徒單貞亦不免此。兵部侍郎完顏普連、大興少尹李惇皆以贓敗，海陵置之要近。伶人于慶兒官五品，大氐家奴王之彰爲秘書郎。之彰置珠偏僻，海陵親視之不以爲褻。唐括辯家奴和尚、烏帶家奴葛温、葛魯，皆置宿衞，有僥倖至一品者。左右或無官職人，或以名呼之，即授以顯階，海陵語其人曰：「爾復能名之乎。」常置黄金裀褥間，喜之者令自取之，其濫賜如此。宋余唐弼賀登寶位，且還，海陵以玉帶附賜宋帝，使謂宋帝曰：「此帶卿父所常服，今以爲賜，使卿如見而父，當不忘朕意也。」使退，仲軻曰：「此希世之寶，可惜輕賜。」上曰：「江南之地，他日當爲我有，此置之外府耳。」由是知海陵有南伐之意。

俄遷秘書丞，轉少監。是時，營建燕京宮室，有司取真定府潭園材木，仲軻乘間言其中材木不可用，海陵意仲軻受請託，免仲軻官。未幾，復用爲少監。海陵獵于途你山，次于鐸瓦，酹天而拜，謂羣臣曰：「朕幼時習射，至一門下，默祝曰，『若我異日大貴，當使一矢横加門脊上』。及射，果横加門脊上。後爲中京留守，嘗大獵于此地，圍未合，禱曰，『我若有大位，百步之内當獲三鹿。若止爲公相，獲一而已』。於是不及百步連獲三鹿。又祝曰，『若統一海内，當復獲一大鹿』。於是果獲一大鹿。此事嘗與蕭裕言之，朕今復至此地，故拜奠焉。」海陵意欲取江南，故先設機祥以諷羣臣，是以仲軻每先逢其意，導之南伐。

貞元二年正月，宋賀正旦使施巨朝辭〔五〕，海陵使左宣徽使敬嗣暉問施巨曰：「宋國幾科取士？」對曰：「詩賦、經義、策論兼行。」又問：「秦檜作何官，年今幾何？」對曰：「檜爲尚書左僕射中書門下平章事，年六十五矣。」復謂之曰：「我聞秦檜賢，故問之。」

正隆二年，仲軻爲左諫議大夫，修起居注，但食諫議俸，不得言事。三年正月，宋賀正使孫道夫陛辭，海陵使左宣徽使敬嗣暉諭之曰：「歸白爾帝，事我上國多有不誠，今略舉二事：爾民有逃入我境者，邊吏皆即發還，我民有逃叛入爾境者，有司索之往往託辭不發，一也。爾於沿邊盜買鞍馬，備戰陣，二也。且馬待人而後可用，如無其人，得馬百萬亦奚以爲？我亦豈能無備。且我不取爾國則已，如欲取之，固非難事。我聞接納叛亡、盜買鞍馬，皆爾國楊太尉所爲，常因俘獲問知其人無能爲者也。」又曰：「聞秦檜已死，果否？」道夫對曰：「檜實死矣，陪臣亦檜所薦用者。」又曰：「爾國比來行事，殊不似秦檜時何也？」道夫曰：「容陪臣還國，一一具聞宋帝。」海陵蓋欲南伐，故先設納叛亡、盜買馬二事，而雜以他辭言之。

海陵召仲軻、右補闕馬欽、校書郎田與信、直長習失入便殿侍坐。海陵與仲軻論漢書，謂仲軻曰：「漢之封疆不過七八千里，今吾國幅員萬里，可謂大矣。」仲軻曰：「本朝疆土雖大，而天下有四主，南有宋，東有高麗，西有夏，若能一之，乃爲大耳。」海陵曰：「彼且何罪而伐之？」仲軻曰：「臣聞宋人買馬修器械，招納山東叛亡，豈得爲無罪。」海陵喜曰：「向者梁珫嘗爲朕言，宋有劉貴妃者姿質艷美，蜀之華蘂、吴之西施所不及也。今一舉而兩得之，俗所謂『因行掉手』也。江南聞我舉兵，必遠竄耳。」欽與與信俱對曰：「海島、蠻越，臣等皆知道路，彼將安往。」欽又曰：「臣在宋時，嘗帥軍征蠻，所以知也。」海陵謂習失曰：「汝敢戰乎？」對曰：「受恩日久，死亦何避。」海陵曰：「汝料彼敢出兵否，彼若出兵，汝果能死敵乎？」習失良久曰：「臣雖懦弱，亦將與之爲敵矣。」海陵曰：「彼將出兵何地？」曰：「不過淮上耳。」海陵曰：「然則天與我也。」既而曰：「朕舉兵滅宋，遠不過二三年，然後討平高麗、夏國。一統之後，論功遷秩，分賞將士，彼必忘勞矣。」

四年三月，仲軻死。冬至前一夕，海陵夢仲軻求酒，既覺，嗟悼良久，遣使者奠其墓。

李通，以便辟側媚得幸於海陵。累官右司郎中，遷吏部尚書〔六〕。請謁賄賂輻湊其門。正隆二年正月乙酉，詔左右司御史中丞以下奏事便殿，海陵曰：「知子莫若父，知臣莫若君，朕嘗試之矣。朕詢及人材，汝等若不舉同類，必舉其相善者。朕聞女直、契丹之仕進者，必賴刑部尚書烏帶、簽書樞密遥設爲之先容，左司員外郎阿里骨列任其事。渤海、漢人仕進者，必賴吏部尚書李通〔七〕、户部尚書許霖爲之先容，左司郎中王蔚任其事。凡在仕版，朕識者寡，不識者衆，莫非人臣，豈有遠近親疎之異哉。苟奉職無愆，尚書侍郎節度使便可得，萬一獲罪，必罰無赦。」頃之，拜參知政事。

海陵恃累世强盛，欲大肆征伐，以一天下，嘗曰：「天下一家，然後可以爲正統。」通揣知其意，遂與張仲軻、馬欽、宦者梁珫近習羣小輩，盛談江南富庶，子女玉帛之多，逢其意而先道之。海陵信其言，以通爲謀主，遂議興兵伐江南。四年二月，海陵諭宰相曰：「宋國雖臣服，有誓約而無誠實，比聞沿邊買馬及招納叛亡，不可不備。」遣使籍諸路猛安部族、及州縣渤海丁壯充軍，仍括諸道民馬。於是，遣使分往上京、速頻路、胡里改路、曷懶路、蒲與路、泰州、咸平府、東京、婆速路、曷蘇館、臨潢府、西南招討司、西北招討司、北京、河間府、真定府、益都府、東平府、大名府、西京路，凡年二十以上、五十以下者皆籍之，雖親老丁多，求一子留侍，亦不聽。五年十一月，使益都尹京等三十一人押諸路軍器於軍行要會處安置，俟軍至分給之。其分給之餘與繕完不及者，皆聚而焚之。

六年正月，海陵使通諭旨宋使徐度等曰：「朕昔從梁王嘗居南京，樂其風土。帝王巡狩，自古有之。淮右多隙地，欲校獵其間，從兵不踰萬人。汝等歸告汝主，令有司宣諭朕意，使淮南之民無懷疑懼。」二月，通進拜右丞，詔曰：「卿典領繕完兵械，今已畢功，朕嘉卿忠謹，故有是命，俟江南事畢，別當旌賞。」

四月，簽書樞密院事高景山爲賜宋帝生日使，右司員外郎王全副之〔八〕，海陵謂全曰：「汝見宋主，即面數其焚南京宮室、沿邊買馬、招致叛亡之罪，當令大臣某人某人來此，朕將親詰問之，且索漢、淮之地，如不從，即厲聲詆責之，彼必不敢害汝。」海陵蓋使王全激怒宋主，將以爲南伐之名也。謂景山曰：「回日，以全所言奏聞。」全至宋，一如海陵之言詆責宋主，宋主謂全曰：「聞公北方名家，何乃如是？」全復曰：「趙桓今已死矣。」宋主遽起發哀而罷。海陵至南京，宋遣使賀遷都，海陵使韓汝嘉就境上止之曰：「朕始至此，比聞北方小警，欲復歸中都，無庸來賀。」宋使乃還。

於是，大括天下驘馬，官至七品聽留一馬，等而上之。并舊籍民馬，其在東者給西軍，在西者給東軍，東西交相往來，晝夜絡繹不絶，死者狼籍于道。其亡失多者，官吏懼罪或自殺。所過蹂踐民田，調發牽馬夫役。詔河南州縣所貯糧米以備大軍，不得他用，而驘馬所至當給芻粟，無可給，有司以爲請，海陵曰：「此方比歲民間儲畜尚多，今禾稼滿野，驘馬可就牧田中，借令再歲不獲，亦何傷乎。」及徵發諸道工匠至京師，疫死者不可勝數，天下始騷然矣。調諸路馬以户口爲率，富室有至六十匹者。凡調馬五十六萬餘匹，仍令本家養飼，以俟師期。

海陵因出獵，遂至通州觀造戰船，籍諸路水手得三萬餘人。及東海縣人張旺、徐元反，遣都水監徐文等率師浮海討之，海陵曰：「朕意不在一邑，將試舟師耳。」

於是，民不堪命，盜賊蠭起，大者連城邑，小者保山澤，遣護衛普連二十四人，各授甲士五十人，分往山東、河北、河東、中都等路節鎮州郡屯駐，捕捉盜賊。以護衛頑犀爲定武軍節度副使，尚賢爲安武軍節度副使，蒲甲爲昭義軍節度副使，皆給銀牌，使督責之。是時，山東賊犯沂州，臨沂令胡撒力戰而死。大名府賊王九等據城叛，衆至數萬。契丹邊六斤、王三輩皆以十數騎張旗幟，白晝公行，官軍不敢誰何，所過州縣開劫府庫物置于市，令人攘取之，小人皆喜賊至，而良民不勝其害。太府監高彥福、大理正耶律道〔九〕，翰林待制大穎出使還朝，皆言盜賊事，海陵惡聞，怒而杖之，穎仍除名，自是人人不復敢言。

海陵自將，分諸道兵爲神策、神威、神捷、神銳、神毅、神翼、神勇、神果、神略、神鋒、武勝、武定、武威、武安、武捷、武平、武成、武毅、武銳、武揚、武翼、武震、威定、威信、威勝、威捷、威烈、威毅、威震、威略、威果、威勇三十二軍，置都總管、副總管各一員，分隸左右領軍大都督及三道都統制府。置諸軍巡察使、副各一員。以太保奔睹爲左領軍大都督，通爲副大都督。海陵以奔睹舊將，使帥諸軍以從人望，實使通專其事。

海陵召諸將授方略，賜宴于尚書省。海陵曰：「太師梁王連年南伐，淹延歲月。今舉兵必不如彼，遠則百日，近止旬月。惟爾將士無以征行爲勞，戮力一心，以成大功，當厚加旌賞，其或弛慢，刑茲無赦。」海陵恐糧運不繼，命諸軍渡江無以僮僕從行，聞者莫不怨咨。徒單后與太子光英居守，尚書令張浩、左丞相蕭玉、參知政事敬嗣暉留治省事。

九月甲午，海陵戎服乘馬，具裝啓行。明日，妃嬪皆行，宮中慟哭久之。十月乙巳，陰晦失路，是夜二更始至蒙城。丁未，大軍渡淮，至中流，海陵拜而酹之。至宿次，見築繚垣者，殺四方館使張永鈐。將至廬州，見白兔〔一〇〕，馳射不中。既而，後軍獲之以進，海陵大喜，以金帛賜之，顧謂李通曰：「昔武王伐紂，白魚躍於舟中。今朕獲此，亦吉兆也。」癸亥，海陵至和州，百官表奉起居，海陵謂其使「汝等欲伺我動靜邪。自今勿復來，俟平江南始進賀表」。

是時，梁山濼水涸，先造戰船不得進，乃命通更造戰船，督責苛急，將士七八日夜不得休息，壞城中民居以爲材木，煮死人膏爲油用之。遂築臺於江上，海陵被金甲登臺，殺黑馬以祭天，以一羊一豕投於江中。召都督昂、副都督蒲盧渾謂之曰：「舟楫已具，可以濟江矣。」蒲盧渾曰：「臣觀宋舟甚大，我舟小而行遲，恐不可濟。」海陵怒曰：「爾昔從梁王追趙構入海島，豈皆大舟邪。明日汝與昂先濟。」昂聞令己渡江，悲懼欲亡去。至暮，海陵使謂昂曰：「前言一時之怒耳，不須先渡江也。」明日，遣武平軍都總管阿隣、武捷軍副總管阿撒率舟師先濟。宿直將軍温都奥剌、國子司業馬欽、武庫直長習失皆從戰。海陵置黄旗紅旗於岸上，以號令進止，紅旗立則進，黄旗仆則退。既渡江，兩舟先逼南岸，水淺不得進，與宋兵相對射者良久，兩舟中矢盡，遂爲所獲，亡一猛安、軍士百餘人。海陵遂還和州。

於是尚書省使右司郎中吾補可、員外郎王全奏報：世宗即位於東京，改元大定。海陵前此已遣護衞謀良虎、特离補往東京，欲害世宗，行至遼水，遇世宗詔使撒八，執而殺之，遂還軍中。海陵拊髀嘆曰：「朕本欲平江南改元大定，此豈非天乎。」乃出素所書取一戎衣天下大定改元事，以示羣臣。遂召諸將帥謀北歸，且分兵渡江。

議定，通復入奏曰：「陛下親師深入異境，無功而還，若衆散於前，敵乘於後，非萬全計。若留兵渡江，車駕北還，諸將亦將解體。今燕北諸軍近遼陽者恐有異志，宜先發兵渡江，斂舟焚之，絶其歸望。然後陛下北還，南北皆指日而定矣。」海陵然之，明日遂趨揚州。過烏江縣，觀項羽祠，嘆曰：「如此英雄不得天下，誠可惜也。」

海陵至揚州，使符寶耶律没荅護神果軍扼淮渡，凡自軍中還至淮上，無都督府文字皆殺之。乃出内箭飾以金龍，題曰御箭，繫帛書其上，使人乘舟射之南岸，其書言「宋國遣人焚毁南京宫室及沿邊買馬、招誘軍民，今興師問罪，義在弔伐，大軍所至，必無秋毫之犯」。以此招諭宋人。於是，宋將王權亦縱所獲金軍士三人，齎書數海陵罪，通奏其書，即命焚之。

海陵怒，亟欲渡江。驍騎高僧欲誘其黨以亡，事覺，命衆刃剉之。乃下令，軍士亡者殺其蒲里衍，蒲里衍亡者殺其謀克，謀克亡者殺其猛安，猛安亡者殺其總管，由是軍士益危懼。甲午，令軍中運鴉鶻船及糧船於瓜洲渡，期以明日渡江，敢後者死。

乙未，完顏元宜等以兵犯御營，海陵遇弑。都督府以南伐之計皆通等贊成之，徒單永年乃其姻戚，郭安國衆所共惡，皆殺之。大定二年，詔削通官爵，人心始快。

馬欽，幼名韓哥，嘗仕江南，故能知江南道路。正隆三年，海陵將南伐，遂召用欽，自貴德縣令爲右補闕。欽爲人輕脱不識大體，海陵每召見與語，欽出宮輒以語人曰：「上與我論某事，將行之矣。」其視海陵如僚友然。累遷國子司業。

海陵至和州，欲遣蒲盧渾渡江，蒲盧渾言舟小不可濟，海陵使人召欽，先戒左右曰：「欽若言舟小不可渡江，即殺之。」欽至，問曰：「此舟可渡江否？」欽曰：「臣得柂亦可渡也。」

大定二年，除名。是日，起前翰林待制大潁爲秘書丞。潁在正隆間嘗言山東盜賊，海陵惡其言，杖之除名。世宗嘉潁忠直，惡欽巧佞，故復用潁而放欽焉。

高懷貞，爲尚書省令史，素與海陵狎昵。海陵久蓄不臣之心，嘗與懷貞各言所志，海陵曰：「吾志有三：國家大事皆自我出，一也。帥師伐國，執其君長問罪於前，二也。得天下絶色而妻之，三也。」由是小人佞夫皆知其志，爭進諛説。大定縣丞張忠輔謂海陵言：「夢公與帝擊毬，公乘馬衝過之，帝墜馬下。」海陵聞之大喜。會熙宗在位久，委政大臣，海陵以近屬爲宰相，專威福柄，遂成弒逆之計，皆懷貞輩小人從臾導之。

海陵篡立，以懷貞爲修起居注，懷貞故父濱州刺史贈中奉大夫。懷貞累遷禮部侍郎。大定二年，降奉政大夫，放歸田里。五年，與許霖俱賜起復，懷貞爲定國軍節度使，上戒之曰：「汝等在正隆時，姦佞貪私，物論鄙之。朕念没身不齒則無以自新。若怙舊不悛，必不貸汝矣。」

蕭裕，本名遥折，奚人。初以猛安居中京，海陵爲中京留守，與裕相結，每與論天下事。裕揣海陵有覬覦心，密謂海陵曰：「留守先太師，太祖長子。德望如此，人心天意宜有所屬，誠有志舉大事，願竭力以從。」海陵喜受之，遂與謀議。海陵竟成弒逆之謀者，裕啓之也。

海陵爲左丞，除裕兵部侍郎，改同知南京留守事，改北京。海陵領行臺尚書省事，道過北京，謂裕曰：「我欲就河南兵建立位號，先定兩河，舉兵而北。君爲我結諸猛安以應我。」定約而去。海陵雖自良鄉召還，不能如約，遂弒熙宗篡立，以裕爲祕書監。

海陵心忌太宗諸子，欲除之，與裕密謀。裕傾險巧詐，因構致太傅宗本、秉德等反狀，海陵殺宗本，唐括辯遣使殺秉德、宗懿及太宗子孫七十餘人、秦王宗翰子孫三十餘人。宗本已死，裕乃求宗本門客蕭玉，教以具款反狀，令作主名上變。海陵既詔天下，天下冤之。海陵賞誅宗本功，以裕爲尚書左丞，加儀同三司，授猛安，賜錢二千萬、馬四百匹、牛四百頭、羊四千口。再閱月，爲平章政事、監修國史。舊制，首相監修國史，海陵以命裕，謂裕曰：「太祖以神武受命，豐功茂烈光於四海，恐史官有遺逸，故以命卿。」久之，裕爲右丞相、兼中書令。裕在相位，任職用事頗專恣，威福在己，勢傾朝廷。海陵倚信之，他相仰成而已。

裕與高藥師善，嘗以海陵密語告藥師，藥師以其言奏海陵，且曰：「裕有怨望心。」海陵召裕戒諭之，而不以爲罪也。或有言裕擅權者，海陵以爲忌裕者衆，不之信。又以爲人見裕弟蕭祚爲左副點檢，妹夫耶律闢离剌爲左衞將軍，勢位相憑藉，遂生忌嫉，乃出祚爲益都尹，闢离剌爲寧昌軍節度使，以絶衆疑。

裕不知海陵意，遽見出其親表補外，不令己知之，自是深念恐海陵疑己。海陵弟太師兗領三省事，共在相位，以裕多自用，頗防閑之，裕乃謂海陵使兗備之也。而海陵猜忍嗜殺，裕恐及禍，遂與前真定尹蕭馮家奴、前御史中丞蕭招折、博州同知遥設、裕女夫遏剌補謀立亡遼豫王延禧之孫。

裕使親信蕭屯納往結西北路招討使蕭好胡，好胡即懷忠。懷忠依違未決，謂屯納曰：「此大事，汝歸遣一重人來。」裕乃使招折往。招折前爲中丞，以罪免，以此得詣懷忠。懷忠問招折與謀者復有何人，招折曰：「五院節度使耶律朗亦是也。」懷忠舊與朗有隙，而招折嘗上撻懶變事，懷忠疑招折反覆，因執招折，收朗繫獄，遣使上變。

遥設亦與筆硯令史白荅書，使白荅助裕以取富貴，白荅奏其書。海陵信裕不疑，謂白荅構誣之，命殺白荅於市。執白荅出宣華門，點檢徒單貞得蕭懷忠上變事入奏，遇見白荅，問其故，因止之。徒單貞已奏變事，以白荅爲請，海陵遽使釋之。

海陵使宰相問裕，裕即款伏。海陵甚驚愕，猶未能盡信，引見裕，親問之。裕曰：「大丈夫所爲，事至此又豈可諱。」海陵復問曰：「汝何怨於朕而作此事？」裕曰：「陛下凡事皆與臣議，及除祚等乃不令臣知之。領省國王每事謂臣專權，頗有隄防，恐是得陛下指意。陛下與唐括辯及臣約同生死，辯以强忍果敢致之死地，臣皆知之，恐不得死所，以此謀反，幸苟免耳。太宗子孫無罪皆死臣手，臣之死亦晚矣。」海陵復謂裕曰：「朕爲天子，若於汝有疑，雖汝弟輩在朝，豈不能施行，以此疑我，汝實錯誤。太宗諸子豈獨在汝，朕爲國家計也。」又謂之曰：「自來與汝相好，雖有此罪，貸汝性命，惟不得作宰相，令汝終身守汝祖先墳壠。」裕曰：「臣子既犯如此罪逆，何面目見天下人，但願絞死，以戒其餘不忠者。」海陵遂以刀刺左臂，取血塗裕面，謂之曰：「汝死之後，當知朕本無疑汝心。」裕曰：「久蒙陛下非常眷遇，仰戀徒切，自知錯繆，雖悔何及。」海陵哭送裕出門，殺之，并誅遥設及馮家奴。馮家奴妻，豫王女也，與其子穀皆與反謀，并殺之。遣護衞厖葛往西北路招討司誅朗及招折，而屯納、遏剌補皆出走，捕得屯納棄市，遏剌補自縊死。

屯納出走，過河間少尹蕭之詳，之詳初不知裕事，留之三日。屯納往之詳茶扎家〔一一〕，茶扎遣人詣之詳告公引，得之，付屯納遣之他所。茶扎家奴發其事，吏部侍郎窊産鞫之，之詳曰：「屯納宿二日而去。」法家以之詳隱其間，欺尚書省，罪當贖。海陵怒，命殺之，杖窊産及議法者，茶扎杖四百死。

厖葛殺招折等，并殺無罪四人，海陵不問，杖之五十而已。以裕等罪詔天下。賞上變功，懷忠遷樞密副使，以白苔爲牌印云。高藥師遷起居注，進階顯武將軍。藥師嘗奏裕有怨望，至是賞之云。

胥持國字秉鈞，代州繁畤人。經童出身，累調博野縣丞。上書者言民間冒占官地，如「太子務」、「大王莊」，非私家所宜有。部委持國按覈之。持國還言「此地自異代已爲民有，不可取也」。事遂寢。尋授太子司倉，轉掌飲令，兼司倉。皇太子識之，擢祗應司令。

章宗即位，除宮籍副監，賜宮籍庫錢五十萬、宅一區。俄改同簽宣徽院事、工部侍郎，並領宮籍監。閱三月，遷工部尚書，使宋。明昌四年，拜參知政事，賜孫用康牓下進士第。會河決陽武〔一二〕，持國請督役，遂行尚書省事。明年，進尚書右丞。

持國爲人柔佞有智術。初，李妃起微賤，得幸於上。持國久在太子宮，素知上好色，陰以祕術干之，又多賂遺妃左右用事人。妃亦自嫌門地薄，欲藉外廷爲重，乃數稱譽持國能，由是大爲上所信任，與妃表裏，筦擅朝政。誅鄭王永蹈、鎬王永中，罷黜完顔守貞等事，皆起於李妃、持國。士之好利躁進者皆趨走其門下。四方爲之語曰：「經童作相，監婢爲妃。」惡其卑賤庸鄙也。

承安三年，御史臺劾奏：「右司諫張復亨、右拾遺張嘉貞、同知安豐軍節度使事趙樞、同知定海軍節度使事張光庭、户部主事高元甫、刑部員外郎張巖叟、尚書省令史傅汝梅、張翰、裴元、郭郛，皆趨走權門，人戲謂『胥門十哲』。復亨、嘉貞尤卑佞苟進，不稱諫職。俱宜黜罷。」奏可。於是持國以通奉大夫致仕〔一三〕，嘉貞等皆補外。

頃之，起知大名府事〔一四〕，未行，改樞密副使，佐樞密使襄治軍於北京。一日，上召翰林修撰路鐸問以他事，因語及董師中、張萬公優劣，鐸曰：「師中附胥持國進。持國姦邪小人，不宜典軍馬，以臣度之，不惟不允人望，亦必不能服軍心，若回日再相，必亂天下。」

上曰：「人臣進退人難，人君進退人易，朕豈以此人復爲相耶。第遷官二階，使之致仕耳。」尋卒于軍，謚曰通敏。後上問平章政事張萬公曰：「持國今已死，其爲人竟如何？」萬公對曰：「持國素行不純謹，如貨酒平樂樓一事，可知矣。」上曰：「此亦非好利。如馬琪位參政，私鬻省醞，乃爲好利也。」子鼎，別有傳。

校勘記

〔一〕移臨海軍　「軍」字原脱。按，本書卷二四地理志上，北京路，「錦州」下，「臨海軍節度使」。今據補。

〔二〕宰相以爲悖理　「悖」，原作「情」，據南監本、北監本、殿本、局本改。

〔三〕朝士惴惴莫克自保　「惴惴」，原作「喘喘」，據南監本、北監本、殿本、局本改。

〔四〕雜以俳優談諧語爲業　「談」，南監本、北監本、殿本、局本作「詼」。

〔五〕宋賀正旦使施巨朝辭　「施巨」，會編卷二一九、宋史卷三一高宗紀八皆作「施鉅」。

〔六〕累官右司郎中遷吏部尚書　按，本書卷五海陵紀，貞元三年三月「庚午，以左司郎中李通爲賀宋生日使」。卷六〇交聘表上，貞元三年「三月庚午，以左司郎中李通、同知南京路都轉運司事耶律隆爲賀宋生日使」。與此異。

〔七〕吏部尚書李通　「吏部尚書」，本書卷五海陵紀作「户部尚書」。與此異。

〔八〕右司員外郎王全副之　「右司員外郎」，局本作「左司員外郎」。按，本書卷一〇五劉樞傳，「大定初，與左司郎中王蔚、右司員外郎王全俱出補外」，作「右司員外郎」。卷七六襄傳附子和尚傳，「詔大興尹蕭玉、左丞良弼、權御史大夫張忠輔、左司員外郎王全雜治」，作「左司員外郎」。

〔九〕大理正耶律道　按，與本書卷九〇有傳之移剌道爲同一人，據本傳其時官爲「大理丞，兼工部員外郎」，與此異。

〔一〇〕見白兔　「白兔」，局本作「白鹿」。按，本書卷五海陵紀作「白鹿」，與此異。

〔一一〕屯納往之詳茶扎家　「之詳」下疑有脱文。

〔一二〕會河決陽武　按，本書卷二七河渠志，河決陽武在明昌五年八月。

〔一三〕（承安三年）於是持國以通奉大夫致仕　本書卷一〇章宗紀二，承安二年八月丙戌，「右丞胥持國致仕」。與此異。

〔一四〕起知大名府事　本書卷一〇章宗紀二，承安二年九月辛酉，「知大興府事胥持國爲樞密副使」。與此異。

金史卷一百三十

列傳第六十八

列女

阿鄰妻　李寶信妻　韓慶民妻　雷婦師氏　康住住

李文妻　李英妻　相琪妻　阿魯真　撒合輦妻　許古妻

馮妙真　蒲察氏　烏古論氏　素蘭妻　忙哥妻　尹氏

白氏　聶孝女　仲德妻　寶符李氏 張鳳奴附

漢成帝時，劉向始述三代賢妃淑女，及淫泆奢僭、興亡盛衰之所由〔一〕，彙分類别，號列女傳，因以諷諫。范曄始載之漢史。古者女子生十年有女師，漸長有麻枲絲繭之事，有祭祀助奠之事，既嫁職在中饋而已，故以無非無儀爲賢。若乃嫠居寡處，患難顛沛，是皆婦人之不幸也。一遇不幸，卓然能自樹立，有烈丈夫之風，是以君子異之。

阿鄰妻沙里質者，金源郡王銀术可之妹。天輔六年，黄龍府叛卒攻鈔旁近部族。是時，阿鄰從軍，沙里質糾集附近居民得男女五百人，樹營栅爲保守計。賊千餘來攻，沙里質以氈爲甲，以裳爲旗，男夫授甲，婦女鼓譟，沙里質仗劍督戰，凡三日賊去。皇統二年，論功封金源郡夫人。大定間，以其孫藥師爲謀克。

李寶信妻王氏。寶信爲義豐縣令，張覺以平州叛，王氏陷賊中。賊欲逼室之，王氏罵賊，賊怒遂支解之。大定十二年，贈貞烈縣君。

韓慶民妻者，不知何許人，亦不知其姓氏。慶民事遼爲宜州節度使。天會中，攻破宜州，慶民不屈而死，以其妻配將士，其妻誓死不從，遂自殺。世宗讀太宗實録，見慶民夫婦事，嘆曰：「如此節操，可謂難矣。」

雷婦師氏，夫亡，孝養舅姑。姑病，刲臂肉飼之，姑即愈。舅姑既歿，兄師逵與夫姪規其財產，乃僞立媒證致之官，欲必嫁之。縣官不能辨曲直，師氏畏逼，乃投縣署井中死。詔有司祭其墓，賜謚曰節。

康住住，鄜州人。夫蚤亡，服闋，父取之歸家，許嚴沂爲妻。康氏誓死弗聽，欲還夫家不可得，乃投崖而死。詔有司致祭其墓。

李文妻史氏，同州白水人。夫亡，服闋，誓死弗嫁。父强取之歸，許邑人姚乙爲妻。史氏不聽，姚訴之官，被逮，遂自縊死。詔有司致祭其墓。

李英妻張氏。英初爲監察御史，在中都，張居濰州。貞祐元年冬，大元兵取濰州，入其家，張氏盡以所有財物與之。既而，令張氏上馬，張曰：「我盡以物與汝，猶不見贖邪？」答曰：「汝品官妻，當復爲夫人。」張曰：「我死則爲李氏鬼。」頓坐不起，遂見殺。追封隴西郡夫人，謚莊潔。英仕至御史中丞，有傳。

相琪妻欒氏，有姿色。琪爲萊州掖縣司吏。貞祐三年八月，紅襖賊陷掖縣，琪與欒氏及子俱爲所得。賊見欒悅之，殺琪及其子而誘欒。欒奮起以頭觸賊而仆，罵曰：「我豈爲犬彘所汙者哉。」賊怒，殺之。追封西河縣君，謚莊潔。

阿魯真，宗室承充之女，胡里改猛安夾谷胡山之妻。夫亡寡居，有衆千餘。興定元年，承充爲上京元帥，上京行省太平執承充應蒲鮮萬奴。阿魯真治廢壘，修器械，積芻糧以自守。萬奴遣人招之，不從，乃射承充書入城，阿魯真得而碎之，曰：「此詐也。」萬奴兵急攻之，阿魯真衣男子服，與其子蒲帶督衆力戰，殺數百人，生擒十餘人，萬奴兵乃解去。後復遣將擊萬奴兵，獲其將一人。詔封郡公夫人，子蒲帶視功遷賞。

承充已被執，乘間謂其二子女胡、蒲速乃曰：「吾起身宿衛，致位一品，死無恨矣。若輩亦皆通顯，未嘗一日報國家，當思自處，以爲後圖。」二子乃冒險自拔南走，是年四月至南京。

獨吉氏，平章政事千家奴之女，護衛銀朮可妹也。自幼動有禮法，及適內族撒合輦，閨門肅如。撒合輦爲中京留守，大兵圍之，撒合輦疽發背不能軍，獨吉氏度城必破，謂撒合輦曰：「公本無功能，徒以宗室故嘗在禁近，以至提點近侍局，同判睦親府，今又爲留守外路第一等官，受國家恩最厚。今大兵臨城，公不幸病，不能戰禦。設若城破，公當率精鋭奪門而出，携一子走京師。不能則獨赴京師，又不能，戰而死猶可報國，幸無以我爲慮。」撒合輦出巡城，獨吉氏乃取平日衣服粧具玩好布之卧榻，資貨悉散之家人，艷粧盛服過於平日，且戒女使曰：「我死則扶置榻上，以衾覆面，四圍舉火焚之，無使兵見吾面。」言訖，閉門自經而死。家人如言，卧尸榻上，以衾覆之。撒合輦從外至，家人告以夫人之死，撒合輦拊榻曰：「夫人不辱我，我肯辱朝廷乎。」因命焚之。年三十有六。少頃，城破，撒合輦率死士欲奪門出，不果，投壕水死，有傳。

許古妻劉氏，定海軍節度使仲洙之女也。貞祐初，古挈家僑居蒲城，後留劉氏母子于蒲，仕于朝。既而，兵圍蒲，劉謂二女曰：「汝父在朝，而兵勢如此，事不可保。若城破被驅，一爲所汙奈何？不若俱死以自全。」已而，攻城益急，於是劉氏與二女相繼自盡。有司以聞于朝，四年五月，追封劉氏爲郡君，謚曰貞潔，其長女謚曰定姜，次肅姜，以其事付史館。

馮妙真，刑部尚書延登之女也。生十有八年，適進士張慥。興定五年，慥爲洛川主簿。大元兵破葭州、綏德，遂入鄜延。鄜人震恐具守備，守臣以西路輸芻粟不時至，檄慥詣平涼督之。時延登爲平涼行省員外郎，慥欲偕妙真以往，妙真辭曰：「舅姑老矣，雖有叔姒，妾能安乎。子行，妾留奉養。」十一月，洛川破，妙真從舅姑匿窟室，兵索得之。妙真泣與舅姑訣曰：「婦生不辰，不得終執箕箒，義不從辱。」即携三子赴井死。縣人從而死者數十人。明年春，慥發井得屍，殯于縣之東郭外。死時年二十四。

蒲察氏字明秀，鄜州帥訥申之女，完顏長樂之妻也。哀宗遷歸德，以長樂爲總領，將兵扈從。將行，屬蒲察氏曰：「無他言，夫人慎毋辱此身。」明秀曰：「君第致身事上，無以妾爲念。妾必不辱。」長樂一子在幼，出妻柴氏所生也，明秀撫育如己出。崔立之變，驅從官妻子于省中，人自閱之。蒲察氏聞，以幼子付婢僕，且與之金幣，親具衣棺祭物，與家人訣曰：「崔立不道，强人妻女，兵在城下，吾何所逃，惟一死不負吾夫耳。汝等惟善養幼子。」遂自縊而死，欣然若不以死爲難者。時年二十七。

烏古論氏，伯祥之妹，臨洮總管陀滿胡土門之妻也。伯祥朝貴中聲譽藉甚，胡土門死王事。崔立之變，衣冠家婦女多爲所汙，烏古論氏謂家人曰：「吾夫不辱朝廷，我敢辱吾兄及吾夫乎。」即自縊。一婢從死。

參政完顔素蘭妻，亡其姓氏。當崔立之變，謂所親曰：「吾夫有天下重名，吾豈肯隨衆陷身以辱吾夫乎。今日一死固當，但不可無名而死，亦不可離吾家而死。」即自縊于室。

温特罕氏，夫完顔忙哥，五朵山宣差提控回里不之子也，系出蕭王。忙哥叔父益都，節度秦州，爲大元兵所攻，適病不能軍，忙哥爲提控，獨當一面。兵退而益都死，忙哥以城守功世襲謀克，收充奉御。及崔立之變，忙哥義不受辱，與其妻訣。妻曰：「君能爲國家死，我不能爲君死乎。」一婢曰：「主死，婢將安歸。」是日，夫婦以一繩同縊，婢從之。

尹氏，完顔猪兒之妻也。猪兒系出蕭王，天興二年正月從哀宗爲南面元帥，戰死黄陵岡。其妻金源郡夫人聞猪兒死，聚家資焚之，遂自縊，年三十一。猪兒贈官，弟長住即日詔補護衞。

白氏，蘇嗣之之母，許州人，宋尚書右丞子由五世孫婦也。初，東坡、潁濱、叔黨俱葬郟城之小峨嵋山，故五世皆居許昌。白氏年二十餘即寡居，服除，外家迎歸，兄嫂竊議改醮。白氏微聞之，牽車徑歸，曰：「我爲蘇學士家婦，又有子，乃欲使我失身乎。」自是，外家非有大故不往也。嘗於宅東北爲祭室，畫兩先生像，圖黄州、龍川故事壁間，香火嚴潔，躬自洒掃，士大夫求瞻拜者往往過其家奠之。天興元年正月庚戌，許州被兵，嗣之爲汴京廂官，白拜辭兩先生前曰：「兒子往京師，老婦死無恨矣，敢以告。」即自縊於室側。家人并屋焚之。年七十餘。嗣之本名宗之，避諱改焉。

聶孝女字舜英，尚書左右司員外郎天驥之長女也。年二十三，適進士張伯豪。伯豪卒，歸父母家。及哀宗遷歸德，天驥留汴。崔立劫殺宰相，天驥被創甚，日夜悲泣，恨不即死。舜英謁醫救療百方，至刲其股雜他肉以進，而天驥竟死。

時京城圍久食盡，閭巷間有嫁妻易一飽者，重以崔立之變，剽奪暴淩，無復人理。舜英頗讀書知義理，自以年尚少艾，夫既亡，父又死非命，比爲兵所汙，何若從吾父于地下乎。葬其父之明日，絶脰而死。一時士女賢之，有爲泣下者。其家以舜英合葬張伯豪之墓。

完顏仲德妻，不知其族氏。崔立之變，妻自毀其容服，携妾及二子給以采蔬，自汴走蔡。蔡被圍，丁男皆乘城拒守，謂仲德曰：「事勢若此，丈夫能爲國出力，婦人獨不能耶。」率諸命婦自作一軍，親運矢石於城下，城中婦女爭出繼之。城破自盡。

哀宗寶符李氏，國亡從后妃北遷，至宣德州，居摩訶院，日夕寢處佛殿中，作幡旆。會當赴龍庭，將發，即於佛像前自縊死，且自書門紙曰：「寶符御侍此處身故。」後人至其處，見其遺跡，憐而哀之。

天興元年，北兵攻城，矢石之際忽見一女子呼於城下曰：「我倡女張鳳奴也，許州破被俘至此。彼軍不日去矣，諸君努力爲國堅守，無爲所欺也。」言竟，投濠而死。朝廷遣使馳祭于西門。

正大、天興之際，婦人節義可知者特數人耳。鳳奴之事别史録之，蓋亦有所激云。

校勘記

〔一〕興亡盛衰之所由　「衰」，原作「襄」，據南監本、北監本、殿本、局本改。

金史卷一百三十一

列傳第六十九

宦者

梁琉　宋珪 潘守恒附

古之宦者皆出於刑人，刑餘不可列於士庶，故掌宮寺之事，謂之「婦寺」焉。東漢以來，宦者養子以繼世。唐世，繼者皆爲閹人，其初進也，性多巧慧便僻，善固恩寵，及其得志，黨比糾結不可制。東漢以宦者亡，唐又甚焉。世儒論宦者之害，如毒藥猛虎之不可拯也。金法置近侍局，嘗與政事，而宦者少與焉。惟海陵時有梁琉，章宗時有梁道、李新喜干政，二君爲所誤多矣。世傳梁道勸章宗納李妃後宮，金史不載梁道始末，弗得而論次之。惟宋珪、潘守恒頗能諷諫宣、哀，時有裨益，蓋傭之佼佼、鐵之錚錚者也。作宦者傳。

梁珫，本大臭家奴，隨元妃入宫，以閹豎事海陵。珫性便佞，善迎合，特見寵信。舊制，宦者惟掌掖廷宫闈之事。天德三年，始以王光道爲内藏庫使，衛愈、梁安仁皆以宦官領内藏，海陵謂光道等曰："人言宦者不可用，朕以爲不然。後唐莊宗委張承業以軍，竟立大功，此中豈無人乎。卿等宜悉此意。帑藏之物皆出民力，費十致一，當糾察姦弊，犯者必罰無赦。"宦者始與政事，而珫委任尤甚，累官近侍局使。及營建南京宫室，海陵數數使珫往視工役。是時，一殿之費已不可勝計，珫或言其未善，即盡撤去。雖丞相張浩亦曲意事之，與之均禮。

海陵欲伐宋，珫因極言宋劉貴妃絶色傾國。海陵大喜，及南征將行，命縣君高師姑兒貯衾褥之新潔者俟得劉貴妃用之。議者言珫與宋通謀，勸帝伐宋，徵天下兵以疲弊中國。

海陵至和州，聞珫與宋人交通有狀，謂珫曰："聞汝與宋國交通，傳泄事情。汝本奴隸，朕拔擢至此，乃敢爾耶。若至江南詢得實迹，殺汝亦未晚也。"又謂校書郎田與信曰："爾面目亦可疑，必與珫同謀者。"皆命執於軍中。海陵遇弒，珫、與信皆爲亂軍所殺。

宋珪本名乞奴，燕人也。爲内侍殿頭。宣宗嘗以元夕欲觀燈戲，命乞奴監作，乞奴辞語云：「社稷棄之中都，南京作燈戲有何看耶。」宣宗微聞之，杖之二十，既而悔之，有旨宣諭。

哀宗放鷂後苑，鷂逸去，敕近侍追訪之。市中一農民臂此鷂，近侍不敢言宮中所逸者，百方索之，農民不與，與之物直，僅乃得。事聞，哀宗欲送其人於有司，乞奴從旁諫曰：「貴畜賤人，豈可宣示四方。」哀宗惡其大訐，又杖之，尋亦悔，賜物慰遣之。

及哀宗至歸德，馬軍元帥蒲察官奴爲變，殺左丞李蹊、參政石盞女魯歡以下從官三百餘人。倉皇之際，哀宗不得已，以官奴權參知政事，既爲所制，含恨欲誅之未能也。及官奴往亳州，珪陰與奉御吾古孫愛實、納蘭忔荅，護衛女奚烈完出、范陳僧、王山兒等謀誅之。官奴自亳還，哀宗御臨漪亭，召參政張天綱及官奴議事。官奴入見，珪等即從旁殺之，及其黨阿里合、白進、習顯。

及蔡城破，哀宗自縊於幽蘭軒，珪與完顏斜烈、焦春和等皆從死。

有潘守恒者亦内侍也，素稱知書，南遷後規益甚多。及哀宗自蒲城走歸德，道次民家，守恒進櫛，曰：「願陛下還宮之日無忘此草廬中，更加儉素，以濟大業。」上聞其言，悽惋咨嗟久之。

方伎

劉完素　張從正　李慶嗣　紀天錫　張元素　馬貴中

武禎 子亢　李懋　胡德新

太史公敍九流，述日者、龜策、扁鵲倉公列傳。劉歆校中秘書，以術數、方技載之七略。後世史官作方技傳，蓋祖其意焉。或曰素問内經言天道消長、氣運贏縮，假醫術，託岐、黄，以傳其秘奥耳。秦人至以周易列之卜筮〔一〕，斯豈易言哉，第古之爲術以吉凶導人而爲善，後世術者或以休咎導人爲不善，古之爲醫以活人爲功，後世醫者或因以爲利而誤殺人，故爲政於天下，雖方技之事亦必慎其所職掌而務旌別其賢否焉。金世，如武禎、武亢之信而不誣，劉完素、張元素之治療通變，學其術者皆師尊之，不可不記云。

劉完素字守真，河間人。嘗遇異人陳先生，以酒飲守真，大醉，及寤洞達醫術，若有授之者。乃撰運氣要旨論、精要宣明論，慮庸醫或出妄說，又著素問玄機原病式，特舉二百八十八字，注二萬餘言。然好用涼劑，以降心火、益腎水爲主。自號「通元處士」云。

張從正字子和，睢州考城人。精於醫，貫穿難、素之學，其法宗劉守真，用藥多寒涼，然起疾救死多取效。古醫書有汗下吐法，亦有不當汗者汗之則死，不當下者下之則死，不當吐者吐之則死，各有經絡脉理，世傳黄帝、岐伯所爲書也。從正用之最精，號「張子和汗下吐法」。妄庸淺術習其方劑，不知察脉原病，往往殺人，此庸醫所以失其傳之過也。其所著有「六門、二法」之目〔二〕，存於世云。

李慶嗣，洺人。少舉進士不第，棄而學醫，讀素問諸書，洞曉其義。天德間，歲大疫，廣平尤甚，貧者往往闔門卧病。慶嗣携藥與米分遺之，全活者衆。慶嗣年八十餘無疾而終。所著傷寒纂類四卷、改證活人書二卷〔三〕、傷寒論三卷、針經一卷，傳於世。

紀天錫字齊卿，泰安人。早棄進士業，學醫，精於其技〔四〕，遂以醫名世。集註難經五卷，大定十五年上其書，授醫學博士。

張元素字潔古，易州人。八歲試童子舉。二十七試經義進士，犯廟諱下第。乃去學醫，無所知名，夜夢有人用大斧長鑿鑿心開竅，納書數卷於其中，自是洞徹其術。河間劉完素病傷寒八日，頭痛脉緊，嘔逆不食，不知所爲。元素往候，完素面壁不顧，元素曰：「何見待之卑如此哉。」既爲診脉，謂之曰：「脉病云云。」曰：「然。」「初服某藥，用某味乎？」曰：「然。」元素曰：「子誤矣。某味性寒，下降走太陰，陽亡汗不能出。今脉如此，當服某藥則效矣。」完素大服，如其言遂愈，元素自此顯名。

平素治病不用古方〔五〕，其說曰：「運氣不齊，古今異軌，古方新病不相能也。」自爲家法云。

馬貴中，天德中，爲司天提點。與校書郎高守元奏天象災異忤旨，海陵皆杖之，黜貴中爲大同府判官。久之，遷司天監。正隆三年三月辛酉朔，日當食。是日，候之不食，海陵謂貴中曰：「自今凡遇日食皆面奏，不須頒示內外。」

海陵伐宋，問曰：「朕欲自將伐宋，天道何如？」貴中對曰：「去年十月甲戌，熒惑順入太微，至屏星，留、退、西出。占書，熒惑常以十月入太微庭，受制出伺無道之國。十二月，太白晝見經天，占爲兵喪、爲不臣、爲更主，又主有兵兵罷、無兵兵起。」

鎮戎軍地震大風，海陵以問，貴中對曰：「伏陰逼陽〔六〕，所以震也。」又問曰：「當震，大風何也？」對曰：「土失其性則地震，風爲號令，人君命令嚴急則有烈風及物之災。」

六年二月甲辰朔，日有暈珥戴背，海陵問：「近日天道何如？」貴中對曰：「前年八月二十九日，太白入太微右掖門，九月二日，至端門，九日，至左掖門出，並歷左右執法。太微爲天子南宮，太白兵將之象，其占，兵入天子之廷。」海陵曰：「今將征伐而兵將出入太微，正其事也。」貴中又曰：「當端門而出，其占爲受制，歷左右執法爲受事，此當有出使者，或爲兵，或爲賊。」海陵曰：「兵興之際，小盜固不能無也。」及被害于揚州，貴中之言皆驗。

大定八年，世宗擊毬於常武殿，貴中上疏諫曰：「陛下爲天下主，守宗廟社稷之重，圍獵擊毬皆危事也。前日皇太子墜馬，可以爲戒，臣願一切罷之。」上曰：「祖宗以武定天下，豈以承平遽忘之邪。皇統嘗罷此事，當時之人皆以爲非，朕所親見，故示天下以習武耳。」

十年十一月，皇太子生日，世宗宴百官于東宮。上飲歡甚，貴中被酒前跪欲言事，錯亂失次，上不之罪，但令扶出。

武禎，宿州臨渙人。祖官太史，靖康後業農，後畫界屬金。禎深數學。貞祐間，行樞密院僕散安貞聞其名，召至徐州，以上客禮之，每出師必資焉，其占如響。正大初，徵至汴京，待詔東華門。其友王鉉問禎曰：「朝廷若問國祚修短，子何以對？」禎曰：「當以實告之，但更言周過其歷，秦不及期，亦在修德耳。」

時久旱祈禱不應，朝廷爲憂，禎忽謂鉉曰：「足下今日早歸，恐爲雨阻。」鉉曰：「萬里無雲，赤日如此，安得有雨。」禎笑曰：「若是，則天不誠也。天何嘗不誠。」既而東南有雲氣，須臾蔽天，平地雨注二尺，衆皆驚嘆。尋除司天臺管勾。

子亢，寡言笑，不妄交。嘗與一學生終日相對，握籌布畫，目炯炯若有所營，見者莫測也。哀宗至蔡州，右丞完顏仲德薦其術。召至，屏人與語，大悅，除司天長行，賞賚甚厚。上書曰：「比者有星變于周、楚之分，彗星起于大角西，掃軫之左軸，蓋除舊布新之象。」又言：「鄭、楚、周三分埜當赤地千里，兵凶大起，王者不可居也。」又曰：「蔡城有兵喪之兆，楚有亡國之徵，三軍苦戰於西垣前後有日矣。城壁傾頹，內無見糧，外無應兵，君臣數盡之年也。」聞者悚然奪氣，哀宗惟嗟嘆良久，不以爲罪。性頗倨傲，朝士以此非之。

天興二年九月，蔡州被圍，亢奏曰：「十二月三日必攻城。」及期果然。末帝問曰〔七〕：「解圍當在何日？」對曰：「明年正月十三日，城下無一人一騎矣。」帝不知其由，乃喜圍解有期，日但密計糧草使可給至其日不闕者。明年甲午正月十日，蔡州破，十三日，大元兵退。是日，亢赴水死云。

李懋，不知何許人。有異術。正大間，游京兆，行省完顏合達愛其術，與俱至汴京，薦於哀宗。遣近侍密問國運否泰，言無忌避。居之繁臺寺，朝士日走問之，或能道隱事及吉凶之變，人以爲神。帝惡其言太洩，遣使者殺之。使者乃持酒肴入寺，懋出迎，笑曰：「是矣。」使者曰：「何謂也？」懋曰：「我數當盡今日，尚復何言。」遂索酒，痛飲就死。

胡德新，河北士族也。寓居南陽，往來宛、葉間，嗜酒落魄不羈，言禍福有奇驗。正大七年夏，與燕人王鉉邂逅於葉縣村落中。與鉉初不相識，坐中謬以兵官對，胡曰：「此公在吾法中當登科甲，何以謂之兵官。」衆愕然，遂以實告。二人相得甚歡，即命家人具雞酒以待，酒酣，舉大白相屬曰：「君此去事業甚遠，不必置問。某有所見，久不敢對人言，今欲告子。」遂邀至野田，密謂曰：「某自去年來，行宛、葉道中，見往來者十且八九有死氣。今春至陳、許間，見其人亦有太半當死者。若吾目可用，則時事可知矣。」鉉驚問應驗遲速，曰：「不過歲月間耳，某亦不逃此厄，請密誌之。」明年，大元兵由金、房入，取峭石灘渡漢，所過廬舍蕭然，胡亦舉家及難，其精驗如此。

校勘記

〔一〕秦人至以周易列之卜筮　「至」，原作「致」，據南監本、北監本、殿本、局本改。

〔二〕其所著有六門二法之目　「二法」，疑當作「三法」。按，歸潛志卷六作「三法」。今存張從正儒門事親卷一二即爲「三法六門」，三法者：吐劑、汗劑、下劑。

〔三〕改證活人書二卷　「二」，原作「三」，據南監本、北監本、殿本、局本改。按，金史詳校卷一〇稱，傷寒纂類四卷、改證活人書二卷，「並見世善堂書目」。此書亦見嘉靖廣平府志卷一二、續通志卷五八四、錢大昕元史藝文志卷三，皆作二卷。

〔四〕精於其技　「技」，原作「挍」，據南監本、北監本、殿本、局本改。

〔五〕平素治病不用古方　「平」，南監本、北監本、殿本、局本並作「元」。

〔六〕伏陰逼陽　本書卷二三五行志作「伏陽逼陰」。據左傳文公九年「九月癸酉地震」，正義：「伯陽父曰：陽伏而不能出，陰迫而不能烝，遂於是有地震。孔晁云：陽氣伏於陰下，見迫於陰，故不能升，以至於地動。」知作「伏陽逼陰」是。

〔七〕末帝問曰　「末帝」，南監本、北監本作「宋帝」，殿本作「哀帝」，局本作「哀宗」。今按，本書末帝所指不一。此處及卷五六百官志二、卷五九宗室表均指金哀宗，卷一八哀宗紀下及卷一一三白撒傳又以承麟爲末帝。此處應作「哀帝」或「哀宗」。

金史卷一百三十二

列傳第七十

逆臣

秉德本名乙辛　唐括辯[一]　烏帶　大興國　徒單阿里出虎

僕散師恭本名忽土　徒單貞　李老僧　完顏元宜

紇石烈執中本名胡沙虎

昔者孔子作春秋而亂臣賊子懼，其法有五焉：微而顯，志而晦，婉而成章，盡而不汙，懲惡而勸善。夫懲惡乃所以勸善也，作逆臣傳。

秉德，本名乙辛。初爲西南路招討使，改汴京留守。丁母憂，起復爲兵部尚書，拜參知政事。皇統八年，與烏林荅蒲盧虎等廉察郡縣，使還，拜平章政事。廷議欲徙遼陽渤海人屯燕南，秉德及左司郎中三合議其事。近侍高壽星在徙中，壽星訴於悼后，后以白帝，帝怒，杖秉德而殺三合。是時，熙宗在位久，悼后干政，而繼嗣未立，帝無聊不平，屢殺宗室，箠辱大臣。秉德以其故懷忿，乃與唐括辯、烏帶等謀廢立。

烏帶以其謀告海陵，海陵乃與秉德謀弒熙宗。皇統九年十二月九日，遂與唐括辯、烏帶、烏土、阿里忽出、大興國、李老僧、海陵妹夫特厮，弒熙宗于寢殿。秉德初意不在海陵，已弒熙宗，未有所屬，忽土奉海陵坐，秉德等皆拜稱萬歲。殺曹國王宗敏、左丞相宗賢。時秉德位在海陵上，因被杖怨望謀廢立，而海陵因之以爲亂。既立，以秉德爲左丞相，兼侍中、左副元帥，封蕭王，賜鐵券，與錢二千萬、絹一千匹、馬牛各三百、羊三千。久之，爲烏帶所譖，出領行臺尚書省事。

時秉德方在告，亟召之，限十日内發行。會海陵欲除太宗諸子，并除秉德，以秉德首謀廢立，及弒熙宗不即勸進，銜之。烏帶因言秉德與宗本謀反有狀，曰：「昨來秉德曾於宗本家飲酒，海州刺史子忠言，秉德有福，貌類趙太祖，秉德偃仰笑受其言。臣妻言秉德妻嘗指斥主上，語皆不順。及秉德與宗本相别時，指斥尤甚，且謂曆數有歸。秉德招刑部侍郎漫獨曰，『已前曾説那公事，頗記憶否』。漫獨曰，『不存性命事何可對衆便説』。似此逆狀甚明。」海陵遣使就行臺殺秉德，并殺前行臺參知政事烏林荅贊謀。

贊謀妻，秉德乳母也。初，贊謀與前行臺左丞温敦思忠同在行臺，思忠黷貨無厭，贊謀薄之，由是有隙，故思忠乘是并誣贊謀及其子，殺之。贊謀不肯跪受刑，行刑者立而縊殺之。海陵以贊謀家財奴婢盡賜思忠。

秉德與烏帶以口語致怨，既死遂并殺其弟特里、糺里，及宗翰子孫，死者三十餘人，宗翰之後遂絶。世宗即位，追復秉德官爵，贈儀同三司。

初，撒改薨，宗翰襲其猛安親管謀克。秉德死，海陵以賞烏帶，傳其子兀荅補。大定六年，世宗憫宗翰無後，詔以猛安謀克還撒改曾孫盆買，遣使改葬撒改、宗翰於山陵西南二十里，百官致奠，其家産給近親以奉祭祀。

秉德既死，其中都宅第，左副元帥杲居之。杲死，海陵遷都，迎其嫡母徒單氏居之。徒單遇害，世宗惡其不祥，施爲佛寺。

唐括辯本名斡骨剌。尚熙宗女代國公主，爲駙馬都尉。累官參知政事、尚書左丞。與右丞相秉德謀廢立，而烏帶以告海陵，海陵謂辯曰：「我輩不能匡救，旦暮且及禍。若行大事，誰可立者？」辯曰：「無乃胙王常勝乎？」海陵問其次，辯曰：「鄧王子阿楞。」海陵曰：「阿楞屬疎，安得立。」辯曰：「公豈有意邪？」海陵曰：「若不得已，捨我其誰。」於是，旦夕相與密謀。護衛將軍特思疑之，以告悼后曰：「辯等因間每竊竊偶語，不知議何事。」悼后以告熙宗，熙宗怒，召辯責之曰：「爾與亮謀何事，將如我何。」杖而遣之。自是謀益甚。

十二月九日〔二〕，代國公主爲其母悼后作佛事，居寺中，故海陵、秉德等俱會於辯家。至夜，辯等以刀藏衣下，相隨入宫，門者以辯駙馬不疑，皆内之。至殿門，直宿護衛覺之，辯舉刀呵之使無動。既弒熙宗，立海陵，辯爲尚書右丞相兼中書令，封王，賜錢二千萬、絹千匹、馬牛各三百、羊三千并鐵券。進拜左丞相。父彰德軍節度使重國，遷東平尹。

初，辯與海陵謀逆，辯嘗言其家奴多可用者，海陵固已懷之。及行弒之夕會於辯家，待興國出宫，辯因設饌，衆皆恇懼不能食，辯獨飽食自若，海陵由此知其忮忍，畏忌之。及即位，嘗與辯觀太祖畫像，海陵指示辯曰：「此眼與爾相似。」辯色動，海陵亦色動，由是疑辯，益忌之。及與蕭裕謀致宗本罪，并致辯嘗與宗本謀反，即殺之。

重國坐奪官，正隆二年，起爲沂州防禦使，改清州防禦使。大定初，重國與徒單拔改俱以政跡著聞，歷安國、彰化、横海軍節度使。

後辯子孫上書，言辯死天德間，祖重國亦坐追削。正隆初，重國已復官職，乞追復辯官爵。是時，海陵已降爲庶人，以辯與弒逆，不許。

言本名烏帶，行臺左丞相阿魯補子也〔三〕。熙宗時，累官大理卿。熙宗晚年喜怒不常，大臣往往危懼，右丞相秉德〔四〕、左丞唐括辯謀廢立，烏帶即詣海陵啓之，遂與俱弒熙宗。海陵即位，烏帶爲平章政事，封許國王，賜錢、絹、馬、牛、羊、鐵券，並如其黨。

烏帶妻唐括氏淫泆，舊與海陵通，又私其家奴閻乞兒，秉德嘗對熙宗斥其事，烏帶銜之未發也。時海陵多忌，會有疾，少間，烏帶遂誣奏「秉德有指斥語，曰：主上數日不視朝，若有不諱，誰當繼者？臣曰：主上有皇子。秉德曰：嬰兒豈能勝天下大任，必也葛王乎」。海陵以爲實然，故出秉德，已而殺之，以秉德世襲猛安謀克授烏帶。進右丞相。烏帶與宗本有親，海陵以烏帶告秉德事，故宗本之禍烏帶獨免，遂以秉德千户謀克及其子婦家産盡賜之。進司空、左丞相，兼侍中。

居數月，烏帶早朝，以日陰晦將雨，意海陵不視朝，先趨出朝，百官皆隨之去。已而海陵御殿，知烏帶率百官出朝，惡之，遂落司空，出爲崇義軍節度使。後海陵思慕唐括容色，因其侍婢來候問起居，海陵許立爲后，使殺烏帶。海陵詐爲烏帶哀傷，使其子兀荅補佩金符乘驛赴喪，追封爲王，仍詔有司送其靈車，賜絹三百爲道途費。納唐括於宫中，封貴妃。

兀荅補襲猛安謀克。大定六年，以猛安謀克還撤改曾孫，以阿魯補謀克授兀荅補，終同知大興尹。子瑭，本名烏也阿補，以曾祖阿魯補功，充筆硯祗候。

大興國，事熙宗爲寢殿小底，權近侍局直長，最見親信，未嘗去左右。每逮夜，熙宗就寢，興國時從主者取符鑰歸家，主者即以付之，聽其出入以爲常。皇統九年，海陵生日，熙宗使興國以宋司馬光畫像及他珍翫賜海陵，悼后亦以物附賜，熙宗不悦，杖興國一百。

海陵謀弑，意先得興國廼可伺間入宫行大事，且度興國無罪被杖必有怨望心，可乘此説之，乃因李老僧結興國。既而，知無異心可與謀，乃召至卧内，令解衣，欲與之俱卧，意有所屬者。興國固辭不敢，曰：「即有使，惟大王之命。」海陵曰：「主上無故殺常勝，又殺皇后。乃以常勝家産賜阿楞，既又殺阿楞，遂以賜我。我深以爲憂，柰何？」興國曰：「是固可慮也。」海陵曰：「朝臣旦夕危懼，皆不自保。向者我生日，因皇后附賜物，君遂被杖，我亦見疑。主上嘗言會須殺君，我與君皆將不免，寧坐待死何如舉大事。我與大臣數人謀議已定，爾以爲如何？」興國曰：「如大王言，事不可緩也。」

乃約十二月九日夜起事。興國取符鑰開門，矯詔召海陵入。夜二更，海陵、秉德等入。熙宗常置佩刀於御榻上，是夜興國先取投榻下，及亂作，熙宗求佩刀不得，遂遇弒。

海陵既立，以興國爲廣寧尹，賜奴婢百口、犀玉帶各一、錢絹馬牛鐵券如其黨，進階金紫光禄大夫。再賜興國錢千萬、黄金四百兩、銀千兩、良馬四匹、駞車一乘、槖駞三頭、真珠巾、玉鉤帶、玉佩刀及玉校鞍轡。天德四年，改崇義軍節度使，賜名邦基。再授絳陽、武寧節度使，改河間尹。

世宗即位，廢于家，凡海陵所賜皆奪之。大定中，邦基兄邦傑自京兆判官還，世宗曰：「大邦傑因其弟進，濫厠縉紳，豈可復用。」併罷其子弟與所贈父官。及海陵降爲庶人，詔曰：「大邦基與海陵同謀弒逆，逋誅至今，爲幸多矣。」遂磔于思陵之側。

徒單阿里出虎，會寧葛馬合窟申人，徙懿州。父拔改，太祖時有戰功，領謀克，曷速館軍帥，皇統四年爲兵部侍郎，歷天德軍節度使，改興中尹，與宗幹世爲姻家。皇統九年，阿里出虎與僕散忽土俱爲護衛十人長。海陵將弒熙宗，欲得二人者爲内應，遂許以女妻阿里出虎子，而以逆謀告之。阿里出虎素凶暴，聞其言喜甚，曰：「阿家此言何晚邪，廢立之事亦男子所爲。主上不能保天下，人望所屬惟在阿家，今日之謀乃我素志也。」遂與忽土俱以十二月九日直禁中，海陵故以是夜二更入宫，至寢殿，阿里出虎先進刃，忽土次之，熙宗頓仆，海陵復刃之，血濺其面及衣。

海陵既立，以阿里出虎爲右副點檢，賜錢絹馬牛羊如其黨，子术斯剌尚榮國公主合女，加昭毅大將軍駙馬都尉。天德二年，留守東京，加儀同三司。八月，改河間尹，世襲臨潢府路斜剌阿猛安領親管謀克。以憂去職，起復爲太原尹，封王。

阿里出虎自謂有佐立功，受鐵券，凶狠益甚，奴視僚屬，少忤其意輒箠辱無所恤。嘗問休咎於卜者高鼎，遂以鼎所占問張王乞。王乞以謂當有天命，阿里出虎喜，以王乞語告鼎。鼎上變，阿里出虎伏誅，并殺其妻及王乞。海陵使其子术斯剌焚其尸，投骨水中。

拔改自西京留守歷西南路招討使、忠順軍節度使，入爲勸農使，復爲河間尹，改臨洮尹，入爲工部尚書，改興平軍節度使、濟南尹，卒。

僕散師恭本名忽土，上京老海達葛人。本微賤，宗幹嘗周恤之，擢置宿衛爲十人長。海陵謀逆，以忽土出自其家，有恩，欲使爲內應，謂之曰：「我有一言欲告君久矣，恐泄於人，未敢也。」忽土曰：「肌肉之外皆先太師所賜，苟有補於國王，死不敢辭。」先太師，謂宗幹也。海陵曰：「主上失道，吾將行廢立事，必得君爲助乃可。」忽土許之。

十二月九日，忽土直宿，海陵因之入宮。至寢殿，熙宗聞步屧聲，咄之，衆皆卻立不敢動，忽土曰：「事至此，不進得乎。」乃相與排闥而入。既弒熙宗，秉德等尚未有所屬，忽土曰：「始者議立平章，今復何疑。」乃奉海陵坐，衆前稱萬歲。遂召曹國王宗敏至，即使忽土殺之。

既即位，忽土爲左副點檢，賜錢絹馬牛羊鐵券。轉都點檢，改名思恭〔五〕。遷會寧牧，拜太子少師、工部尚書，封王。頃之，以憂解職。起復爲樞密副使，進拜樞密使。貞元三年，爲右丞相。正隆初，拜太尉，復爲樞密使。無何，以憂去，起復爲太尉、樞密使。

海陵至汴京，賜忽土第一區，隣寧德宮。宮，徒單太后所居也，忽土時時入見太后。及契丹撒八反，海陵命忽土與蕭懷忠北伐。比行，忽土入辭寧德，太后與語久之。海陵聞而惡之，疑其與太后有異謀。是時，蕭禿剌、斡盧補與契丹撒八連戰皆無功，糧運不繼，乃退軍臨潢。而撒八聞師恭以大軍且至，乃謀歸大石，沿龍駒河西去。師恭至臨潢，追之不及。海陵使樞密副使白彥敬等討撒八，師恭還，遣其子忽殺虎乘傳逆之，至則執而戮于市。師恭臨刑，繩枚窒口不能言，但舉首視天日而已。遂族滅之，并誅滅蕭禿剌、蕭賾、蕭懷忠家。

大定初，皆復官爵。及海陵降爲庶人，師恭以預弒復削之。世宗幸上京，過老海達葛，師恭族人臨潢尹守中、定遠大將軍阿里徒等皆奪官。二十八年，上謂宰臣曰：「海陵遣僕散師恭、蕭禿剌、蕭懷忠追撒八不及，皆坐誅，遂夷其族，虐之甚也。」平章政事襄對曰：「是時臣在軍中，忽土、隤有精甲一萬三千有餘，賊軍雖多皆脅從之人，以氈紙爲甲，易與也。忽土等恇怯遷延，賊乃遁去。」上曰：「審如是，則誅之可也。」兄渾坦。

徒單貞，本名特思，忒黑闢剌人也。祖抄，從太祖伐遼有功，授世襲猛安。父婆盧火，以戰功累官開府儀同三司。貞娶遼王宗幹女，海陵同母女弟也。皇統九年，貞與海陵俱弑熙宗。海陵既立，以貞爲左衞將軍，封貞妻平陽長公主，貞爲駙馬都尉、殿前左副點檢。轉都點檢，兼太子少保，封王。改大興尹，都點檢如故。俄授臨潢府路昏斯魯猛安。

居二年，海陵召貞勗之曰：「汝自幼常在左右，頗著微勞，而近日乃怠忽，縱有罪，樹私恩。凡人富貴而驕，皆死徵也。汝若不制汝心，將無所不至，賜之死復何辭。朕念弟襄及公主與朕同胞，故少示懲戒。」貞但號泣。即日解點檢職，仍爲大興尹，復戒之曰：「今而後能以勤自勵，朕當思之。不然，黜爾歸田里矣。」逾月，復爲都點檢、大興尹如故。正隆二年，例封瀋。遷樞密副使，賜佩刀入宮，轉同判大宗正事。

海陵將伐宋，詔朝官除三國人使宴飲，其餘飲酒者死。六年正月四日立春節，益都尹京、安武節度使爽、金吾上將軍阿速飲於貞第。海陵使周福兒賜土牛至貞第，見之以告，海陵召貞詰之曰：「戎事方殷，禁百官飲酒，卿等知之乎？」貞等伏地請死，海陵數之曰：「汝等若以飲酒殺人太重，固當諫，古人三諫不聽亦勉從君命。魏武帝軍行令曰『犯麥者死』。已而所乘馬入麥中，乃割髮以自刑。犯麥，微事也，然必欲以示信。朕爲天下主，法不能行于貴近乎？朕念慈憲太后子四人，惟朕與公主在，而京等皆近屬，曲貸死罪。」於是杖貞七十，京等三人各杖一百，降貞爲安武軍節度使，京爲灤州刺史，爽歸化州刺史。

無何，拜貞御史大夫，以本官爲左監軍，從伐宋。至揚州，海陵死，北還。見世宗于中都，詔以貞女爲皇太子妃，除貞爲太原尹，改咸平。貞在咸平貪汙不法，累贓鉅萬，徙真定尹，事覺。世宗使大理卿李昌圖鞫之，貞即引伏，昌圖還奏，上問之曰：「貞停職否？」對曰：「未也。」上怒，抵昌圖罪，復遣刑部尚書移剌道往真定問之，徵其贓還主。有司徵給不以時，詔先以官錢還其主，而令貞納官。凡還主贓，皆準此例。降貞爲博州防禦使，降貞妻爲清平縣主。

頃之，遷震武節度使，遣使者往戒勑之，詔曰：「朕念卿懿戚，不待終考，更遷大鎮。非常之恩不可數得，卿勿蹈前過。」轉河中尹。進封其妻爲任國公主，賜黄金百兩、重綵二十端，賜貞擊毬馬二匹。改東京留守，賜玉吐鶻、弓矢，賜貞妻錢萬貫。

有司奏「海陵已貶爲庶人，宗幹不當猶稱帝」。於是，以宗幹有社稷功，詔追封爲遼王，其子孫及諸女皆降，貞妻降永平縣主，貞自儀同三司降特進，奪猛安，不稱駙馬都尉。再徙臨潢尹。

初，與弑熙宗凡九人，海陵以暴虐自斃，秉德、辯、忽土、阿里出虎以疑見殺，言以妻殞，裕、老僧以反誅，至是貞與大興國尚在。而興國擯棄不用，獨貞以世姻籍恩寵，雖夫婦降削爵號，而世宗慮久遠，終不以私恩曲庇，久之，詔誅貞及其妻與二子慎思、十六，而宥其諸孫。俄而，興國亦誅，皇統逆黨盡矣。

章宗即位，尊母皇太子妃爲皇太后，追封貞爲太尉梁國公，貞祖抄司空魯國公，父婆盧火司徒齊國公，貞妻梁國夫人，子阤補火、慎思、十六俱爲鎮國上將軍。無何，再贈貞太師、廣平郡王，謚莊簡。貞妻進封梁國公主。

李老僧，舊爲將軍司書吏，與大興國有親，素相厚。海陵秉政，興國屬諸海陵，海陵以爲省令史。及將舉事，使老僧結興國，興國終爲海陵取符鑰，納海陵宮中成弑逆者，老僧爲之也。海陵既立，以老僧爲同知廣寧尹事，賜錢千萬、絹五百匹、馬牛各二百、羊二千。久之，海陵惡韓王亨，將殺之，求其罪不可得，遂以亨爲廣寧尹，再任老僧同知，使伺察亨，構致其罪。亨喜博，及至廣寧，常與老僧博，待之甚厚。老僧由是不忍致亨死罪，遲疑者久之。海陵再使小底訛論促老僧，老僧乃與亨家奴六斤謀，殺亨獄中，語在亨傳。及耶律安禮自廣寧還朝，海陵謂之曰：「孛迭三罪，伏其一已見觖望。爾乃梁王故吏，若亨伏辜，必罪及親族，故榜殺之。」

海陵以老僧於亨有遲回意，遂降老僧爲易州刺史。久之，遷同知大興尹，賜名惟忠，改延安府同知。大定二年，與兵部尚書可喜謀反，誅。

論曰：書曰：「王左右常伯、常任、準人、綴衣、虎賁。周公曰：嗚呼，休茲知恤，鮮哉。」穆王告伯冏曰：「愼簡乃僚，其無以巧言令色、便辟側媚，其惟吉士。」金人所謂寢殿小底猶周之綴衣，所謂護衛猶周之虎賁也，則皆羣僕侍御之臣矣。海陵弒逆，而大興國、忽土、阿里出虎爲之扼擥，皆出于小底護衛之中，熙宗固不知恤之也。一日，熙宗與近侍飲酒，會夜，稽古殿火，上欲往視，都點檢辭不失引帝裾止之，奏曰：「臣在此，陛下何患，願無親往。」熙宗謂辭不失被酒，甚怒之，明日，杖而出之，已而思其忠，復見召用。海陵與唐括辯時時屏人私語，護衛特思察其非常，海陵擠而殺之。皇統末年，羣臣解體，無尊君謹上之心，而羣姦竊發，僕御之臣不復有如辭不失、特思者矣。綿之詩曰：「予曰有疏附，予曰有先後，予曰有奔走，予曰有禦侮。」嗚呼，先後禦侮之臣豈可少哉。

完顏元宜，本名阿列，一名移特輦，本姓耶律氏。父慎思，天輔七年，宗望追遼主至天德，慎思來降，且言夏人以兵迎遼主，將渡河去。宗望移書夏人諭以禍福，夏人乃止。賜慎思姓完顏氏，官至儀同三司。

元宜便騎射，善擊毬。皇統元年，充護衞，累遷甌里本羣牧使，入爲武庫署令，轉符寶郎。海陵篡立，爲兵部尚書。天德三年，詔凡賜姓者皆復本姓，元宜復姓耶律氏。歷順義、昭義節度使，復爲兵部尚書、勸農使。

海陵伐宋，以本官領神武軍都總管，以大名路騎兵萬餘益之。前鋒渡淮，拔昭關，遇宋兵萬餘于柘皐，力戰却之。至和州，宋兵十萬來拒，元宜麾軍力戰，抵暮而罷。宋人乘夜襲營，元宜擊走之，黎明追及宋兵，斬首數萬，以功遷銀青光祿大夫。海陵增置浙西道都統制〔六〕，使元宜領之，督諸軍渡江，佩金牌，賜衣一襲。

是時，世宗已即位于遼陽，軍中多懷去就。海陵軍令慘急，亟欲渡江，衆欲亡歸，決計於元宜。猛安唐括烏野曰：「前阻淮渡，皆成擒矣。比聞遼陽新天子即位，不若共行大事，然後舉軍北還。」元宜曰：「待王祥至謀之。」王祥者元宜子，爲驍騎副都指揮使，在別軍。元宜使人密召王祥，既至，遂約詰旦衞軍番代即行事。元宜先欺其衆曰：「有令，爾輩皆去馬，詰旦渡江。」衆皆懼，乃以舉事告之，皆許諾。

十月乙未黎明〔七〕，元宜、王祥與武勝軍都總管徒單守素、猛安唐括烏野、謀克斡盧保、婁薛、温都長壽等率衆犯御營。海陵聞亂，以爲宋兵奄至，攬衣遽起，箭入帳中，取視之，愕然曰：「乃我兵也。」大慶山曰：「事急矣，當出避之。」海陵曰：「走將安往。」方取弓，已中箭仆地。延安少尹納合斡魯補先刃之，手足猶動，遂縊殺之。驍騎指揮使大磐整兵來救，王祥出語之曰：「無及矣。」大磐乃止。軍士攘取行營服用皆盡，乃取大磐衣巾裹海陵尸，焚之。遂收尚書右丞李通、浙西道副統制郭安國、監軍徒單永年、近侍局使梁珫、副使大慶山，皆殺之。元宜行左領軍副大都督事，使使者殺皇太子光英于南京。大軍北還。

大定二年春，入見，拜御史大夫，詔曰：「高楨爲御史大夫，號爲正直，頗涉煩碎，臣下衣冠不正亦被糾舉。職事有大於此者，爾宜勉之。」未幾，拜平章政事，封冀國公，賜玉帶、甲第一區，復賜姓完顏氏。

往泰州路規措討契丹事，元宜使忠勇校尉李榮招窩斡，窩斡殺榮，詔追贈榮進官四階。五月，上聞元宜將還，遣使止之。契丹已平，元宜還朝，奏請益諸羣牧鎧甲。詔從之，每羣牧益二十副。元宜復請益臨潢戍軍士馬，詔給馬六百匹。久之，罷爲東京留守。乞還所賜甲第，上從之，賜以襲衣、吐鶻、廐馬、海東青鶻。未幾，致仕，薨于家。上聞之，遣使致祭，賻贈甚厚。

大定十一年，尚書省奏擬納合斡魯補除授，上曰：「昔廢海陵，此人首入弒之，人臣之罪莫大於是，豈可復加官使？其世襲謀克姑聽仍舊。」大定十八年，扎里海上言：「凡爲人臣能捍災禦侮有功者，宜録用之。今弒海陵者以爲有功，賞以高爵，非所以勸事君也。宜削奪，以爲人臣之戒。臣在當時亦與其黨，如正名定罪，請自臣始。」上曰：「扎里海自請其罪以勸事君，此亦人之所難。」遂以扎里海充趙王府祗候郎君。

元宜子習涅阿補，大定二十五年爲符寶祗候，乞依女直人例遷官，上曰：「賜姓一時之權宜。」令習涅阿補還本姓。

論曰：春秋書「齊公子商人弒其君舍」，又曰：「齊人弒其君商人。」嗟乎，弒舍者商人也，弒商人者邴歜、閻職也。海陵弒熙宗，完顏元宜弒海陵。商人之弒也，邴歜、閻職去之。海陵之弒也，元宜歸于世宗。邴、閻賤役，元宜都將也，握君之親兵，窺利以弒之，其罪豈容誅乎，世宗僅能不大用之而已。扎里海猶殺人而自首者也，在律，殺人未聞准首免罪而又予賞者也，況弑逆乎。海陵弑五十三年，復有胡沙虎之事。

紇石烈執中，本名胡沙虎，阿疎裔孫也。徙東平路猛安。大定八年，充皇太子護衛，出職太子僕丞，改鷹坊直長，再遷鷹坊使、拱衛直指揮使。明昌四年，使過阻居，監酒官移剌保迎謁後時，飲以酒，酒味薄，執中怒，毆傷移剌保，詔的決五十。未幾，遷右副點檢，肆傲不奉職，降肇州防禦使。踰年，遷興平軍節度使。丁母憂，起復歸德軍節度使，改開遠軍兼西南路招討副使。俄知大名府事。承安二年，召爲簽樞密院事。詔佐丞相襄征伐，執中不欲行，奏曰：「臣與襄有隙，且殺臣矣。」上怒其言不遜，事下有司，既而赦之，出爲永定軍節度使。改西北路招討使，復爲永定軍，坐奪部軍馬解職。

泰和元年，起知大興府事。詔契丹人立功官賞恩同女直人，許存養馬匹，得充司吏譯人，著爲令。執中格詔不下，上責之曰：「汝雖意在防閑，而不知朝廷自有定格，自今勿復如此煩碎生事也。」乃下詔行之。

淶水人魏廷實祖任兒〔八〕，舊爲靳文昭家放良，天德三年，編籍正户，已三世矣。文昭孫勍詆廷實爲奴，及妄訴毆詈，警巡院鞫對無狀，法當訴本貫。勍訴于府，執中使廷實納錢五百貫與勍。廷實不從，還淶水，執中徑遣鎖致廷實。御史臺請移問，執中轉奏御史臺不依制，府未結斷，令移推。詔吏部侍郎李炳〔九〕、户部侍郎粘割合荅推問。炳、合荅奏御史臺理直，詔乃切責執中。

御史中丞孟鑄奏彈執中「貪殘專恣，不奉法令。釋罪之後，累過不悛。既蒙恩貸，轉生跋扈。如雄州詐認馬，平州冒支俸，破魏廷實家，發其冢墓，拜表不赴，祈雨聚妓，毆詈同僚擅令停職，失師帥之體，不稱京尹之任」。上曰：「執中矗人，似有跋扈爾。」鑄對曰：「明天子在上，豈容有跋扈之臣。」上意寤，取閱奏章，詔尚書省問之。由是改武衛軍都指揮使。

平章政事僕散揆宣撫河南，執中除山東東西路統軍使〔一〇〕。揆行省汴京伐宋，升諸道統軍司爲兵馬都統府，執中爲山東兩路兵馬都統，定海軍節度使完顏撒剌副之。執中分兵駐金城、朐山，請益發東平路兵屯密、沂、寧海、登、萊以遏兵衝，詔從之，時泰和六年四月也。

五月，宋兵犯金城，執中遣巡檢使周奴以騎兵三百禦之。會宋益兵轉趨沭陽，謀克三合伏卒五十人篁竹中，伺宋兵過突出擊之，殺十數人，追至縣城，宋兵不敢出。會周奴以兵入城，宋兵踰城走，三合已焚其舟，合擊大破之，斬首五百餘級，殺宋統領李藻，擒忠義軍將呂璋。

十月，執中率兵二萬出清口，宋以步騎萬餘列南岸，戰艦百艘拒上流，相持累日。執中以舟兵二千搏戰，遏宋舟兵，遣副統移剌古與涅率精騎四千自下流徑渡。宋兵望騎兵登南岸，水陸俱潰。追斬及溺死者甚衆，盡獲其戰艦及戰馬三百，遂克淮陰，進兵圍楚州。遷元帥左監軍。執中縱兵虜掠，上聞之，杖其經歷官阿里不孫，放還所掠。未幾，宋人請和，詔罷兵。除西南路招討使，改西京留守。

大安元年，授世襲謀克，復知大興府事，出知太原府，復爲西京留守，行樞密院，兼安撫使。以勁兵七千遇大兵，戰于定安之北，薄暮，先以麾下遯去，衆遂潰。行次蔚州，擅取官庫銀五千兩及衣幣諸物，奪官民馬，與從行私人入紫荆關，杖殺淶水令。至中都，朝廷皆不問。乃遷右副元帥，權尚書左丞。執中益無所忌憚，自請步騎二萬屯宣德州，與之三千，令駐嬀川。

崇慶元年正月，執中乞移屯南口或屯新莊，移文尚書省曰：「大兵來必不能支，一身不足惜，三千兵爲可憂，十二關、建春、萬寧宫且不保。」朝廷惡其言，下有司按問，詔數其十五罪，罷歸田里。

明年，復召至中都，預議軍事。左諫議大夫張行信上書曰：「胡沙虎專逞私意，不循公道，蔑省部以示强梁，媚近臣以求稱譽，骪法行事，枉害平民。行院山西，出師無律，不戰先退，擅取官物，杖殺縣令。屯駐嬀川，乞移内地，其謀略概可見矣。欲使改易前非，以收後效，不亦難乎。才誠可取，雖在微賤皆當擢用，何必老舊始能立功。一將之用，安危所係，惟朝廷加察，天下幸甚。」丞相徒單鎰以爲不可用，參知政事瑝跪奏其姦惡，乃止。執中善結近倖，交口稱譽。五月，詔給留守半俸，預議軍事。張行信復諫曰：「伏聞以胡沙虎老臣，欲起而用。人之能否，不在新舊。彼向之敗，朝廷既知之矣，乃復用之，無乃不可乎。」遂止。

上終以執中爲可用，賜金牌，權右副元帥，將武衞軍五千人屯中都城北〔一二〕。執中乃與其黨經歷官文繡局直長完顏醜奴、提控宿直將軍蒲察六斤、武衞軍鈐轄烏古論奪剌謀作亂。是時，大元大兵在近，上使奉職即軍中責執中止務馳獵，不恤軍事。執中方飼鷂，怒擲殺之，遂妄稱知大興府徒單南平及其子刑部侍郎駙馬都尉没烈謀反，奉詔討之。南平姻家福海，别將兵屯於城北，遣人以好語招之，福海不知，既至乃執之。

八月二十五日未五更，分其軍爲三軍，由章義門入，自將一軍由通玄門入。執中恐城中出兵來拒，乃遣一騎先馳抵東華門大呼曰：「大軍至北關，已接戰矣。」既而再遣一騎亦如之。使徒單金壽召知大興府徒單南平，南平不知，行至廣陽門西富義坊，馬上與執中相見，執中手槍刺之墮馬下，金壽斫殺之。使烏古論奪剌召没烈，殺之。符寶祗候鄯陽〔一三〕、護衞十人長完顏石古乃聞亂，遽召大漢軍五百人赴難〔一三〕，與執中戰不勝，皆死之。執中至東華門，使呼門者親軍百户冬兒、五十户蒲察六斤，皆不應，許以世襲猛安、三品職事官，亦不應。呼都點檢徒單渭河，渭河即徒單鎬也。渭河縋城出見執中，執中命聚薪焚東華門，立梯登城。護衞斜烈乞兒、親軍春山共揞鏁開門納執中。執中入宫，盡以其黨易宿衞，自稱監國都元帥，居大興府，陳兵自衞。急召都轉運使孫椿年取銀幣賞金壽、奪剌及軍官軍士、大興府輿隸。是夜，召聲妓與親黨會飲。明日，以兵逼上出居衞邸，誘左丞完顏綱至軍中，即殺之。執中意不可測，丞相徒單鎰勸執中立宣宗，執中然之。

是時，莊獻太子在中都，執中以皇太子儀仗迎莊獻入居東宫。召符寶郎徒單福壽取符寶，陳於大興府露階上。盜用御寶出制，除完顏醜奴德州防禦使，烏古論奪剌順天軍節度使，蒲察六斤横海軍節度使，徒單金壽永定軍節度使，雖除外官，皆留之左右。其餘除拜猶數十人。同時有兩蒲察六斤，其一守東華門不肯從亂者。召禮部令史張好禮欲鑄監國元帥印，好禮曰：「自古無異姓監國者。」乃止。遣奉御完顏忽失來等三人，護衞蒲鮮班底、完顏醜奴等十人，迎宣宗於彰德。使宦者李思忠弒上於衞邸。盡徹沿邊諸軍赴中都平州、騎兵屯薊州以自重，邊戍皆不守矣。

九月甲辰，宣宗即位，拜執中太師、尚書令、都元帥、監修國史，封澤王，授中都路和魯忽土世襲猛安。以其弟同知河南府特末也爲都點檢，兼侍衛親軍都指揮使，子猪糞除濮王傅、兵部侍郎，都點檢徒單渭河爲御史中丞，烏古論奪剌遥授知真定府事，徒單金壽遥授知東平府事，蒲察六斤遥授知平陽府事，完顏醜奴同知河中府事，權宿直將軍。詔以烏古論誼居第賜執中，儀鸞局給供張，妻王賜紫結銀鐸車。

戊申，執中侍朝，宣宗賜之坐，執中就坐不辭。無何，執中奏請降衛紹王爲庶人，奏再上，詔百官議于朝堂。太子少傅奧屯忠孝、侍讀學士蒲察思忠附執中議，衆相視莫敢言，獨文學田廷芳奮然曰：「先朝素無失德，尊號在禮不當削。」於是從之者禮部張敬甫、諫議張信甫、户部武文伯、龐才卿、石抹晉卿等二十四人。宣宗曰：「譬諸問途，百人曰東行是，十人曰西行是，行道之人果適東乎、適西乎。豈以百人、十人爲是非哉？」既而曰：「朕徐思之。」數日，詔降爲東海郡侯。

大元遊騎至高橋，宰臣以聞。宣宗使人問執中，執中曰：「計畫已定矣。」既而讓宰執曰：「吾爲尚書令，豈得不先與議而遽奏耶？」宰執遜謝而已。

提點近侍局慶山奴、副使惟弼、奉御惟康請除執中，宣宗念援立功，隱忍不許。

元帥右監軍术虎高琪屢戰不利，執中戒之曰：「今日出兵果無功，當以軍法從事矣。」高琪出戰復敗，自度不免，頗聞慶山奴諸人有謀，十月辛亥，高琪遂率所將糺軍入中都，圍執中第。執中聞變，彎弓注矢外射，不勝，登後垣欲走，衣絓墮而傷股，軍士就斬之。高琪持執中首詣闕待罪，宣宗赦之，以爲右副元帥〔一四〕。

執中之黨呼於衢路曰：「糺軍反矣，殺之者有賞。」市人從之，糺軍死者甚衆，一軍皆恟恟，宣宗遣近侍撫諭之，詔有司量加賻贈，衆乃稍安。明日，除特末也泰寧軍節度使，烏古論奪剌真授知濟南府事，徒單金壽真授知歸德府事，蒲察六斤真授知平陽府事。

甲寅，左諫議大夫張行信上封事曰：「春秋之法，國君立不以道，若嘗與諸侯盟會，即列爲諸侯。東海在位已六年矣，爲其臣者誰敢干之。胡沙虎握兵入城，躬行弒逆，當是時惟鄯陽、石古乃率衆赴援，至于戰死，論其忠烈，在朝食祿者皆當愧之。陛下始親萬機，海内望化，褒顯二人，延及子孫，庶幾少慰貞魂，激天下之義氣。宋徐羨之、傅亮、謝晦弒營陽王立文帝，文帝誅之，以江陵奉迎之誠，免其妻子。胡沙虎國之大賊，世所共惡，雖已死而罪名未正，合暴其過惡，宣布中外，除名削爵，緣坐其家，然後爲快。陛下若不忍援立之勞，則依倣元嘉故事，亦足以示懲戒。」宣宗乃下詔暴執中過惡，削其官爵。贈鄯陽、石古乃，加恩其子。慶山奴、惟弼、惟康皆遷賞，近侍局自此用事矣。

論曰：金九主，遇弒者三，其逆謀者十人。熙宗之弒，惟大興國一人世宗聲其罪而磔之思陵之側。徒單貞雖誅，未聞暴其罪狀，後以戚畹又復贈官追封。餘秉德、唐括辯等六人，皆以他罪誅。海陵之弒，其首惡爲完顏元宜，則令終焉。衞紹王之弒曰胡沙虎，不死於司敗之誅，而死於高琪之手。古所謂弒君之賊人得而討之者，謂請于公上而致討焉，如孔子之請討陳恒是也。豈有如琪之擅殺而以爲功者乎。金之政刑，其亂若此，國欲不亡，其可得乎。

校勘記

〔一〕唐括辯　原作「唐括辨」，據南監本、北監本、殿本改。下同改。

〔二〕十二月九日　本書卷四熙宗紀記此事在皇統九年十二月丁巳，即九日。

〔三〕行臺左丞相阿魯補子也　按，本書卷五九宗室表，「阿魯補係出景祖。行臺左丞相」，卷八〇阿离補傳，皇統「六年，爲行臺左丞相」，皆作「行臺左丞相」。唯卷四熙宗紀作「行臺右丞相」。

〔四〕右丞相秉德　「右丞相」，本書卷四熙宗紀作「左丞相」。與此異。

〔五〕改名思恭　「思恭」，卷首及上文作「師恭」。本書「師恭」、「思恭」錯出，未知孰是，各仍其舊。

〔六〕海陵增置浙西道都統制　「道」，原作「路」。按，本書卷五海陵紀，正隆六年十一月，「以勸農使完顏元宜爲浙西道兵馬都統制」。卷八二郭藥師傳附子郭安國傳，「海陵謀北還，更置浙西道兵馬都統制府」。今據改。下同改。

〔七〕十月乙未黎明　本書卷五海陵紀，正隆六年十一月「乙未，浙西兵馬都統制完顏元宜等軍反」。與此異。

〔八〕淶水人魏廷實祖任兒　「淶水」，原作「淶州」。按，下文「廷實不從，還淶水」。又本書卷二四地理志上，中都路易州有淶水縣。今據改。

〔九〕詔吏部侍郎李炳　按，本書卷九六李仲略傳，「仲略字簡之。（中略）改吏部郎中，遷侍郎，（中略）時知大興府事紇石烈執中坐贓，上命仲略鞫之」。此作「李炳」，或其別名。

〔一〇〕執中除山東東西路統軍使　本書卷四四兵志養兵之法云「河南、陝西、山東路統軍司」。

〔一一〕將武衞軍五千人屯中都城北　「五千」，諸本同。按，本書卷一三衞紹王紀，至寧元年五月，胡沙虎「領武衞軍三千人屯通玄門外」。人數與此異。

〔一二〕符寶祇候鄯陽　「鄯陽」，原作「繕陽」。按，本書卷一二一忠義傳一本傳作「鄯陽」，本卷下文亦作「鄯陽」。今據改。

〔一三〕遽召大漢軍五百人赴難　「大」字原脱。按，本書卷一二一忠義傳一鄯陽傳，「至寧元年八月，紇石烈執中作亂，（中略）鄯陽、石古乃往天王寺召大漢軍五百人赴難，（中略）執中揚言曰：大漢軍反矣，（中略）大漢軍少，二人不勝而死」。今據補。

〔四〕以爲右副元帥　「右副元帥」，疑當作「左副元帥」。按，本書卷一四宣宗紀上，貞祐元年十月辛亥，术虎高琪殺胡沙虎，「持其首詣闕待罪。赦之，仍授左副元帥」。卷一〇六术虎高琪傳記載同。

金史卷一百三十三

列傳第七十一

叛臣

張覺 子僅言　耶律余睹　窩斡

古書「畔」與「叛」通，畔之爲言界也。左氏曰，政猶「農之有畔」，是也。君臣上下之定分，猶此疆彼界之截然，違此向彼，即爲叛矣。善惡判於跬步，禍患極於懷襄，吁，可畏哉！作叛臣傳。

張覺亦書作毂，平州義豐人也。在遼第進士，仕至遼興軍節度副使。太祖定燕京，時立愛以平州降，當時宋人以海上之盟求燕京及西京地，太祖以燕京、涿、易、檀、順、景、薊與之。平州自入契丹別爲一軍，故弗與，而以平州爲南京，覺爲留守。既而聞覺有異志，上遣使劉彦宗及斜鉢諭之，詔曰：「平山一郡今爲南京，節度使今爲留守，恩亦厚矣。或言汝等陰有異圖，何爲當此農時輒相扇動，非去危就安之計也。其諭朕意。」

太祖每收城邑，往往徙其民以實京師，民心多不安，故時立愛因降表曾言及之。及以燕京與宋而遷其人，獨以空城與之，遷者道出平州，故覺因之以作亂。天輔七年五月，左企弓、虞仲文、曹勇義、康公弼赴廣寧，過平州，覺使人殺之于栗林下，遂據南京叛入于宋，宋人納之。

太祖下詔諭南京官吏，詔曰：「朕初駐蹕燕京，嘉爾吏民率先降附，故升府治以爲南京，減徭役，薄賦税，恩亦至矣，何苦輒爲叛逆。今欲進兵攻取，時方農月，不忍以一惡人而害及衆庶。且遼國舉爲我有，孤城自守，終欲何爲。今止坐首惡，餘並釋之。」

覺兵五萬屯潤州近郊，欲脅遷、來、潤、隰四州。闍母自錦州往討之，已敗覺兵，欲乘勝攻南京，時暑雨不可進，退屯于海壖。無何，闍母再敗覺兵，復與戰于兔耳山，闍母大敗，覺報捷于宋。宋建平州爲泰寧軍，以覺爲節度使，張敦固等皆加徽猷閣待制，以銀絹數萬犒軍。

宗望軍至南京城東，覺兵大敗宵遯，遂奔宋，入于燕京。宗望以納叛責宋安撫司，索張覺。宣撫王安中匿之於甲仗庫，紿曰：「無之。」宗望索愈急，安中乃斬貌類覺者一人當之，金人識之曰：「非覺也。」安中不得已，引覺出，數以罪，覺罵宋人不容口，遂殺覺函其首以與金人。燕京降將及常勝軍皆泣下，郭藥師自言曰：「若來索藥師當奈何。」自是，降將卒皆解體。及金人伐宋，竟以納平州之叛爲執言云。子僅言。

僅言幼名元奴。宗望攻下平山，僅言在襁褓間，里人劉承宣得之，養於家。其隣韓夫人甚愛之，年數歲，因隨韓夫人得見貞懿皇后，留之藩邸。稍長，侍世宗讀書，遂使僅言主家事，繩檢部曲，一府憚之。

世宗留守東京，海陵用兵江、淮，將士往往亡歸，詣東京，願推戴世宗爲天子。僅言勸進，世宗即位，除内藏庫副使，權發遣宫籍監事。海陵死揚州，僅言與禮部尚書烏居仁、殿前左衛將軍阿虎帶、御院通進劉玩發遣六宫百司圖書府藏在南京者。還以本職提控尚食局，轉少府監丞，仍主内藏。

僅言能心計，世宗倚任之，凡宫室營造、府庫出納、行幸頓舍皆委之。世宗嘗曰：「一經僅言，無不愜朕意者。」

六年，提舉修内役事，役夫掘地得白金匿之，事覺，法當死，僅言責取其物與官，釋其罪。尋兼祗應司。遷少府監，提控宮籍監、祗應司如故。護作太寧宮，引宮左流泉溉田，歲獲稻萬斛。十七年，復提點内藏，典領昭德皇后山陵，遷勸農使，領諸職如故。

僅言雖舊臣，出入左右，然世宗終不假以權任。二十一年，尚書省奏，宮苑司直長黎倫在職十六年，請與遷敘。上曰：「此朕之家臣，質直人也，今已老矣。如勸農使張僅言亦朕舊臣，純實頗解事，凡朝廷議論、内外除授，未嘗得干預。朕觀自古人君爲讒諂蒙蔽者多矣，朕雖不及古人，然近習憸言未嘗入耳。」宰臣曰：「誠如聖訓，此國家之福也。」世宗欲以爲橫海軍節度使，而不可去左右，遂止。

僅言始得疾，猶扶杖視事，疾亟，詔太醫診視，近侍問訊相屬。及卒，上深惜之，遣官致祭，賻銀五百兩、重綵十端、絹二百匹，棺槨、衣衾、銀汞、斂物、葬地皆官給，贈輔國上將軍〔一〕。

耶律余睹，遼宗室子也，遼主近族，父祖仕遼，具載遼史。初，太祖起兵，遼人來拒，余睹請自效，以功累遷金吾衞大將軍〔二〕，爲東路都統。天輔元年，與都統耶律馬哥軍于渾河，銀朮哥、希尹拒之，余睹等不敢戰。比銀朮哥等至，馬哥、余睹已遯去。銀朮哥、希尹坐稽緩，太祖皆罰之，所獲生口財畜入于官。天輔二年，龍化州人張應古等來降，而余睹復取之，遼以撻不野爲節度使。未幾，應古等逐撻不野自效。太祖於國中以問遼主〔三〕，「龍化州已經降附，何爲問罪而殺其主者」。遼主託以大盜羣起，使余睹收之。

太祖已取臨潢府，賜詔余睹曰：「汝將兵在東路，前後戰未嘗不敗。今聞汝收合散亡，以拒我師。朕已於今月十五日克上京，今將往取遼主矣。汝若治兵一決勝負，可指地期日相報。若知不敵，當率衆來降，無貽後悔。」及太祖班師，闍母等還至遼河，方渡，余睹來襲，完顏背荅、烏塔等殿，力戰却之，獲甲馬五百匹。

天輔五年，余睹送款于咸州路都統，以所部來降，乞援接于桑林渡。都統司以聞，詔曰：「余睹到日，使與其官屬偕來，餘衆處之便地。」無何，余睹送上所受遼國宣誥及器甲旗幟等，與將吏韓福奴、阿八、謝老、太師奴、蕭慶、醜和尚、高佛留、蒲荅、謝家奴、五哥等來降。

余睹作書，具言所以降之意，大概以謂：「遼主沉湎荒于遊畋，不恤政事，好佞人，遠忠直，淫刑吝賞，政煩賦重，民不聊生。」又言：「樞密使得里底本無材能，但阿諛取容，其子磨哥任以軍事。」又言：「文妃長子晉王素係人望，宜爲儲副，得里底以元妃諸子己所自出，使晉王出繼文妃〔四〕。」又言：「晉王與駙馬乙信謀復其樞密使，來告余睹共定大計，而所圖不成。」又言：「己粗更軍事，進策遼主，得里底蔽之，遼主亦不省察。」又曰：「大金疆土日闢，余睹灼知天命，遂自去年春與耶律慎思等定議，約以今夏來降。近聞得里底、高十捏等欲發，倉卒之際不及收合四遠，但率傍近部族户三千、車五千兩、畜産數萬，遼北軍都統以兵追襲，遂棄輜重，轉戰至此。所有官吏職位姓名、人户畜産之數，遣韓福奴具録以聞。」遂與其將吏來見，上撫慰之，遂賜坐，班同宰相，賜宴盡醉而罷。上命余睹以舊官領所部，且諭之曰：「若能爲國立功，別當奬用。」自余睹降，益知遼人虚實矣。

余睹在軍中屢乞侍妾及子，太祖疑之，詔咸州路都統司曰：「余睹家屬，善監護之。」復詔曰：「余睹降時，其民多强率而來者，恐在邊生變，宜徙之内地。」都統杲取中京，余睹爲鄉導，與希尹等招撫奚部。奉聖州降，其官吏皆遯去，余睹舉前監酒李師夔爲節度使，進士沈璋爲副使，州吏裴賾爲觀察判官。沈璋招集居民還業者三千餘，遷太常少卿。

久之，耶律麻者告余睹、吴十、鐸剌結黨謀叛，及其未發宜先收捕。上召余睹從容謂之曰：「今聞汝謀叛，誠然邪，其各無隱。若果去，必須鞍馬甲胄器械之屬，當悉付汝，吾不食言。若再被擒，無祈免死。欲留事我，則無懷異志，吾不汝疑。」余覩等戰慄不能對，乃杖鐸剌七十，餘皆不問。

天會三年，大舉伐宋，余睹爲元帥右都監，宋兵四萬救太原，余睹、屋里海逆擊于汾河北，擒其帥郝仲連、張關索，統制馬忠，殺萬餘人。宗翰伐宋，余睹留西京。天會十年，余睹謀反，雲内節度使耶律奴哥等告之。余睹亡去，其黨燕京統軍蕭高六伏誅，蔚州節度使蕭特謀自殺〔五〕。邊部斬余睹及其諸子，函其首以獻。耶律奴哥加守太保兼侍中，趙公鑑、劉儒信、劉君輔等並授遥鎮節度使以賞之。

移剌窩斡，西北路契丹部族。先從撒八爲亂，受其僞署，後殺撒八，遂有其衆。

撒八者，初爲招討司譯史。正隆五年，海陵徵諸道兵伐宋，使牌印燥合、楊葛盡徵西北路契丹丁壯，契丹人曰：「西北路接近鄰國，世世征伐，相爲讎怨。若男丁盡從軍，彼以兵來，則老弱必盡係累矣。幸使者入朝言之。」燥合畏罪不敢言，楊葛深念後西北有事得罪，遂以憂死。燥合復與牌印耶律娜、尚書省令史没荅涅合督起西北路兵。契丹聞男丁當盡起，於是撒八、孛特補與部衆殺招討使完顔沃側及燥合，而執耶律娜、没荅涅合，取招討司貯甲三千，遂反。議立豫王延禧子孫，衆推都監老和尚爲招討使，山後四羣牧、山前諸羣牧皆應之。迪斡羣牧使徒單賽里、耶魯瓦羣牧使鶴壽等皆遇害，語在鶴壽傳中。五院司部人老和尚、那也亦殺節度使朮甲兀者以應撒八。

會寧八猛安牧馬于山後，至迪謀魯，賊盡奪其馬。闢沙河千户十哥等與前招討使完顏麻潑殺烏古迪列招討使烏林荅蒲盧虎，以所部趨西北路。室魯部節度使阿厮列追擊敗之，十哥與數騎遁去，合于撒八。

咸平府謀克括里，與所部自山後逃歸，咸平少尹完顏余里野欲收捕括里家屬，括里與其黨招誘富家奴隸，數日得衆二千，遂攻陷韓州及柳河縣，遂趨咸平。余里野發兵迎擊之，兵敗，賊遂據咸平，於是繕完器甲，出府庫財物以募兵，賊勢益張。權曹家山猛安綽質，集兵千餘，扼干夜河〔六〕，賊不得東。綽質兵敗，括里遂犯濟州。會宿直將軍孛朮魯吴括剌徵兵于速頻路，遇括里于信州，與猛安烏延查剌兵二千，擊敗括里。括里收餘衆趨東京〔七〕，是時世宗爲東京留守，以兵四百人拒之。賊至常安縣，聞空中擊鼓聲如數千鼓者，候見旌旗蔽野，傳言留守以十萬兵至矣，即引還，亦以其衆合于撒八。

海陵使樞密使僕散忽土、西京留守蕭懷忠將兵一萬，與右衛將軍蕭禿剌討平之。禿剌與之相持數日，連與戰皆無功，而糧餉不繼，禿剌退歸臨潢。禿剌雖不能克敵，而撒八自度大軍必相繼而至，勢不可支，謀歸于大石，乃率衆沿龍駒河西出。及僕散忽土、蕭懷忠等兵至，與禿剌合兵追至河上，不及而還。忽土、懷忠、禿剌坐逗遛不即追賊，皆誅死。

北京留守蕭𩌏不能制其下〔八〕，殺降人而取其婦女，亦坐誅。於是，白彥恭爲北面兵馬都統，紇石烈志寧副之，完顔㲄英爲西北面兵馬都統，西北路招討使唐括孛姑的副之，以討撒八等。

撒八既西行，而舊居山前者皆不欲往，僞署六院節度使移剌窩斡、兵官陳家殺撒八，執老和尚、孛特補等。

至是，窩斡始自爲都元帥，陳家爲都監，擁衆東還，至臨潢府東南新羅寨。世宗使移剌扎八、前押軍謀克播斡、前牌印麻駭、利涉軍節度判官馬腦等招之。扎八等見窩斡，以上意諭之。窩斡已約降，已而復謂扎八曰：「若降，爾能保我輩無事乎？」扎八曰：「我知招降耳，其他豈能必哉。」

扎八見窩斡兵衆彊，車帳滿野，意其可以有成，因説之曰：「我之始來，以汝輩不能有爲，今觀兵勢彊盛如此，汝等欲如羣羊爲人所驅去乎，將欲待天時乎？若果有大志，吾亦不復還矣。」賊將有前孛特本部族節度使逐斡者，言：「昔谷神丞相，賢能人也，嘗説他日西北部族當有事。今日正合此語，恐不可降也。」於是，窩斡遂決意不復肯降矣。扎八亦留賊中，惟麻駭、播斡還歸。

窩斡乃引兵攻臨潢府，總管移室懣出城戰，兵少被執，賊遂圍臨潢，衆至五萬。正隆六年十二月己亥，窩斡遂稱帝，改元天正。

是時，北面都統白彥敬、副統紇石烈志寧在北京，聞世宗即位，以兵來歸。世宗使元帥左都監吾扎忽、同知北京留守事完顏骨只救臨潢，晝夜兼行，比至臨潢，賊已解圍去攻泰州。吾扎忽追及于窊歷，兩軍已陣將戰，押軍猛安契丹忽剌叔以所部兵應賊，吾扎忽軍遂敗。

泰州節度使烏里雅率千餘騎與窩斡遇，烏里雅兵復敗，僅以數騎脱歸。賊勢愈振，城中震駭，莫敢出戰。賊四面登城，押軍猛安烏古孫阿里補率軍士數人，各持刀，以身率先循城，擊賊力戰，斫刈甚衆，賊乃退走，城賴以完。泰州司吏顏盞蒲查奏捷，除忠翊校尉，賜銀五十兩、重綵十端。

二年正月〔九〕，右副元帥完顏謀衍率諸軍北征窩斡。二月壬戌詔曰：「應諸人若能於契丹賊中自拔歸者，更不問元初首從及被威脅之由，奴婢、良人罪無輕重並行免放。曾有官職及糾率人衆來歸者，仍與官賞，依本品量材敍使。其同來人各從所願處收係，有才能者亦與録用。内外官員郎君、羣牧直撒、百姓人家驅奴、宫籍監人等，並放爲良，亦從所願處收係，與免三年差役。或能捕殺首領而歸者，准上施行，仍驗勞績約量遷賞。如捕獲窩斡者，猛安加三品官授節度使，謀克加四品官授防禦使，庶人加五品官授刺史。」詔曰：

「尚書省，如節度、防禦使捉獲窩斡者與世襲猛安，刺史捉獲者與世襲謀克，驅奴、宮籍監人亦與庶人同。」復詔宰臣，徧諭將士，能捕殺窩斡者加特進、授真定總管〔一〇〕。

於是，括里將犯韓州，聞元帥兵至，不戰遯去，將轉趨懿、宜州。謀衍屯懿州慶雲縣，及屯川州武平縣〔一一〕，奏請糧運當遣人護送，兵仗乞選精良者付之。詔以南征逃還軍士就往屯戍，如不足，量于富家簽調，就近地簽步軍，給仗護送糧運。詔平章政事移剌元宜往泰州規措邊事。前安遠大將軍斡里㚇、猛安七斤、庶人阿里葛、磨哥等自窩斡中來降，斡里㚇、七斤加昭武大將軍，阿里葛武義將軍，磨哥忠勇校尉。

窩斡遂自泰州往攻濟州，欲邀糧運。元帥完顏謀衍與右監軍完顏福壽、左都監吾扎忽合兵，甲士萬三千人，曷懶路總管徒單克寧、廣寧尹僕散渾坦、同知廣寧尹完顏巖雅、肇州防禦使唐括烏也爲左翼，臨海節度使紇石烈志寧、曷速館節度使神土懣、同知北京留守完顏骨只、淄州刺史尼厖古鈔兀爲右翼，至朮虎崖，盡委輜重，士卒齎數日糧，輕騎襲之。

紏椀羣牧人契丹紏者，與其弟孛迭、揆剌，皆棄家自賊中來降。紏者謂謀衍曰：「賊中馬肥健，官軍馬疲弱，此去賊八十里，比遇賊馬已憊。賊輜重去此不遠，我攻之，賊必救其巢穴，賊至馬必疲，我馬少得息，所謂攻其所必救，以逸待勞者也。」謀衍從之，乘夜亟發，會大風路暗不能辨，遲明行三十里許，與賊輜重相近，整兵少憩。窩斡趨濟州，知大軍取其輜重，乃還救，遇于長濼。既陣，謀衍別設伏于左翼之側，賊四百餘騎突出左翼伏兵之間〔一三〕，徒單克寧射却之。是日，別部諸將與賊對者，勝負未分，相去五里許而立。左翼萬户襄別與賊戰，賊陣動，襄麾軍乘之，突出其後，俱與大軍不相及。襄以善射者二十騎，率衆自賊後擊之，賊不能支，乘勢麾軍擊其一偏，賊遂却。襄遂與大軍合，而別部諸將皆至，整陣力戰，忽反風揚砂石，賊陣亂，官軍馳擊，大破之，追北十餘里，斬獲甚衆。詔以糺者爲武義將軍，孛迭昭信校尉，挼剌忠翊校尉。糺者除同知建州事，未之官，卒。孛迭取家賊中，遂被害，上憫之，後以挼剌爲汝州都巡檢使。

窩斡率其衆西走，謀衍追及之于霿𩅦河。賊已濟，毁其津口，紇石烈志寧軍先至，不克渡，乃對岸爲疑兵，以夾谷清臣、徒單海羅兩萬户於下流渡河，值支港，兩岸斗絶，且濘淖，命軍士束柳填港而過。追之數里，得平地，方食，賊衆奄至。志寧軍急整陣，賊自南岡馳下，衝陣者三，志寧力戰，流矢中左臂，戰自若。大軍畢至，左翼騎兵先與賊接，賊據上風縱火，乘煙擊官軍，官軍步兵亦至，併力合戰，凡十餘合，軍士苦風煙，皆植立如癡，會天降雨，風止，官軍奮擊，大敗之。徒單克寧追奔十五里，賊前阨溪澗不得亟渡，多殺傷。賊既渡，官軍亦渡，少憩，賊反旆來攻，克寧以大軍不繼，令軍士皆下馬射賊。賊引却而南，克寧亦將引而北，士未及騎馬，賊復來衝突，官軍少却，回渡澗北。大軍至，賊遂引去。

四月，詔元帥府曰：「應契丹賊人，與大軍未戰已前投降者，不得殺傷，仍加安撫。敗走以後，招誘來降者，除奴婢准已虜爲定外，親屬分付圓聚，仍官爲换贖。」

窩斡既敗，謀衍不復追討，駐軍白濼。窩斡攻懿州不克，遂殘破川州，將遯于山西，而北京亦不邀擊之。於是，發驍騎軍二千、曷懶路留屯京師軍三千，號稱二萬，會寧濟州軍六千亦號二萬。元帥左都監高忠建總兵〔一三〕，沃州刺史烏古論蒲查爲曷懶路押軍萬户，邳州刺史烏林荅剌撒爲濟州押軍萬户，右驍騎副都指揮使烏延查剌爲驍騎萬户〔一四〕，祁州刺史宗寧爲會寧路押軍萬户，右宣徽使宗亨爲北京路都統〔一五〕，吏部郎中完顏達吉爲副統，會元帥府討擊之。

詔使尚厩局副使蒲察蒲盧渾往懿州戒敕將帥，上曰：「朕委卿等討賊，乃聞不就賊趨戰，而駐兵閑緩，經涉累月，雖曾追襲，乃不由有水草之地，以致馬疲弱不能百里而還。後雖破賊，而縱諸軍劫掠，數日後方追北霿凇河，亦不乘勝，輒復引還。賊遂入涉近地，北京、懿州由此受兵。朕欲重譴汝等，以方任兵事，且圖後功。當盡心一力，毋得似前怠弛。」上謂蒲盧渾曰：「卿若聞賊在近，即當監督討伐。用命力戰者疏記以聞，朕將約量遷賞。無或承徇上官，抑有功、濫署無功者。善戢士卒，勿縱虜掠。」以紇石烈志寧爲元帥右監軍，右副元帥完顏謀衍、元帥右監軍完顏福壽召還京師〔一六〕，咸平路總管完顏兀帶復舊職。謀衍男斜哥在軍中多暴横，詔押歸本管。窩斡使所親招節度使移里堇窟域，窟域執其使送官，與窩斡連戰有功，遷宣武將軍，賜銀五百兩、衣二襲。起運在中都弓萬五千、箭一百五十萬赴懿州。

平章政事移剌元宜、寧昌軍節度使宗敍入見，詔使自中道却還軍中，宣諭元宜、謀衍注意經略邊事。師久無功，尚書右丞僕散忠義願效死力除邊患，世宗嘉歎。六月，忠義拜平章政事兼右副元帥，宗敍爲兵部尚書，各賜弓矢、具鞍勒馬。出内府金銀十萬兩佐軍用。詔曰：「軍中將士有犯，除連職奏聞，餘依軍法約量決責，有功者依格遷賞。」以大名尹宗尹爲河南路統軍使，河南路統軍都監蒲察世傑爲西北路副統，賜弓矢佩刀廐馬，從忠義征行。詔諭諸軍將士曰：「兵久駐邊陲，蠹費財用無成功，百姓不得休息。今命平章政事僕散忠義兼右副元帥，同心戮力以底戡定。右副元帥謀衍罷爲同判大宗正事。」

詔居庸關、古北口譏察契丹姦細，捕獲者加官賞。萬户温迪罕阿魯帶以兵四千屯古北口，薊州、石門關等處各以五百人守之。海陵末年，阿魯帶爲猛安，移剌娜爲牌印祗候，起契丹部族兵被執，至是挺身來降。世宗以阿魯帶爲濟州押軍萬户，移剌娜爲同知灤州事。

西南路招討使完顏思敬爲都統，賜金牌一、銀牌二，西北路招討使唐括孛古底副之，以兵五千往會燕子城舊戍軍〔一七〕，視地形衝要或于狗濼屯駐，遠斥候，賊至即戰，不以晝夜爲限。詔思敬曰：「契丹賊敗必走山後，可選新馬三千，加芻秣以備追襲。」

僕散忠義至軍中。是時，窩斡西走花道，衆尚八萬。忠義、高忠建軍與賊遇，萬户查剌、蒲查爲左翼，宗亨統之，宗寧、剌撒爲右翼，宗敍統之，世傑亦在左翼中，與賊夾河爲陣。賊渡河，以兵四萬餘先犯左翼軍，查剌以六百騎奮擊敗之。以四萬衆與左翼軍戰〔一八〕，宗亨、世傑七謀克指畫失宜，陣亂敗于賊。世傑挺身投于查剌軍中，賊圍查剌軍，查剌力戰，宗敍以右翼軍來救，賊乃去。

詔曰：「自契丹作逆，有爲賊詿誤者，不問如何從賊，但能復業，與免本罪。如能率衆來附，或能殺捕首領而降，或執送賊所扇誘作亂之人，皆與量加官爵。朕念正隆南征，猛安亡者招還被戮，已命其子孫襲其職。爾等勿懲前事，故懷遲疑。賊軍今既破散，山後諸處皆命將士遏其逃路，爾等雖欲不降終將安往？若猶疑貳，俱就焚滅，悔無及矣。」

窩斡自花道西走，僕散忠義、紇石烈志寧以大軍追及于裊嶺西陷泉〔一九〕。明日，賊軍三萬騎涉水而東。大軍先據南岡，左翼軍自岡爲陣，迤邐而北，步軍繼之，右翼軍繼步軍北引而東，作偃月陣，步軍居中，騎兵據其兩端，使賊不見首尾。是日，大霧晦冥，既陣霧開，少頃晴霽。賊見左翼據南岡不敢擊，擊右翼軍，烏延查剌力戰，賊稍却。志寧與夾谷清臣、烏林荅剌撒、鐸剌合戰，賊大敗，將涉水去，泥濘不得亟渡。大軍逐北，人馬相蹂踐而死，不可勝數，陷泉皆平，餘衆蹈籍而過，或奔潰竄匿林莽間。大軍踵擊之，俘斬萬計，生擒其弟僞六院司大王裊。窩斡僅與數騎脱去，鈔兀、清臣追四十餘里不及，斬千餘級，獲車帳甚衆。其母徐輦舉營自落括岡西走，志寧追之，盡獲輜重，俘五萬餘人，雜畜不可勝計。僞節度使六及其部族皆降。

詔北京副統完顏達吉括本部馬，規辦芻糧，仍使達吉爲監戰官，録有功者聞奏。詔選中都、西京兩路新舊軍萬人備守禦，以窩斡敗走，恐或衝突也。

僕散忠義使使奏捷，詔略曰：「平章政事、右副元帥忠義使使來奏大捷。或被軍俘獲，或自能來服，或無所歸而投拜，或將全屬歸附，或分領家族來降，或嘗受僞命，及自來曾與官軍鬭敵，皆釋其罪。其散亡人內，除窩斡一身，不以大小官員是何名色，却來歸附者，亦准釋放。有能誅捕窩斡，或於不從招納亡去人內誅捕以來，及或能率衆於掌軍官及隨處官司投降者，並給官賞。各路撫納來者，毋得輒加侵損。無資給者，不以是何路分，隨有糧處安置，仍官爲養濟。」

窩斡收合散卒萬餘人，遂入奚部，以諸奚自益，時時出兵寇速魯古淀、古北口、興化之間。温迪罕阿魯帶守古北口，與戰敗焉。詔完顏謀衍、蒲察烏里雅、蒲察蒲盧渾以兵三千，合舊屯兵五千，擊之。詔完顏思敬以所部兵入奚地，會大軍討窩斡。

賊黨霿䨲河猛安蒲速越遣人至帥府約降，詔令擒捕窩斡，許以官賞。賊將降者甚衆，其散走者聞詔書招降，亦多降者。其餘多疾疫而死，無復鬭志。窩斡自度勢窮，乃謀自羊城道西京奔夏國，大軍追之益急，其衆復多亡去，度不得西，乃北走沙陀間。

詔尚書省，「凡脅從之家被俘掠遂致離散，宜從改正。將士往往藏匿其人，有司檢括分付」。

監軍志寧獲賊稍合住，釋而弗殺，縱還賊中，使誘其親近捕窩斡以自效，許以官賞。九月庚子，稍合住與神獨斡執窩斡，詣右都監完顏思敬降〔三〇〕，并獲其母徐輦及其妻、子、子婦、弟、姪，盡收僞金銀牌印。唐括孛古底獲前胡里改節度使什温及其家屬。西北路招討使李家奴獲僞樞密使逐斡等三十餘人，復與猛安泥本婆果追僞監軍那也至天成縣，那也乃降，仍獲僞都元帥醜哥及金牌一、銀牌五。志寧與清臣、宗寧、速哥等追餘黨至燕子城，盡得其黨。前至抹拔里達之地，悉獲之，逆黨遂平。

甲辰，皇太子率百官上表賀。乙巳，詔天下。辛亥，完顏思敬獻俘于京師，窩斡梟首于市，磔其手足，分懸諸京府。其母徐輦及妻子皆戮之。契丹降人皆拘其器仗，貧不能自給者官爲養濟。

括里、扎八率衆南走，詔左宣徽使宗亨追及之。扎八詐稱降，宗亨信其言，遂不與戰。扎八紿之曰：「括里驚走，願追之。」宗亨縱扎八去。益都猛安欲以所部追括里、扎八，宗亨恐分其功，不聽，而縱軍士取賊所棄資囊人畜而自有之。括里、扎八由是得亡去，遂奔于宋。宗亨降寧州刺史。其後，宋李世輔用括里、扎八，遂取宿州，頗爲邊患。神獨斡除同知安化軍節度使，稍合住除同知震武軍節度使事。大定六年，點檢司奏，親軍中有逆黨子弟，請一切罷去。詔曰：「身預逆黨者罷之，餘勿問。」

贊曰：金人以燕山與宋，遂啓張覺跳梁之心，覺豈爲宋者哉，蓋欲乘時以徼利耳。耶律余睹從宗望追天祚，曾不遺餘力，功成驕溢，自取誅滅，悱哉。正隆佳兵，契丹作難，傳曰：「夫兵猶火也，弗戢將自焚。」可不戒哉。

校勘記

〔一〕贈輔國上將軍　「國」字原脱，據殿本、局本補。

〔二〕以功累遷金吾衛大將軍　本書卷三太宗紀：「左金吾上將軍耶律余睹爲元帥右都監。」與此異。

〔三〕太祖於國中以問遼主　「國」下疑脱「書」字。

〔四〕使晉王出繼文妃　「文妃」疑誤。按，晉王爲文妃長子。遼史卷七二宗室晉王敖盧斡傳，「出爲大丞相耶律隆運後」。

〔五〕蔚州節度使蕭特謀自殺　「蕭特謀」，本書卷三太宗紀作「蕭特謀葛」。

〔六〕扼干夜河　「干夜河」，南監本、北監本、殿本作「于夜河」，局本作「於夜河」。

〔七〕括里收餘衆趨東京　「東」字原脱。按，本書卷六世宗紀上，正隆六年，「咸平府謀克括里攻陷韓州，據咸平，將犯東京」。此處下文亦有「世宗爲東京留守」拒之之語，知脱「東」字。今據補。

〔八〕北京留守蕭賾不能制其下　「蕭賾」，原作「蕭頤」，據殿本、局本改。按，本書卷五海陵紀，正隆六年八月癸亥，殺「北京留守蕭賾」。卷八七紇石烈志寧傳，「契丹撒八反，樞密使僕散忽土、北京留守蕭賾、西京留守蕭懷忠皆以征討無功，坐誅」。卷九一蕭懷忠傳，「契丹撒八反，（中略）與樞密使僕散思恭、北京留守蕭賾、（中略）往討之」。

〔九〕二年正月　按，本書卷六世宗紀上，大定二年正月庚寅，「遣右副元帥完顏謀衍率師討蕭窩斡」。此「二年」上當脱「大定」二字。

〔一〇〕授真定總管　據上下文義，「定」字疑衍。

〔一〕及屯川州武平縣　「武平」，按，本書卷二四地理志上，北京路大定府武平縣注云，「遼築城杏堝，初名新州，統和間更爲武安州。皇統三年降爲武安縣來屬，大定七年更名」，則此時當作「武安」。

〔二〕賊四百餘騎突出左翼伏兵之間　「四百」，原作「罟」，據局本改。按，本書卷九二徒單克寧傳記此事作「賊二萬餘躡吾後，又以騎四百餘突出左翼伏兵之間，欲繞出陣後攻我。克寧與善射二十餘人拒之」。

〔三〕元帥左都監高忠建總兵　按，本書卷六世宗紀上，大定二年五月「戊戌，遣元帥左監軍高忠建會北征將帥討契丹」。又同年八月，「左監軍高忠建破奚于栲栳山」。要録卷一九八、皇宋十朝綱要卷二五等書亦稱高忠建爲「左監軍」。疑「左都監」爲「左監軍」之誤。

〔四〕右驍騎副都指揮使烏延查剌爲驍騎萬户　「烏延查剌」四字原脱。按，本書卷八六烏延查剌傳，「世宗即位，查剌謁見，充護衛，爲驍騎副都指揮使，領萬户。擊窩斡」。今據補。

〔五〕右宣徽使宗亨爲北京路都統　「宗」字原脱。按，本書卷七〇宗亨傳，「大定二年，授右宣徽使，未幾，爲北京路兵馬都統，以討契丹賊」。今據補。

〔六〕右副元帥完顔謀衍元帥右監軍完顔福壽召還京師　「右副元帥完顔謀衍元帥」十字原脱。按，本書卷六世宗紀上，大定二年五月「己亥，以臨海軍節度使紇石烈志寧爲元帥右監軍。右副元帥完顔謀衍、元帥右監軍完顔福壽坐逗遛，召還京師，皆罷之」。今據補。

〔一七〕以兵五千往會燕子城舊戍軍　「五千」，本書卷七〇完顏思敬傳作「二千」。

〔一八〕以四萬衆與左翼軍戰　「左」，原作「右」。按，此戰役又見本書卷七〇宗亨傳、卷八六烏延查剌傳、卷八七僕散忠義傳，皆謂查剌、宗亨、世傑爲左翼，宗敍等爲右翼，戰敗者爲左翼，而救者爲右翼。今據改。

〔一九〕紇石烈志寧以大軍追及于裊嶺西陷泉　「裊嶺」，原作「梟嶺」，據北監本、殿本、局本改。

〔二〇〕詣右都監完顏思敬降　「降」字原脱。按，本書卷八七僕散忠義傳記此事云，「稍合住與其黨執窩斡詣完顏思敬降」。今據補。

金史卷一百三十四

列傳第七十二

外國上

西夏

夏國王李乾順。其先曰托跋思恭，唐僖宗時，爲夏、綏、銀、宥節度使，與李茂貞、李克用等破黄巢，復京師，賜姓李氏。唐末，天下大亂，藩鎮連兵，惟夏州未嘗爲唐患。歷五代至宋，傳數世至元昊，始稱帝。遼人以公主下嫁李氏，世修朝貢不絶，事具遼史。

天輔六年，金破遼兵，遼主走陰山，夏將李良輔將兵三萬來救遼，次天德境野谷，斡魯、婁室敗之于宜水，追至野谷，澗水暴至，漂没者不可勝計。宗望至陰山，以便宜與夏國議和，其書曰：「奉詔有之：夏王，遼之自出，不渝終始，危難相救。今兹已舉遼國，若能如事遼之日以效職貢，當聽其來，毋致疑貳。若遼主至彼，可令執送。」天會二年，始奉誓表，以事遼之禮稱藩，請受割賜之地。宗翰承制，割下寨以北、陰山以南、乙室耶刺部吐祿濼之西，以賜之。

天會二年三月〔二〕，乾順遣把里公亮等來上誓表，曰：「臣乾順言：今月十五日，西南、西北兩路都統遣左諫議大夫王介儒等齎牒奉宣，若夏國追悔前非，捕送遼主，立盟上表，仍依遼國舊制及賜誓詔，將來或有不虞，交相救援者。臣與遼國世通姻契，名係藩臣，輒爲援以啓端，曾犯威而結釁。既速違天之咎，果罹敗績之憂。蒙降德音以寬前罪，仍賜土地用廣藩籬，載惟含垢之恩，常切戴天之望。自今已後，凡於歲時朝賀、貢進表章、使人往復等事，一切永依臣事遼國舊例。其契丹昏主今不在臣境，至如奔竄到此，不復存泊，即當執獻。若大朝知其所在，以兵追捕，無敢爲地及依前援助。其或徵兵，即當依應。至如殊方異域朝覲天闕，合經當國道路，亦不阻節。以上所敍數事，臣誓固此誠，傳嗣不變，苟或有渝，天地鑒察，神明殛之，禍及子孫，不克享國。」所謂西北、西南兩路都統者宗翰也。蓋宗望以太祖命與之通書，而宗翰以便宜割地議和云。

太宗使王阿海、楊天吉往賜誓詔曰：「維天會二年歲次甲辰，閏三月戊寅朔，皇帝賜誓詔於夏國王乾順：先皇帝誕膺駿命，肇啓鴻圖，而卿國據夏臺，境連遼右，以效力於昏主，致結釁於王師。先皇帝以謂忠於所事，務施恩而釋過。迨眇躬之纂紹，仰遺訓以遵行，卿乃深念前非，樂從内附，飭使軺而奉貢，效臣節以稱藩。載錫寵光，用彰復好，所有割賜地土、使聘禮節、相爲援助等事，一切恭依先朝制詔。其依應徵兵，所請宜允。三辰在上，朕豈食言，苟或變渝，亦如卿誓。遠垂戒諭，毋替厥誠。」

於是，宋人與夏人俱受山西地，宋人侵取之，乾順遣使表謝賜誓詔，并論宋所侵地。詔曰：「省所上表，具悉，已命西南、西北兩路都統府從宜定奪。」是時，宗翰朝京師未還，録夏國奏付權都統斡魯，宋人侵略新受疆土及使人王阿海爭儀物事，與夏通問以便宜決之。

初，以山西九州與宋人，而天德遠在一隅，緩急不可及，割以與夏。後破宋都獲二帝，乃畫陝西分界，自麟府路洛陽溝東距黄河西岸、西歷暖泉堡，鄜延路米脂谷至累勝寨，環慶路威邊寨過九星原至委布谷口，涇原路威川寨略古蕭關至北谷川〔二〕，秦鳳路通懷堡至古會州，自此直距黄河，依見今流行分熙河路盡西邊以限封域〔三〕。復分陝西北鄙以易天德、雲内，以河爲界。

及婁室定陝西，婆盧火率兵先取威戎城。軍至威戎東與敵遇，擊走之，生致二人，問之，乃知爲夏將李遇取威戎也，乃還其人而與李遇通問。李遇軍威戎西，蒲察軍威戎東，而使使議事于婁室。婁室報曰：「元帥府約束，若兵近夏境，則與夏人相爲掎角，毋相侵犯。」李遇使人來曰：「夏國既以天德、雲内歸大國，大國許我陝西北鄙之地，是以至此。」蒲察等遂旋軍。睿宗既定陝西，元帥府不欲以陝西北鄙與夏國，詔曰：「卿等審處所宜從事。」

天眷二年，國王乾順薨，子仁孝立，遣使册命，加開府儀同三司上柱國。皇統元年，請置榷場，許之。

初，王阿海等以太宗誓詔賜夏國，乾順以契丹舊儀見使者，阿海不肯曰：「契丹與夏國甥舅也，故國王坐受，使者以禮進。今大金與夏國君臣也，見大國使者當如儀。」爭數日不能決，於是始起立受焉。厥後不遣賜生日使，至是始遣使賜之。

初，慕洧以環州降，及割陝西、河南與宋人，洧奔夏國，夏人以爲山訛首領。及撒离喝再定陝西，洧思歸，夏人知之，遂族洧，以表聞，詔書責讓之。及海陵弒熙宗，遣使報諭至境上，夏人問曰：「聖德皇帝何爲見廢。」不肯納。朝廷乃使有司以廢立之故移文報之。天德二年七月，夏使御史中丞雜辣公濟等來賀，如舊禮。

正隆末伐宋，宋人入秦、隴，夏亦乘隙攻取盪羌、通峽、九羊、會川等城寨，宋亦侵入夏境。世宗即位，夏人復以城寨來歸，且乞兵復宋侵地，詔書嘉獎，仍遣吏部郎中完顏達吉體究陝西利害〔四〕。邊吏奏，夏人已歸城寨，而所侵掠人口財畜尚未還，請索之。大定四年二月甲申，夏遣其武功大夫紐卧文忠等賀萬春節〔五〕，入見，附狀奏告，略曰：「衆軍破蕩之時，幸而免者十無一二，繼以凍餒死亡，其存幾何。兼夏國與宋兵交，人畜之被俘僇亦多，連歲勤動，士卒暴露，勢皆朘削。又坐爲宋人牽制，使忠誠之節無繇自達，中外咸知，願止約理索，聽納臣言，不勝下國之幸。」其後屢以爲請，詔許之。

久之，其臣任得敬專國政，欲分割夏國。因賀大定八年正旦，遣奏告使殿前太尉芭里昌祖等以仁孝章乞良醫爲得敬治疾，詔保全郎王師道佩銀牌往焉。詔師道曰：「如病勢不可療，則勿治。如可治，期一月歸。」得敬疾有瘳，遣謝恩使任得聰來，得敬亦附表進禮物，上曰：「得敬自有定分，附表禮物皆不可受。」並却之。

初，仁孝嗣位，其臣屢作亂，任得敬抗禦有功，遂相夏國二十餘年，陰蓄異志，欲圖夏國，誣殺宗親大臣，其勢漸逼，仁孝不能制。大定十年，乃分西南路及靈州囉龐嶺地與得敬，自爲國，且上表爲得敬求封。世宗以問宰相，尚書令李石等曰：「事繫彼國，我何預焉，不如因而許之。」上曰：「有國之主豈肯無故分國與人，此必權臣逼奪，非夏王本意。況夏國稱藩歲久，一旦迫於賊臣，朕爲四海主，寧容此邪？若彼不能自正，則當以兵誅之，不可許也。」乃却其貢物，賜仁孝詔曰：「自我國家戡定中原，懷柔西土，始則畫疆於乃父，繼而錫命於爾躬，恩厚一方，年垂三紀，藩臣之禮既務踐修，先業所傳亦當固守。今茲請命，事頗靡常，未知措意之由來，續當遣使以詢爾。所有貢物，已令發回。」

得敬密通宋人求助，宋以蠟丸書答得敬，夏人得之。得敬始因求醫附表進禮物，欲以嘗試世宗，既不可行，而求封又不可得，仁孝乃謀誅之〔六〕。八月晦，仁孝誅得敬及其黨與，上表謝，并以所執宋人及蠟丸書來上。其謝表曰：「得敬初受分土之後，曾遣使赴大朝代求封建，蒙詔書不爲俞納，此朝廷憐愛之恩，夏國不勝感戴。夏國妄煩朝廷，冒求賊臣封建，深虧禮節。今既賊臣誅訖，大朝不用遣使詢問。得敬所分之地與大朝熙秦路接境，恐自分地以來別有生事，已根勘禁約，乞朝廷亦行禁約。」

十二年，上謂宰臣曰：「夏國以珠玉易我絲帛，是以無用易我有用也。」乃減罷保安、蘭州榷場〔七〕。

仁孝深念世宗恩厚，十七年，獻本國所造百頭帳，上曰：「夏國貢獻自有方物，可却之。」仁孝再以表上曰：「所進帳本非珍異，使人亦已到邊，若不蒙包納，則下國深誠無所展效，四方鄰國以爲夏國不預大朝眷愛之數，將何所安。」乃許與正旦使同來。

先是，尚書奏〔八〕：「夏國與陝西邊民私相越境，盜竊財畜，姦人託名榷場貿易，得以往來，恐爲邊患。使人入境與富商相易，亦可禁止。」於是，復罷綏德榷場，止存東勝、環州而已。仁孝表請復置蘭州、保安、綏德榷場如舊，并乞使人入界相易用物。詔曰：「保安、蘭州地無絲枲，惟綏德建關市以通貨財。使副往來，聽留都亭貿易。」章宗即位，詔曰：「夏使館内貿易且已。」明昌二年，復舊。

頃之，夏人肆牧於鎮戎之境，邏卒逐之，夏人執邏卒而去。邊將阿魯帶率兵詰之，夏廂官吴明契、信陵都、卜祥、徐餘立等伏兵三千於澗中，阿魯帶口中流矢而死，取其弓甲而去。詔索殺阿魯帶者，夏人處以徒刑，詔索之不已，夏人乃殺明契等。

明昌四年，仁孝薨，子純佑嗣立。承安二年，復置蘭州、保安榷場。承安五年〔九〕，純佑母病風求醫，詔太醫判官時德元及王利貞往，仍賜御藥。八月，再賜醫藥。泰和六年三月，仁孝弟仁友子安全，廢純佑自立，再閱月死于廢所。七月，使純佑母羅氏爲表，言純佑不能嗣守，與大臣定議立安全爲王，遣使奏告。夏使私問館伴官：「奏告事詔許否？」館伴官曰：「此不當問也。」夏使曰：「明日當問諸客省，若又不答，則升殿奏請。」上聞之，使客省諭以許所祈之意，乃賜羅氏詔詢其意，夏人復以羅氏表來，乃封安全爲夏國王。

大安三年，安全薨，族子遵頊立。遵頊先以狀元及第，充大都督府主，立在安全薨前一月，衛紹王無實録，不知其故。然是時金兵敗績于會河堡，夏人乘其兵敗侵略邊境，而通使如故。

崇慶元年三月，攻葭州。至寧元年六月，攻保安州。貞祐元年十一月，攻會州，都統徒單醜兒擊走之。十二月，陷涇州〔一〇〕。二年八月，歸國人喬成齎夏國書，大概言金邊吏侵略，乞禁戢。詔移文荅之，宰臣言「既非公牒，今將責問，彼必飾詞，徒爲虛文，無益于事」。乃止。未幾，夏人攻慶原、延安、積石州，乃詔有司移文責問。

十一月，蘭州譯人程陳僧結夏人以州叛，邊將敗其兵三千。三年正月，夏兵攻武延川，宣宗曰：「此不足慮，恐由他道入也。」既而聞邊吏侵夏境，夏人乃攻環州，詔治邊吏罪。夏兵攻積石州，都統姜伯通敗之。夏兵入安鄉關，都統曹記僧、萬户忽三十却之。二月，攻環州〔一一〕，刺史烏古論延壽敗之于境上。

三月，詔議伐夏〔一二〕，陝西宣撫司奏：「往者，夏人侵我環、慶，河、蘭、積石以兵應之，悉皆遁去，遽還巢穴，蓋爲我備也。今蘭州潰兵猶未集，軍實多不完，沿邊地寒，春草始生，未可芻牧，兩界無煙火者三百餘里，不宜輕舉。」從之。

四月，詔河州提控曹記僧、通遠軍節度使完顏狗兒討程陳僧，夏人援之。九月，遂破西關堡。夏人復攻第五將城，萬户楊再興擊走之。詔陝西宣撫司及沿邊諸將，降空名宣勑，臨陣立功，五品以下並聽遷授。十月，攻保安及延安，都統完顏國家奴破之。既而深入臨洮，總管陀滿胡土門不能禦，陝西宣撫副使完顏胡失來救臨洮，大敗于渭源堡，城破，胡失來被執。十一月，夏兵敗于克戎寨，復敗于熟羊寨，宰相入賀，宣宗曰：「此忠賢之力也。」夏兵進圍臨洮，陀滿胡土門破之。四年四月，夏葩俄族總管汪三郎率衆來降，進羊千口，詔納之，優給其直。來遠鎮獲諜人，言宋、夏相結來攻，詔陝西行省備之。

夏於來羌城界河起折橋，元帥右都監完顏賽不焚之，斬馘甚衆。六月，鄜延路奏，夏人牒報用彼國光定年號，詔封還其牒。閏月，慶陽總管慶山奴伐夏，出環州，陝西行省請中分其軍，令慶山奴出第三將懷安寨，環州刺史完顏胡魯出環州，宣宗曰：「聞夏人移軍備其王城，尚恐詐我，勿墮其計中也。」提控完顏狗兒抵蘭州西關堡，招得舊部曲九人，掩擊夏兵于阿彌灣，殺其將士百餘人。八月，左監軍烏古論慶壽敗夏兵于安塞堡〔一三〕。右都監賽不擊走夏兵于結耶觜川，復破之于車兒堡。十一月，提控石盞合喜、楊斡烈解定西之圍。

十二月丙寅，宣宗與皇太子議伐夏，左監軍陀滿胡土門〔一四〕、延安總管古里甲石倫攻鹽、宥、夏州，慶陽總管慶山奴、知平涼府移剌荅不也攻威、靈、安、會等州。

興定元年正月，夏兵三萬自寧州還，慶山奴以兵邀擊，敗之。詔河東行省胥鼎選兵三萬五千，付陀滿胡土門伐夏。鼎馳奏不可，遂止，語在鼎傳。右都監完顏仲元請試兵西夏，出其不意必獲全勝，兵威既振，國力益完。詔下尚書省、樞密院議。

夏人福山以俘户來降，除同知澤州軍州事。

五月，夏兵入大北岔，都統紇石烈豬狗掩擊，敗之。宣宗欲與夏議和，右都監慶山奴屯延安，奏曰：「夏國決不肯和，徒見欺耳。」既而，獲諜者言，遵頊聞大金將約和，戒諭將士無犯西鄙。宰臣奏曰：「就令如此，邊備亦不宜弛。」宣宗以爲然。

右都監完顏閭山敗夏兵于黄鶴岔。夏人圍羊狼寨，都統党世昌與戰，完顏狗兒遣都統夾谷瑞夜斫夏營，遂解其圍，猶駐近地，左都監白撒發定西鋭兵、龕谷副統包孝成緋翮翅軍，合擊走之。八月，安定堡馬家平總押李公直敗夏兵三千。九月，都統羅世暉却夏兵于克戎寨。

興定二年三月，右都監慶山奴奏：「夏人有乞和意，保安、綏德、葭州得文報，乞復互市，以尋舊盟。以臣觀之，此出於遵頊，非邊吏所敢專者。」朝廷不以爲然。

五月，夏人入葭州，慶山奴破之于馬吉峯。七月，犯龕谷，夾谷瑞、趙防敗之，追至質孤堡。三年閏月，夏人破通秦寨〔一五〕，提控納合買住擊敗之，自葭蘆川遯去。華州元帥完顏合達出安塞堡至隆州，敗其兵二千。進攻隆州，克其西南，會暮乃還。十二月，詔有司移文夏國。

四年二月，夏人犯鎮戎，金師敗績，夏人公移語不遜，詔詞臣草牒折之。四月，夏兵犯邊，元帥石盞合喜遇于鹿兒原，提控烏古論世顯以偏師敗之，都統王定復破其衆于新泉城。元帥慶山奴攻宥州，圍神堆府，穴其城，士卒有登者，援兵至，擊走之，斬首二千，俘百餘人，獲雜畜三千餘。八月，夏人陷會州，刺史烏古論世顯降，復犯龕谷，夾谷瑞連戰敗之，夏人乃去。是月，詔有司移文議和，事竟不克。

夏人三萬自高峯鎮圍定西，刺史愛申阿失剌、提控烏古論長壽、温敦永昌擊走之。九月，夏人圍綏平寨、安定堡，未幾，陷西寧州，遂攻定西，烏古論長壽擊却之。乃襲鞏州，石盞合喜逆戰，一日十餘戰，乃解去。

五年正月，詔樞密院議夏事，奏曰：「夏人聚兵境上，欲由會州入，已遣行省白撒伏兵險要以待之。鄜延元帥府伺便發兵以綴其後，足以無慮。」二月，寧遠軍節度使夾谷海壽破夏兵于搜嵬堡。三月，復取來羌城。十月，攻龕谷，白撒連敗之。元光元年正月，夏人陷大通城，復取之。三月，提控李師林敗夏兵于永木嶺。八月，攻寧安寨，十月，攻神林堡〔一六〕，十二月，入質孤堡〔一七〕，提控唐括昉敗之。

二年，遵頊使其太子德任來伐，德任諫曰：「彼兵勢尚强，不若與之約和。」遵頊笑曰：「是非爾所知也。彼失蘭州竟不能復，何强之有。」德任固諫不從，乞避太子位，願爲僧。遵頊怒，幽之靈州，遣人代將，會天旱不果。

是歲，大元兵問罪夏國，延安、慶原元帥府欲乘夏人之困弊伐之，陝西行省白撒、合達以爲不可，乃止。

隴安軍節度使完顔阿隣日與將士宴飲，不治軍事，夏人乘之，掠民五千餘口、牛羊雜畜數萬而去。

自天會議和，八十餘年與夏人未嘗有兵革之事。及貞祐之初，小有侵掠，以至搆難十年不解，一勝一負精鋭皆盡，而兩國俱弊。

是歲，遵頊傳位於子德旺。正大元年，和議成，自稱兄弟之國。

三年二月，遵頊死，七月，德旺死，嗣立者史失其名〔一八〕。明年，夏國亡。

先是，夏使精方匭匣使王立之來聘，未復命國已亡，詔於京兆安置，充宣差彈壓，主管夏國降户。八年五月，立之妻子三十餘口至環州，詔以歸立之，賜以幣帛。立之上言，先世本申州人，乞不仕，居申州。詔如所請，以本官居申州，主管唐、鄧、申、裕等處夏國降户，聽唐、鄧總帥府節制，給上田千畝、牛具農作云。

贊曰：夏之立國舊矣，其臣羅世昌譜敍世次稱，元魏衰微，居松州者因以舊姓爲托跋氏。按唐書党項八部有托跋部，自党項入居銀、夏之間者號平夏部。托跋思恭以破黄巢功賜姓李氏，兄弟相繼爲節度使，居夏州，在河南。繼遷再立國，元昊始大，乃北渡河，城興州而都之。

其地初有夏、綏、銀、宥、靈、鹽等州，其後遂取武威、張掖、酒泉、燉煌郡地，南界横山，東距西河，土宜三種，善水草，宜畜牧，所謂涼州畜牧甲天下者是也。土堅腴，水清冽，風氣廣莫，民俗獷梗尚氣，重然諾，敢戰鬬。自漢、唐以水利積穀食邊兵，興州有漢、唐二渠，甘、涼亦各有灌溉，土境雖小，能以富彊，地勢然也。

五代之際，朝興夕替，制度禮樂盪爲灰燼，唐節度使有鼓吹，故夏國聲樂清厲頓挫，猶有鼓吹之遺音焉。然能崇尚儒術，尊孔子以帝號，其文章辭命有可觀者。立國二百餘年，抗衡遼、金、宋三國，偭鄉無常，視三國之勢强弱以爲異同焉。故近代學者記西北地理，往往皆臆度言之。聖神有作，天下會于一，驛道往來視爲東西州矣。

校勘記

〔一〕天會二年三月　「三月」二字原脱，據局本補。按，脱「三月」二字，下文「今月十五日」之「今月」上無所承。本書卷三太宗紀，天會二年三月「辛未，夏國王李乾順遣使上誓表」。又卷六〇交聘表上亦載，「三月，夏使把里公亮等來上誓表」。

〔二〕涇原路威川寨略古蕭關至北谷川　「路」字原脱，據局本補。按，卷二六地理志下記此事作「涇原路威川寨」。

〔三〕依見今流行分熙河路盡西邊以限封域　「西」，原作「四」，據局本改。按，本書卷二六地理志下記此事作「依見流分熙河路盡西邊」。

〔四〕仍遣吏部郎中完顔達吉體究陝西利害　「完顔達吉」，原作「完顔達吉不」，據局本改。按，本書卷一一三完顔賽不傳，完顔達吉不是宣宗時人，曾任深州刺史、陝西安撫使等職，與此年代不合。據卷六一交聘表中，大定二年「十二月辛未，以夏乞兵復宋侵地，遣尚書吏部郎中完顔達吉體究陝西利害」。

〔五〕二月甲申夏遣其武功大夫紐卧文忠等賀萬春節　「二月甲申」，本書卷六世宗紀上、卷六一交聘表中皆繫於「三月丙戌朔」，與此異。「紐」，原作「細」。按，交聘表中，大定四年「三月丙戌朔，夏武功大夫紐卧文忠、（中略）賀萬春節」。今據改。

〔六〕仁孝乃謀誅之　據上下文，此事在大定十年八月以前。按，本書卷六世宗紀上記此事在大定十年十一月。宋元通鑑記此事在是年八月。均與此異。

〔七〕蘭州榷場　「蘭州」，原作「蘭安」，據局本改。按，下文數見蘭州、保安、綏德榷場。又本書卷五〇食貨志五榷場多次敍述蘭州、保安、綏德諸榷場，知「蘭安」當是「蘭州」之誤。

〔八〕先是尚書奏　據文義「書」下當脱「省」字。

〔九〕承安五年　「五年」，原作「六年」，據局本改。按，本書卷六二交聘表下，承安五年「正月戊子朔，夏武節大夫連都敦信、（中略）賀正旦，附奏爲母疾求醫。詔遣太醫時德元、王利貞往診治」。

〔一〇〕十二月陷涇州　「涇州」，疑當作「鞏州」。按，本書卷一二一忠義傳一夾谷守中傳，「大安二年，爲秦州防禦使，遷通遠軍節度使。至寧末，移彰化軍，未行，夏兵數萬入鞏州。（中略）守中獨不屈」。通遠軍即鞏州，彰化軍即涇州。又，參見本書卷六二校勘記〔六二〕。

〔一一〕二月攻環州　「二月」，原作「三月」，據局本改。按，本書卷一四宣宗紀上，貞祐三年「二月辛卯，環州刺史烏古論延壽及斜卯毛良虎等敗夏人于州境」。

〔一二〕三月詔議伐夏　按，本書卷一四宣宗紀上記此事在五月。

〔一三〕左監軍烏古論慶壽敗夏兵于安塞堡　「安塞堡」，原作「寇安堡」。按，本書卷一四宣宗紀上，貞祐四年八月，「夏人入安塞堡，元帥左監軍烏古論慶壽遣軍敗之」。卷一〇一烏古論慶壽傳，貞祐「四年，遷元帥右監軍（中略）敗夏人于安塞堡」。今據改。

〔一四〕左監軍陀滿胡土門　按，本書卷一二三忠義傳三陀滿胡土門傳，貞祐四年「十月，進元帥右監軍、兼前職。興定二年，爲絳陽軍節度使、兼絳州管内觀察使。十月，遷元帥左監軍、行元帥府事」。據上文時爲貞祐四年，「左監軍」當是「右監軍」之誤。

〔一五〕三年閏月夏人破通秦寨　「閏」下疑脱「三」字。按，本書卷一五宣宗紀中，興定三年閏三月

「戊午，夏人破葭州之通秦砦，刺史紇石烈王家奴戰没」；四月「乙酉，夏人據通秦寨，提控納合買住擊敗之」。

〔一六〕十月攻神林堡　「十月」二字原脱。按，本書卷一六宣宗紀下，元光元年「冬十月丁丑，夏人掠德順之神林堡」。今據補。

〔一七〕十二月入質孤堡　「十二月」三字原脱，據局本補。按，本書卷一六宣宗紀下，元光元年十二月「己丑，蘭州提控唐括昉敗夏人于質孤堡」。

〔一八〕嗣立者史失其名　按，宋史卷四八六外國傳二夏國傳下，德旺死，「清平郡王之子南平王晛立」。元史卷一太祖紀亦載夏主李晛。均明確記載嗣立者之名，修金史者失記。

金史卷一百三十五

列傳第七十三

外國下

高麗

高麗國王，王楷。其地，鴨緑江以東，曷懶路以南，東南皆至于海。自遼時，歲時遣使修貢，事具遼史。

唐初，靺鞨有粟末、黑水兩部，皆臣屬于高麗。唐滅高麗，粟末保東牟山漸彊大，號渤海，姓大氏，有文物禮樂。至唐末稍衰，自後不復有聞。金伐遼，渤海來歸，蓋其遺裔也。黑水靺鞨居古肅慎地，有山曰白山，蓋長白山，金國之所起焉。女直雖舊屬高麗，不復相通者久矣。及金滅遼，高麗以事遼舊禮稱臣于金。

初，有醫者善治疾，本高麗人，不知其始自何而來，亦不著其姓名，居女直之完顏部。穆宗時戚屬有疾，此醫者診視之，穆宗謂醫者曰：「汝能使此人病愈，則吾遣人送汝歸汝鄉國。」醫者曰：「諾。」其人疾果愈，穆宗乃以初約歸之。乙離骨嶺僕散部胡石來勃堇居高麗、女直之兩間，穆宗使族人叟阿招之，因使叟阿送醫者，歸之高麗境上。醫者歸至高麗，因謂高麗人，女直居黑水部者部族日彊，兵益精悍，年穀屢稔。高麗王聞之，乃通使于女直。既而，胡石來來歸，遂率乙離骨嶺東諸部皆内附。

穆宗十年癸未，阿踈自遼使其徒達紀來説曷懶甸人，曷懶甸人執之。穆宗以達紀送高麗，謂高麗王曰：「前此爲亂於汝鄙者，皆此輩也。」及破蕭海里，使斡魯罕往高麗報捷，高麗亦使使來賀。未幾，復使斜葛與斡魯罕往聘，高麗王曰：「斜葛，女直之族弟也，其禮有加矣。」乃以一大銀盤爲謝。

厥後，曷懶甸諸部盡欲來附，高麗聞之不欲使來附，恐近於己而不利也，使人邀止之。斜葛在高麗及往來曷懶道中，具知其事，遂使石適歡往納曷懶甸人。未行而穆宗没，康宗嗣，遣石適歡以星顯統門之兵往至乙離骨嶺，益募兵趨活涅水，徇地曷懶甸，收叛亡七城。高麗使人來告曰：「事有當議者。」曷懶甸官屬使斜勒詳穩、冶刺保詳穩往，石適歡亦使盃魯往，高麗執冶刺保等，而遣盃魯曰：「無與爾事。」於是，五水之民皆附於高麗，團練使陷者十四人。

二年甲申，高麗來攻，石適歡大破之，殺獲甚衆，追入其境，焚略其戍守而還。四月，高麗復來攻，石適歡以五百人禦於闢登水，復大破之，追入闢登水，逐其殘衆踰境。於是，高麗王曰：「告邊釁者皆官屬祥丹、傍都里、昔畢罕輩也。」十四團練、六路使人在高麗者，皆歸之，遣使來請和。遂使斜葛經正疆界，至乙離骨水、曷懶甸活禰水，留之兩月。斜葛不能聽訟，每一事輒至枝蔓，民頗苦之。康宗召斜葛還，而遣石適歡往。石適歡立幙府于三潺水，其嘗陰與高麗往來爲亂階者，即正其罪，餘無所問。康宗以爲能。

四年丙戌，高麗使使黑歡方石來賀嗣位，康宗使盃魯報聘，且尋前約，取亡命之民。高麗許之，曰：「使使至境上受之。」康宗以爲信然，使完顔部阿聒、烏林答部勝昆往境上受之。康宗畋于馬紀嶺乙隻村以待之。阿聒、勝昆至境上，高麗遣人殺之，而出兵曷懶甸，築九城。

康宗歸，衆咸曰：「不可舉兵也，恐遼人將以罪我。」太祖獨曰：「若不舉兵，豈止失曷懶甸，諸部皆非吾有也。」康宗以爲然，乃使斡塞將兵伐之，大破高麗兵。六月，高麗率衆來戰，斡塞敗之，進圍其城。七月，高麗復請和，康宗曰：「事若酌中，則與之和。」高麗許歸亡入之民，罷九城之戍，復所侵故地，遂與之和。

收國元年九月，太祖已克黄龍府，命加古撒喝攻保州。保州近高麗，遼侵高麗置保州。至是，命撒合取之，久不下，撒喝請濟師，且言高麗王將遣使來。太祖使納合烏蠢以百騎益之，詔撒喝曰：「汝領偏師，屢破重敵，多所俘獲，及聞胡沙數戰有功，朕甚嘉之。若保州未下，但守邊戍。吾已克黄龍府，聞遼主且至，俟破大敵復益汝兵。所言高麗遣使事，未知果否，至則護送以來。邊境之事，慎之毋忽。」十一月，係遼女直麻懣太彎等十五人皆降，攻開州取之，盡降保州諸部女直。太祖以撒喝爲保州路都統。

太祖已破走遼主軍，撒喝破合主、順化二城，復請濟師攻保州，使斡魯以甲士千人往。二年閏月，高麗遣使來賀捷，且曰：「保州本吾舊地，願以見還。」太祖謂使者曰：「爾其自取之。」詔撒喝、烏蠢等曰：「若高麗來取保州，益以胡剌古、習顯等軍備之〔一〕，或欲合兵，無得輒往，但謹守邊戍。」及撒喝、阿實賚等攻保州，遼守將遯去，而高麗兵已在城中。既而，高麗國王使蒲馬請保州，詔諭高麗王曰：「保州近爾邊境，聽爾自取，今乃勤我師徒，破敵城下。且蒲馬止是口陳，俟有表請，即當别議。」

天輔二年十二月〔二〕，詔諭高麗國王曰：「朕始興師伐遼，已嘗布告，賴皇天助順，屢敗敵兵，北自上京，南至于海，其間京府州縣部族人民悉皆撫定。今遣孛堇术孛報諭，仍賜馬一疋，至可領也。」

三年，高麗增築長城三尺，邊吏發兵止之，弗從，報曰：「修補舊城。」曷懶甸孛堇胡剌古、習顯以聞，詔曰：「毋得侵軼生事，但慎固營壘，廣布耳目而已。」

四年，咸州路都統司以兵分屯于保州、畢里圍二城，請益兵，詔曰：「汝等分列屯戍，以固封守，甚善。高麗累世臣事于遼，或有交通，可常遣人偵伺。」

使習顯以獲遼國州郡諭高麗，其國方誅亂者，使謂習顯曰：「此與先父國王之書。」習顯就館。凡誅戮官僚七十餘人，即依舊禮接見，而以表來賀，并貢方物〔三〕。復以遼帝亡入夏國報之。

高隨、斜野奉使高麗，至境上，接待之禮不遜，隨等不敢往，太宗曰：「高麗世臣於遼，當以事遼之禮事我，而我國有新喪，遼主未獲，勿遽强之。」命高隨等還。天會二年，同知南路都統鶻實答奏，高麗納叛亡、增邊備，必有異圖。詔曰：「凡有通問，毋違常式。或來侵略，則整爾行列與之從事。敢先犯彼者，雖捷必罰。」詔闍母以甲士千人戍海島，以備之。

四年，國王王楷遣使奉表稱藩，優詔答之。上使高伯淑、烏至忠使高麗，凡遣使往來當盡循遼舊，仍取保州路及邊地人口在彼界者，須盡數發還。勑伯淑曰：「若一一聽從，即以保州地賜之。」高伯淑至高麗，王楷附表謝，一依事遼舊制。八年，楷上表，乞免索保州亡入邊户。是歲，高麗十人捕魚，大風飄其船抵海岸，曷蘇館人獲之，詔還其國。既而勗上表請不索保州亡入高麗户口，太宗從之，自是保州封域始定。

皇統二年，詔加楷開府儀同三司、上柱國。六年，楷薨，子晛嗣立。

大定四年，鴨緑江堡戍頗被侵越焚毁〔四〕。五年正月，世宗因正旦使朝辭，諭之曰：「邊境小小不虞，爾主使然邪，疆吏爲之邪？若果疆吏爲之，爾主亦當懲戒之也。」初，高麗使者别有私進禮物以爲常，是歲萬春節，上以使者私進不應典禮，詔罷之。

十年，王晛弟翼陽公晧廢晛自立。十月，賜生日使、大宗正丞糺至界上，高麗邊吏稱前王已讓位，不肯受使者。十一年三月，王晧以讓國來奏告，詔婆速路勿受，有司移文詳問。高麗告曰：「前王久病，昏耄不治，以母弟晧權攝國事。」上曰：「讓國大事也，何以不先陳請。」詔有司再詳問。高麗乃以王晛讓國表來，大略稱先臣楷遺訓傳位於弟，又言其子有罪不可立之意。上疑之，以問宰執，丞相良弼奏曰：「此不可信。晛止一子，往年生孫，嘗有表自陳生孫之喜，一也。晧嘗作亂，晛囚之，二也。今晛不遣使，晧乃遣使，三也。朝廷賜晛生日使，晧不轉達於晛，乃稱未敢奉受，四也。是晧篡兄誣請於天子，安可忍也。」右丞孟浩曰：「當詢彼國士民，果皆推服，即當遣使封册。」上曰：「封一國之君詢於民衆，此與除拜猛安謀克何異。」乃却其使者，而以詔書詳問王晛，吏部侍郎靖爲宣問王晛使。

皓實篡國，囚晛於海島。靖至高麗，皓稱王晛已避位出居他所，病加無損，不能就位拜命，往復險遠，非使者所宜往。靖竟不得見晛，乃以詔授皓，轉取晛表附奏，其言與前表大概相同。靖還，上問大臣，皆曰：「晛表如此，可遂封之。」丞相良弼、平章政事守道曰：「待皓祈請未晚也。」十二月，皓遣其禮部侍郎張翼明等請封。十二年三月，遂賜封册。皓生日在正月十九日，是歲十二月將盡，未及遣使，有司請至來歲舉行焉。

十五年，高麗西京留守趙位寵叛皓，遣徐彦等九十六人上表曰〔五〕：「前王本非避讓，大將軍鄭沖夫、郎將李義方實弑之。臣位寵請以慈悲嶺以西至鴨緑江四十餘城内屬，請兵助援。」上曰：「王皓已加封册，位寵輒敢稱兵爲亂，且欲納土，朕懷撫萬邦，豈助叛臣爲虐。」詔執徐彦等送高麗。頃之，王皓定趙位寵之亂，遣使奏謝。自位寵之亂，皓所遣生日回謝、橫賜回謝、賀正旦、進奉、萬春節等使，皆阻不通，至是，皓并奏之。詔答其意，其合遣人使令節次入朝。

十七年，賀正旦禮物，玉帶乃石似玉者，有司請移問，上曰：「彼小國無能識者，誤以爲玉耳，不必移問。」乃止。十二月，有司奏高麗下節押馬官順成例外將帶甲三過界〔六〕，上以使人所坐罪重，但令發還本國而已。二十三年，皓母任氏薨，皓乞免賜生日及賀謝等事，詔從之。

章宗即位，詔使至界上頗稽滯，詔移問，高麗遜謝。明昌三年，下節金挺回至平州撫寧縣，歐死當驛人何添兒，有司請「凡人使往還，乞量設兵衞」。參知政事張萬公曰：「可於宿頓之地巡護之。」上可其奏。詔自今接送伴使副，失關防者當坐。故事，賀正旦使十二月二十九日入見，明昌六年十二月己卯立春，詔於前二日丁丑入見云。

承安三年，晧表自陳衰病，以國讓其弟晫。晫權國事。是歲，晧薨，晫嗣立〔七〕。

泰和四年正月乙丑朔，高麗傔人以小佩刀割梨廡下巡廊，奉職見而糾之，詔館伴官自今前期移文禁止。是歲，王晫薨，子韺嗣立。

泰和七年正月，是時用兵伐宋，夏亦有故，獨高麗遣正旦使，詔不賜曲宴。及天壽節，夏、高麗使者皆在，有司奏：「大定初，宋未請和，夏、高麗使者賜曲宴，今請依大定故事。」詔從之。

至寧元年八月，王禩薨〔八〕，嗣子未行起復。九月，宣宗即位，邊吏奏：「高麗牒稱，嗣子未起復，不可以凶服迎吉詔，又不可以草土名銜署表。」禮官議：「人臣不以私恩廢公義，宜權用吉服迎詔，署表用權國事名銜。俟高麗告哀使至闕，然後遣使致祭、慰問及行封册。」制可。

明年，宣宗遷汴，遼東道路不通，興定三年，遼東行省奏高麗復有奉表朝貢之意，宰臣奏：「可令行省受其表章，其朝貢之禮俟他日徐議。」宣宗以爲然，乃遣使撫諭高麗，終以道路不通，未遑迎迓，詔行省且羈縻勿絶其好，然自是不復通問矣。

贊曰：金人本出靺鞨之附于高麗者，始通好爲鄰國，既而爲君臣，貞祐以後道路不通，僅一再見而已。入聖朝猶子孫相傳自爲治，故不復備論，論其與金事相涉者焉。

校勘記

〔一〕益以胡剌古習顯等軍備之　「習顯」，原作「石顯」。按，下文有「曷懶甸孛堇胡剌古、習顯以聞」。卷二太祖紀亦云，天輔三年十一月，「詔胡剌古、習顯慎固營壘」。皆作「習顯」。今據改。

〔二〕天輔二年十二月　按，高麗史卷一四睿宗世家記朮孛來聘致書在睿宗十四年，即金天輔三年二月。此或爲金使到高麗時間。

〔三〕「使習顯」至「并貢方物」　按，高麗史卷一四睿宗世家，睿宗十五年（即金天輔四年），習顯使高麗時其國並無亂者。該書卷一五載仁宗四年（即金天會四年）其國多事，方誅亂者。疑此處敍事錯亂。

〔四〕鴨緑江堡戍頗被侵越焚毁　「鴨」上原衍「詔」字，道光四年殿本已删，今從之。

〔五〕遣徐彦等九十六人上表曰　「徐彦」下原有「寧」字。按，本書卷六一交聘表中，大定十五年「九月，高麗西京留守趙位寵遣徐彦等進表，欲以慈悲嶺以西、鴨渌江以東内附，詔不許」。高麗史卷一九明宗世家、卷一〇〇趙位寵傳，記此事亦作「徐彦」。今據删。下同改。

〔六〕有司奏高麗下節押馬官順成例外將帶甲三過界　「甲」，原作「申」，據北監本、殿本改。

〔七〕承安三年晧表自陳衰病以國讓其弟晫晫權國事是歲晧薨晫嗣立　按，高麗史卷二一神宗世家，明宗二十七年九月「癸亥，崔忠獻廢明宗晧，迎王晫即位于大觀殿」。並遣使如金獻晧表曰「染于病痾」，「於九月二十三日以弟晫權守軍國事務」。是年爲金承安二年，此表奏報至金朝廷在承安三年。又高麗史卷二〇明宗世家敍王晧死於神宗五年，即金泰和二年，是此年被廢而未「薨」。

〔八〕至寧元年八月王祦薨　「祦」，原作「𧩶」。按，高麗史卷二一熙宗世家，熙宗七年（即金大安三年）十二月「癸卯，忠獻廢王𧩶遷于江華縣，（中略）奉漢南公貞立之」。又康宗世家，「封漢南公，改名貞，十二月癸卯，忠獻廢熙宗，奉王于私第，即位於康安殿，改名祦」。又二年（即金至寧元年）八月丁丑，「王薨」。今據改。

金國語解

今文尚書辭多奇澀，蓋亦當世之方言也。金史所載本國之語，得諸重譯，而可解者何可闕焉。若其臣僚之小字，或以賤，或以疾，猶有古人尚質之風，不可文也。國姓爲某，漢姓爲某，後魏孝文以來已有之矣。存諸篇終，以備考索。

官稱

都勃極烈，總治官名，猶漢云冢宰。

諳版勃極烈，官之尊且貴者。

國論勃極烈，尊禮優崇得自由者。

胡魯勃極烈，統領官之稱。

移賚勃極烈，位第三曰「移賚」。

阿買勃極烈，治城邑者。

乙室勃極烈，迎迓之官。

札失哈勃極烈，守官署之稱。

昃勃極烈，陰陽之官。

迭勃極烈，倅貳之職。

猛安，千夫長。　謀克，百夫長也。

諸糺「詳穩」，邊戍之官。

諸「移里菫」，部落墟砦之首領。　詳穩、移里菫，本遼語，金人因之而稍異同焉。

禿里，掌部落詞訟，察非違者。

烏魯古，牧圉之官。

斡里朶，官府治事之所。

人事

孛論出，胚胎之名。

阿胡迭，長子。　骨赧，季也。　蒲陽温，曰幼子〔一〕。

益都，次第之通稱。　第九曰「烏也」。　十六曰「女魯歡」。

按答海，客之通稱。

山只昆，舍人也。

散亦孛，奇男子。

撒答，老人之稱也。

什古乃，瘠人。

撒合輦，黧黑之名。

保活里，侏儒。

阿里孫，貌不揚也。

阿徒罕，採薪之子。

答不也，耘田者。

阿土古，善採捕者。　阿里喜，圍獵也。

拔里速，角觝戲者。

阿离合懣，臂鷹鶻者。

胡魯剌，户長。　阿合，人奴也。

兀术，曰頭。　粘罕，心也。　畏可，牙，又曰吾亦可。

盤里合，將指。

三合，人之靨也。

牙吾塔，瘍瘡。

蒲剌都，目赤而盲也。

石哥里，溲疾。

謾都訶，癡騃之謂。

謀良虎，無賴之名[二]。皆不美之稱也。

與人同受福曰「忽都」。以力助人曰「阿息保」。

辭不失，酒醒也。

奴申，和睦之義。

訛出虎，寬容之名也。

賽里，安樂。

迪古乃，來也。

撒八，迅速之義。

烏古出，方言曰「再休」，猶言再不復也。

凡事之先者曰「石倫」。以物與人已然曰「阿里白」。

吾里補，畜積之名。

習失，猶人云常川也。

凡市物已得曰「兀帶」，取以名子者，猶言貨取如物然也。

物象

阿鄰，山。　太神，高也。　山之上鋭者曰「哈丹」。　坡陀曰「阿懶」。　大而峻曰「斜魯」。

兀典，明星。

忒鄰，海也。　沙忽帶，舟也。

生鐵曰「斡論」。　釜曰「闍母」。　刃曰「斜烈」。

婆盧火者槌也。

金曰「桉春」。

銀术可，珠也。

布囊曰「蒲盧渾」。　盆曰「阿里虎」。　罐曰「活女」。

烏烈，草廩也。

沙刺，衣襟也。

活臘胡，色之赤者也。

胡剌，竈突。

物類

桓端，松。　阿虎里，松子。　孰輦，蓮也。

活离罕，羔。　合喜，犬子。　訛古乃，犬之有文者。

斜哥，貂鼠。

蒲阿，山雞。　窩謀罕，鳥卵也。

姓氏

完顏，漢姓曰王。　烏古論曰商。　紇石烈曰高〔三〕。　徒單曰杜。　女奚烈曰郎。兀顏曰朱。　蒲察曰李。　顏盞曰張。　温迪罕曰温。　石抹曰蕭。　奧屯曰曹。　孛术魯曰魯。　移剌曰劉。　斡勒曰石。　納剌曰康。　夾谷曰仝。　裴滿曰麻。　尼忙古曰魚。　斡准曰趙。　阿典曰雷。　阿里侃曰何。　温敦曰空。　吾魯曰惠。　抹顏曰孟。　都烈曰强。　散荅曰駱。　呵不哈曰田。　烏林荅曰蔡。　僕散曰林。　术虎曰董。古里甲曰汪。

其後氏族或因人變易，難以徧舉，姑載其可知者云。

金國語解終。

校勘記

〔一〕蒲陽溫曰幼子　按，本書卷六八歡都傳，「蒲陽溫者，漢語云幼弟也」。與此異。

〔二〕無賴之名　「無」，原作「尢」，據南監本、北監本、殿本、局本改。

〔三〕紇石烈曰高　「紇石烈」，原作「乞石烈」，據南監本、北監本、殿本、局本改。

附録

進金史表

開府儀同三司、上柱國、録軍國重事、中書右丞相、監修國史、領經筵事、提調太醫院廣惠司事臣阿魯圖言：

竊惟漢高帝入關，任蕭何而收秦籍；唐太宗即祚，命魏徵以作隋書。蓋曆數歸真主之朝，而簡編載前代之事，國可滅史不可滅，善吾師惡亦吾師。矧夫典故之源流，章程之沿革，不披往牒，曷蓄前聞。

維此金源，起於海裔，以滿萬之衆，横行天下；不十年之久，專制域中。其用兵也如縱燎而乘風，其得國也若置郵而傳令。及熠興於禮樂，乃焕有乎聲明。嘗循初而迄終，因考功而論德。非武元之英略，不足以開九帝之業；非大定之仁政，不足以固百年之基。天會有吞四海之勢，而未有壹四海之規；明昌能成一代之制，而亦能壞一代之法。海陵無道，自取覆敗；宣宗輕動，曷濟中興。迨夫浚郊多壘之秋，汝水飛煙之日，天人屬望，久有在矣；君臣守義，蓋足取焉。

我太祖法天啓運聖武皇帝，以有名之師，而釋奕世之憤；以無敵之仁，而收兆民之心。勁卒擣居庸關，北拊其背；大軍出紫荆口，南搤其吭。指顧可成於隽功，操縱莫窺於廟筭，懲彼取遼之暴，容其涉河以遷。太宗英文皇帝席卷雲、朔，而徇地并、營，囊括趙、代，而傳檄齊、魯，滅夏國以蹴秦、鞏，通宋人以偪河、淮。睿宗仁聖景襄皇帝冒萬險，出饒風，長驅平陸；戰三峯，乘大雪，遂定中原。

太陽出而爝火熸，正音作而衆樂廢。爰及世祖聖德神功文武皇帝，恢弘至化，勞來遺黎。燕地定都，撤武靈之舊址；遼陽建省，撫肅慎之故墟。于時張柔歸金史於其先，王鶚輯金事於其後。是以纂修之命，見諸敷遺之謀，延祐申舉而未遑，天曆推行而弗竟。

臣阿魯圖誠惶誠懼，頓首頓首，欽惟皇帝陛下緝熙聖學，紹述先猷，當邦家閒暇之時，治經史討論之務。念彼泰和以來之事蹟，涉我聖代初興之歲年。太祖受帝號於丙寅，先五載而朱鳳應；世皇毓聖質於乙亥，蚤一歲而黄河清。若此貞符，昭然成命。第以變故多而舊史闕，耆艾没而新説訛，弗折衷於大朝，恐失真於他日。於是聖心獨斷，盛事力行，申命臣阿魯圖以中書右丞相、臣别兒怯不花以中書左丞相領三史事，臣脱脱以前中書右丞相仍都總裁，臣御史大夫怙睦爾達世、臣中書平章政事賀惟一、臣翰林學士承旨張起巖、臣翰林學士歐陽玄、臣治書侍御史李好文、臣禮部尚書王沂、臣崇文太監楊宗瑞爲總裁官，臣江西湖東道肅政廉訪使沙剌班、臣江西湖東道肅政廉訪副使王理、臣翰林待制伯顔、臣國子博士費著、臣祕書監著作郎趙時敏、臣太常博士商企翁爲史官，集衆技以責成書，佇奏篇以覽近監。臣阿魯圖仰承隆委，俯竭微勞。紬石室之文，誠乏司馬遷之作；獻金鏡之録，願攄張相國之忠。謹撰述本紀十九卷、志三十九卷、表四卷、列傳七十三卷、目録二卷，裝潢成一百三十七帙，隨表以聞，上塵天覽，無任慚愧戰汗屏營之至。

臣阿魯圖誠惶誠懼，頓首頓首謹言。

至正四年十一月　日開府儀同三司、上柱國、録軍國重事、中書右丞相、監修國史、領經筵事、提調太醫院廣惠司事臣阿魯圖上表。

修史官員

領三史事

開府儀同三司、上柱國、録軍國重事、中書右丞相、監修國史、領經筵事臣阿魯圖

開府儀同三司、上柱國、録軍國重事、中書左丞相、領經筵事臣別兒怯不花

都總裁

開府儀同三司、上柱國、録軍國重事、前中書右丞相、監修國史、領經筵事臣脱脱

總裁官

銀青榮禄大夫、御史大夫、知經筵事臣帖睦爾達世

光禄大夫、中書平章政事、知經筵事臣賀惟一

翰林學士承旨、榮禄大夫、知制誥、兼修國史臣張起巖

翰林學士、資善大夫、知制誥、同修國史臣歐陽玄

翰林侍講學士、中奉大夫、知制誥、同修國史、同知經筵事臣揭傒斯

嘉議大夫、治書侍御史臣李好文

正議大夫、崇文太監、檢校書籍事臣楊宗瑞
中大夫、禮部尚書臣王沂
纂修官
江西湖東道肅政廉訪使臣沙刺班
江西湖東道肅政廉訪副使臣王理
翰林待制、奉議大夫、兼國史院編修官臣伯顏
奉訓大夫、監察御史臣趙時敏
奉訓大夫、國子博士臣費著
承務郎、太常博士臣商企翁
提調官
榮禄大夫、中書平章政事、知經筵事臣伯顏
榮禄大夫、中書右丞、知經筵事臣達世怗睦爾
資德大夫、中書左丞臣董守簡
中奉大夫、參議中書省事臣鎖南班
嘉議大夫、參議中書省事臣鑾子

亞中大夫、參議中書省事臣丁元

奉議大夫、右司郎中臣老老

承德郎、右司郎中臣陳思謙

中順大夫、左司郎中臣鑾子

亞中大夫、左司郎中臣何執禮

奉訓大夫、左司員外郎臣倉赤

奉訓大夫、左司都事臣趙公諒

朝請大夫、吏部尚書臣拜住

通議大夫、兵部尚書臣李獻

正議大夫、户部尚書臣秦從龍

正議大夫、工部尚書臣路希賢

朝散大夫、禮部侍郎臣靳義

亞中大夫、刑部郎中臣顧恕

通議大夫、僉太常禮儀院事臣杜秉彝

文林郎、翰林國史院都事臣趙中

金史公文（二）

皇帝聖旨裏。江浙等處行中書省至正五年六月二十六日准中書省咨：「至正五年四月十三日，篤怜帖木兒怯薛第二日，沙嶺納鉢斡脱裏有時分，速古兒赤雅普化、云都赤撒迪里迷失、殿中撒馬、給事中也先不先等有來，阿魯禿右丞相、帖木兒塔失大夫、太平院使、伯顏平章、達世帖木兒右丞等奏：『去歲教纂修遼、金、宋三代史書，即目遼、金史書纂修了有，如今將這史書令江浙、江西二省開板，就彼有的學校錢内就用，疾早教各印造一百部來呵。』怎生奏呵，奉聖旨那般者。欽此，咨請欽依施行，仍令行省委自文資正官、首領官各一員，欽依提調，疾早印造完備起解。」准此，本省咨委參知政事秦中奉、左右司都事徐槃承德，欽依提調，及下江浙儒司委自提舉班惟志奉政校正字畫，杭州路委文資正官、首領官提調鋟梓印造裝褙。

至正五年九月　　日

都事

承務郎、江浙等處行中書省左右司都事臣馬黑麻

承德郎、江浙等處行中書省左右司都事臣徐槃
奉政大夫、江浙等處行中書省左右司員外郎臣鄭璠
奉訓大夫、江浙等處行中書省左右司員外郎臣赫德尒
奉直大夫、江浙等處行中書省左右司郎中臣崔敬
朝列大夫、江浙等處行中書省左右司郎中臣烏剌沙
中奉大夫、江浙等處行中書省參知政事臣秦從德
資德大夫、江浙等處行中書省參知政事臣沙班
資善大夫、江浙等處行中書省左丞臣李家奴
資政大夫、江浙等處行中書省右丞臣忽都不花
平章政事
榮禄大夫、江浙等處行中書省平章政事臣卜只兒
金紫光禄大夫、江浙等處行中書省左丞相、領行宣政院事、提調江浙財賦、都總管府事臣朵兒只

〔一〕原無標題，今據底本此頁書口補。

主要參考文獻

一

金史一百三十五卷，百衲本二十四史影印北平圖書館藏元至正刻本與涵芬樓藏明覆刻本，商務印書館，一九三一年。

金史一百三十五卷，存五十二卷，中華再造善本影印中國國家圖書館藏元至正五年江浙等處行中書省刻本，北京圖書館出版社，二〇〇五年。

金史一百三十五卷，存三十三卷（卷一、卷二、卷一二均爲殘葉），元至正五年江浙等處行中書省刻本，中國國家圖書館藏。

金史一百三十五卷，存一卷（卷三〇殘葉），元至正五年江浙等處行中書省刻本，北京大學圖書館藏。

金史一百三十五卷，清乾隆四年武英殿刻四十六年印本，中華書局圖書館藏。

金史一百三十五卷，明嘉靖八年南京國子監刻本，中華書局圖書館藏。
金史一百三十五卷，明萬曆三十三年至三十四年北京國子監刻清康熙二十五年重修本，中華書局圖書館藏。
金史一百三十五卷，清同治十三年江蘇書局刻本，中華書局圖書館藏。

二

儀禮注疏，漢鄭玄注，唐賈公彥等疏，十三經注疏影印清阮元校刻本，中華書局，一九八〇年。
禮記正義，漢鄭玄注，唐陸德明音義，唐孔穎達等疏，十三經注疏影印清阮元校刻本，中華書局，一九八〇年。
五禮通考，清秦蕙田撰，景印文淵閣四庫全書本，臺灣商務印書館，一九八六年。
春秋左傳正義，晉杜預注，唐陸德明音義，唐孔穎達等疏，十三經注疏影印清阮元校刻本，中華書局，一九八〇年。
爾雅注疏，晉郭璞注，宋邢昺疏，十三經注疏影印清阮元校刻本，中華書局，一九八〇年。

說文解字注，漢許慎撰，清段玉裁注，上海古籍出版社影印經韻樓本，一九八一年。
大廣益會玉篇，南朝梁顧野王著，中華書局，一九八七年。
廣韻校本，周祖謨校，中華書局影印清張士俊澤存堂刊本，二〇一一年。
一切經音義，唐釋慧琳撰，上海古籍出版社影印本，二〇〇二年。

史記（修訂本），漢司馬遷撰，南朝宋裴駰集解，唐司馬貞索隱，唐張守節正義，中華書局，二〇一四年。
舊唐書，後晉劉昫等撰，中華書局，一九七五年。
新唐書，宋歐陽脩、宋祁撰，中華書局，一九七五年。
宋史，元脱脱等撰，中華書局，一九七七年。
遼史（修訂本），元脱脱等撰，中華書局，二〇一六年。
元史，明宋濂等撰，中華書局，一九七六年。
遼史拾遺，清厲鶚撰，叢書集成初編本，中華書局，一九八五年。
遼史拾遺補，清楊復吉撰，叢書集成初編本，中華書局，一九八五年。
遼金元藝文志，清黄虞稷、倪燦、錢大昕等撰，商務印書館，一九五八年。

欽定遼金元三史國語解，景印文淵閣四庫全書本，臺灣商務印書館，一九八六年。
廿二史劄記校證（訂補本），清趙翼著，王樹民校證，中華書局，二〇〇一年。
廿二史考異（附三史拾遺、諸史拾遺），清錢大昕著，方詩銘、周殿傑校點，上海古籍出版社，二〇〇四年。
二十史朔閏表，陳垣著，中華書局，一九六二年。
資治通鑑，宋司馬光編著，元胡三省音注，中華書局，一九五六年。
續資治通鑑長編，宋李燾撰，上海師大古籍所、華東師大古籍所點校，中華書局，一九九二年。
建炎以來繫年要録，宋李心傳撰，中華書局，一九八八年。
皇朝編年綱目備要，宋陳均編，許沛藻等點校，中華書局，二〇〇六年。
通鑑續編，元陳桱撰，景印文淵閣四庫全書本，臺灣商務印書館，一九八六年。
通鑑續編，元陳桱撰，中國國家圖書館藏元至正二十一年顧逖刻本。
明實録，臺灣「中央研究院」歷史語言研究所校印，一九六二年。
三朝北盟會編，宋徐夢莘撰，上海古籍出版社影印本，一九八七年。
皇朝中興紀事本末，宋熊克撰，北京圖書館出版社，二〇〇五年。

續資治通鑑長編紀事本末，宋楊仲良編，北京圖書館出版社，二〇〇三年。

遼史紀事本末，清李有棠撰，崔文印、孟默聞整理，中華書局，一九八三年。

金史紀事本末，清李有棠撰，崔文印點校，中華書局，二〇一五年。

汲冢周書，晉孔晁注，四部叢刊初編影印明嘉靖二十二年刊本，商務印書館，一九二二年。

世本八種，漢宋衷注，清秦嘉謨等輯，商務印書館，一九五七年。

東都事略，宋王稱撰，宋史資料萃編（第一輯），臺灣文海出版社，一九七九年。

契丹國志，宋葉隆禮撰，賈敬顔、林榮貴點校，中華書局，二〇一四年。

大金國志校證，宋宇文懋昭撰，崔文印校證，中華書局，一九八六年。

西夏書事，清吴廣成纂，續修四庫全書影印清道光五年小峴山房刻本，上海古籍出版社，二〇〇二年。

西夏紀，戴錫章編撰，羅矛昆點校，西北史地資料叢書，寧夏人民出版社，一九八八年。

續通志，浙江古籍出版社影印本，一九八八年。

宣和乙巳奉使金國行程録，宋許亢宗撰，趙永春輯注，奉使遼金行程録（增訂本），商務印書館，二〇一七年。

靖康稗史箋證，宋確庵、耐庵編，崔文印箋證，中華書局，二〇一〇年。

僞齊録校補，宋楊堯弼撰，朱希祖校補，獨立出版社，一九四四年。
松漠紀聞，宋洪皓撰，翟立偉等標注，長白叢書（初集），吉林文史出版社，一九八六年。
攬轡録，宋范成大撰，趙永春輯注，奉使遼金行程録（增訂本），商務印書館，二〇一七年。
思陵録，宋周必大撰，叢書集成三編第十九册，新文豐出版公司，一九九七年。
虜廷事實，宋文惟簡撰，中國書店影印涵芬樓説郛本，一九八六年。
北風揚沙録，宋陳準撰，中國書店影印涵芬樓説郛本，一九八六年。
大金弔伐録校補，金佚名編，金少英校補，李慶善整理，中華書局，二〇〇一年。
汝南遺事，元王鶚撰，景印文淵閣四庫全書本，臺灣商務印書館，一九八六年。
庚申外史，明權衡編，叢書集成初編本，商務印書館，一九三六年。
唐大詔令集，宋宋敏求編，商務印書館，一九五九年。
國朝諸臣奏議，宋趙汝愚輯，中華再造善本影印宋淳祐十年史季温福州刻元明遞修本，北京圖書館出版社，二〇〇四年。
元朝名臣事略，元蘇天爵輯撰，姚景安點校，中華書局，一九九六年。
高麗史，朝鮮鄭麟趾撰，韓國亞細亞文化社，一九七七年。
元和郡縣圖志，唐李吉甫撰，賀次君點校，中華書局，一九八三年。

太平寰宇記，宋樂史撰，王文楚等點校，中華書局，二〇〇七年。
元豐九域志，宋王存撰，王文楚、魏嵩山點校，中華書局，一九八四年。
輿地廣記，宋歐陽忞撰，李勇先、王小紅校注，四川大學出版社，二〇〇三年。
嘉慶重修一統志，中華書局影印本，一九八六年。
滿洲源流考，清阿桂等撰，孫文良、陸玉華點校，遼寧民族出版社，一九八八年。
東三省輿地圖説，清曹廷傑撰，遼海叢書本，遼瀋書社，一九八五年。
全遼志，明李輔等修，遼海叢書本，遼瀋書社，一九八五年。
遼東志，明畢恭等修，任洛等重修，遼海叢書本，遼瀋書社，一九八五年。
山東通志，明陸釴等纂修，明嘉靖十二年刻本。
吉林通志，清長順修，李桂林纂，李澍田等點校，吉林文史出版社影印清光緒二十六年刻本，一九八六年。
水經注，北魏酈道元撰，陳橋驛點校，上海古籍出版社，一九九〇年。
嶺外代答校注，宋周去非著，楊武泉校注，中華書局，一九九九年。
遼東行部志注釋，金王寂著，張博泉注釋，黑龍江人民出版社，一九八四年。
鴨江行部志注釋，金王寂著，羅繼祖、張博泉注釋，黑龍江人民出版社，一九八四年。

柳邊紀略，清楊賓撰，叢書集成初編本，中華書局，一九八五年。
金史外國傳地理考證，清丁謙撰，蓬萊軒地理學叢書，北京圖書館出版社，二〇〇八年。
禮部志稿，明俞汝楫編，景印文淵閣四庫全書本，臺灣商務印書館，一九八六年。
南雍志，明黄佐撰，臺灣偉文圖書出版社有限公司影印本，一九七六年。
建炎以來朝野雜記，宋李心傳撰，徐規點校，中華書局，二〇〇〇年。
宋會要輯稿，劉琳、刁忠民、舒大剛、尹波等校點，上海古籍出版社，二〇一四年。
文獻通考，元馬端臨撰，中華書局影印萬有文庫十通本，一九八六年。
續文獻通考，明王圻撰，文海出版社有限公司影印明萬曆刊本，一九七九年。
續通典，浙江古籍出版社影印本，二〇〇〇年。
大唐開元禮，唐蕭嵩等撰，民族出版社影印洪氏公善堂刊本，二〇〇〇年。
政和五禮新儀，宋鄭居中等撰，汪瀟晨、周佳點校，中華禮藏禮制卷總制之屬，浙江大學出版社，二〇一七年。
大金集禮，金佚名撰，清光緒二十一年廣雅書局刻本。
大金德運圖説，金佚名撰，景印文淵閣四庫全書本，臺灣商務印書館，一九八六年。
大明集禮，明徐一夔等撰，明嘉靖九年刻本。

千頃堂書目，清黄虞稷撰，瞿鳳起、潘景鄭整理，上海古籍出版社，一九九〇年。
四庫全書總目，清永瑢等撰，中華書局影印本，一九六五年。
遼代石刻文编，向南輯校，河北教育出版社，一九九五年。
西夏陵墓出土殘碑粹編，李範文編釋，文物出版社，一九八四年。
金完顔希尹碑史事考辨，張博泉撰，吉林大學社會科學學報一九八七年第四期。
大金得勝陀頌碑女真文新釋，日愛新覚羅烏拉熙春撰，女真語言文字新研究，明善堂，二〇〇二年。
女真大字石刻総考前編，日愛新覚羅烏拉熙春撰，愛新覚羅烏拉熙春女真契丹学研究，松香堂書店，二〇〇九年。
金碑匯釋，李澍田主編，陳相偉等校注，吉林文史出版社，一九八九年。
金代烏古論窩論、烏古論元忠、魯國大長公主墓誌考釋，趙福生、王武鈺、袁進京撰，北京文物與考古（總一輯），北京歷史考古叢書編輯組編印，一九八三年。
金貞祐三年拾貫文交鈔銅版，朱捷元撰，文物一九七七年第七期。
平泉出土金代伍拾貫交鈔銅版，張秀夫撰，中國錢幣一九九三年第一期。
金代官印集，景愛編，文物出版社，一九九一年。

元鄉貢進士周君墓表，明解縉撰，文章辨體彙選，景印文淵閣四庫全書本，臺灣商務印書館，一九八六年。
金石萃編，清王昶輯，北京市中國書店影印掃葉山房刻本，一九八五年。
山左金石志，清畢沅、阮元撰，續修四庫全書影印清嘉慶二年儀徵阮氏小琅嬛僊館刻本，上海古籍出版社，二〇〇二年。
寰宇訪碑録，清孫星衍、邢澍撰，叢書集成初編本，中華書局，一九八五年。
滿洲金石志，羅振玉著，羅雪堂先生全集續編第九册，大通書局，一九八九年。
鹽鐵論，漢桓寬撰，明張之象注，上海古籍出版社，一九九〇年。
齊民要術校釋（第二版），後魏賈思勰原著，繆啓愉校釋，中國農業出版社，一九九八年。
本草綱目，明李時珍著，人民衛生出版社，一九七九年。
歷代長術輯要，清汪曰楨撰，續修四庫全書影印清光緒刻本，上海古籍出版社，二〇〇二年。
日知録集釋，清顧炎武撰，清黄汝成集釋，上海古籍出版社影印本，一九八五年。
十駕齋養新録，清錢大昕著，楊勇軍整理，上海書店出版社，二〇一一年。

禮耕堂叢説，清施國祁撰，清代詩文集彙編，上海古籍出版社，二〇一〇年。
范成大筆記六種，宋范成大撰，孔凡禮點校，中華書局，二〇〇二年。
老學庵筆記，宋陸游撰，李劍雄、劉德權點校，中華書局，一九七九年。
居易録談附居易續談，清王士禛撰，叢書集成初編本，中華書局，一九八五年。
玉海，宋王應麟纂，江蘇古籍出版社、上海書店影印清光緒九年浙江書局本，一九八七年。
永樂大典，明解縉等編，中華書局，一九八六年。
歸潛志，金劉祁撰，崔文印點校，中華書局，一九八三年。
南村輟耕録，元陶宗儀撰，中華書局，一九五九年。
山海經箋疏，清郝懿行撰，沈海波校點，上海古籍出版社，二〇一九年。
續夷堅志，金元好問撰，常振國點校，中華書局，一九八六年。

楚辭補注，宋洪興祖撰，白化文等點校，中華書局，一九八三年。
盤洲文集，宋洪适撰，四部叢刊初編影印宋刊本，商務印書館，一九二二年。
後樂集，宋衛涇撰，景印文淵閣四庫全書本，臺灣商務印書館，一九八六年。
拙軒集，金王寂撰，叢書集成初編本，中華書局，一九八五年。

閑閑老人滏水文集，金趙秉文撰，四部叢刊初編影印汲古閣精寫本，商務印書館，一九二二年。
滹南遺老集校注，金王若虛著，胡傳志、李定乾校注，遼海出版社，二〇〇六年。
莊靖集，金李俊民著，吴廣隆編審，馬甫平點校，山西古籍出版社，二〇〇六年。
遺山先生文集，金元好問撰，四部叢刊初編影印明弘治刊本，商務印書館，一九二二年。
陵川集，元郝經撰，馬甫平點校，山西古籍出版社，二〇〇六年。
秋澗先生大全集，元王惲撰，四部叢刊初編影印明弘治刊本，商務印書館，一九二二年。
牧庵集，元姚燧撰，四部叢刊初編影印武英殿聚珍板本，商務印書館，一九一九年。
青崖集，元魏初撰，景印文淵閣四庫全書本，臺灣商務印書館，一九八六年。
清容居士集，元袁桷撰，王頲點校，浙江古籍出版社，二〇一五年。
道園學古録，元虞集撰，四部叢刊初編影印明景泰翻元小字本，商務印書館，一九二二年。
金華黄先生文集，元黄溍撰，四部叢刊初編影印元刊本，商務印書館，一九二二年。
滋溪文稿，元蘇天爵著，陳高華、孟繁清點校，中華書局，一九九七年。
東維子文集，元楊維楨撰，四部叢刊初編影印鳴野山房舊鈔本，商務印書館，一九二二年。
危太樸文續集，元危素撰，元人文集珍本叢刊，新文豐出版股份有限公司，一九八五年。

方齋存稿，明林文俊撰，景印文淵閣四庫全書本，臺灣商務印書館，一九八六年。
文選，南朝梁蕭統編，唐李善注，中華書局影印本，一九七七年。
全遼文，陳述輯校，中華書局，一九八二年。
中州集，金元好問編，中華書局，一九五九年。
金文最，清張金吾編纂，中華書局，一九九〇年。
元文類，元蘇天爵編，商務印書館，一九五八年。
明文海，清黄宗羲編，中華書局，一九八七年。

三

武英殿本金史考證，清乾隆四年校刊本。
道光四年殿刊本金史考證，清道光四年刻本。
金史詳校，清施國祁撰，續修四庫全書影印清光緒六年會稽章氏式訓堂刻本，上海古籍出版社，二〇〇二年。
百衲本二十四史校勘記金史校勘記新五代史校勘記，張元濟著，王紹曾等整理，商務印書館,二〇〇四年。
宋遼金元四史朔閏考,清錢大昕撰,叢書集成初編本,中華書局,一九九一年。
諸史天象記録考證,劉次沅著,中華書局,二〇一五年。
金史拾補五種,陳述撰,科學出版社,一九六〇年。
金史世紀の研究,日池内宏撰,滿鮮地理歷史研究報告第十一,東京帝國大學文學部,一九二六年。
金の建國以前に於ける完顔氏の君長の稱號について—金史世紀の研究補正—,日池内宏撰,東洋學報二十卷一號,一九三二年。
金開國前三世與高麗和戰年表,朱希祖撰,燕京學報第十五期,一九三四年。
釋金史太祖紀之「品達魯古」,邱靖嘉撰,中國史研究二〇一九年第一期。
金史本紀校讀札記,陳曉偉撰,西北民族論叢二〇一八年第一期。
金史輿服志的史料來源及訂誤三則,李甍撰,美術與設計二〇一六年第四期。
金史兵志辨正二則,康鵬撰,隋唐遼宋金元史論叢第三輯,上海古籍出版社,二〇一三年。
金史選舉志銓選用詞考釋,李鳴飛撰,史學集刊二〇一三年第三期。
金元散官制度研究,李鳴飛著,蘭州大學出版社,二〇一四年。

金初의 中央官制考——勃極烈制度를 中心으로，韓李東馥撰，湖西史學一九八三年十一號。

金史完顏晏傳封爵史料勘誤一則，孫紅梅撰，中國史研究二〇一三年第二期。

金史楊沃衍傳勘誤一則，白剛撰，白城師範學院學報二〇一八年第五期。

金史點校拾補，許子榮撰，北方文物一九八八年第三期。

金史句讀一誤，高申東撰，中國史研究一九八九年第一期。

張元濟校史十五例，王紹曾撰，文獻一九九〇年第二期。

金史標點正誤一則，周峰撰，北方文物一九九八年第一期。

金史校點拾遺，王慶生撰，古籍整理出版情況簡報二〇〇六年第十一期。

金史勘誤三則，孫建權撰，北方文物二〇一〇年第二期。

金史點校闕誤三則，李鳴飛撰，中國史研究二〇一四年第三期。

金史點校補正七則，孫建權撰，北方文物二〇一九年第三期。

關於金代猛安謀克的分布和名稱問題——對三上次男先生考證的補訂，李薇撰，黑龍江文物叢刊一九八四年第二期。

金代馬紀嶺和幾個猛安謀克地點的考訂，都興智撰，遼寧師範大學學報一九九二年第六期。
金「上古城」非「上京城」考，張博泉撰，黑龍江社會科學一九九八年第六期。
金中都「永安」考，劉浦江撰，歷史研究二〇〇八年第一期。
釋金史「豪剌唐古」，陳曉偉、孫昊撰，民族研究二〇一四年第一期。
遼金元三史樂志研究，王福利著，上海音樂學院出版社，二〇〇五年。
金代科舉榜次與狀元，都興智撰，遼金史研究，人民出版社，二〇〇四年。
金代許州昌武軍節度使的用人及任期研究，李浩楠撰，北方文物二〇一六年第二期。
穆宗子蒲察事迹考略，王可賓撰，北方文物一九九八年第三期。
君謨還是君謀？——任詢表字考，籍和平、鮑理撰，北京遼金文物研究，北京燕山出版社，二〇〇五年。
金源姓氏考，朱希祖撰，國立中山大學文史學研究所月刊一九三四年第三、四期合刊。
金代女真氏族的構成，日松浦茂著，邢玉林譯，邢復禮校，民族史譯文集第十輯，一九八一年。
金代文學家李純甫生卒年考辨，周惠泉撰，社會科學戰綫一九八四年第三期。
元好問與史學，張博泉撰，晉陽學刊一九八五年第二期。

壬辰雜編與金史史源，陳學霖撰，臺大歷史學報第十五期，一九九〇年。
金宋史論叢，陳學霖著，香港中文大學出版社，二〇〇三年。
劉祁與歸潛志，陶晉生撰，邊疆史研究集——宋金時期，臺灣商務印書館，一九七一年。
王鶚與汝南遺事，任崇岳撰，駐馬店師專學報（社會科學版）一九九〇年第一期。
金史版本源流考，任文彪撰，國家圖書館館刊二〇一六年第一期。
正史宋元版之研究，日尾崎康著，喬秀岩、王鏗編譯，中華書局，二〇一八年。
宋遼金史的纂修與正統之爭，陳芳明撰，食貨月刊第二卷，一九七二年第八期。
修端辯遼宋金正統的撰寫年代及正統觀考述，李治安撰，內陸亞洲歷史文化研究——韓儒林先生紀念文集，南京大學出版社，一九九六年。
脩端辯遼宋金正統をめぐって——元代における遼史金史宋史三史編纂の過程，日古松崇志撰，東方學報京都第七五册，二〇〇三年。
德運之爭與遼金王朝的正統性問題，劉浦江撰，中國社會科學二〇〇四年第二期。
關於遼金的「正統性」問題——以元明清遼宋金「三史分修」問題討論爲中心，趙永春撰，學習與探索二〇一三年第一期。
金修國史及金史源流，王明蓀撰，書目季刊第二十二卷第一期，學生書局，一九八八年。

金史纂修考，邱靖嘉著，中華書局，二〇一七年。

金史平議，毛汶撰，國學論衡第二期，一九三三年。

金史論稿（第一卷、第二卷），張博泉等著，吉林文史出版社，一九八六年、一九九二年。

金史人名索引，崔文印編，中華書局，一九八〇年。

Grube, Wilhelm., *Die Sprache und Schrift der Jučen*, Leipzig: O. Harrassowitz, 1896.

女真語言文字研究，金光平、金啓孮著，文物出版社，一九八〇年。

女真文辭典，金啓孮編著，文物出版社，一九八四年。

金代女真語，孫伯君著，遼寧民族出版社，二〇〇四年。

明代の女真人——「女真訳語」から「永寧寺記碑」へ，日愛新覚羅烏拉熙春著，京都大学学術出版会，二〇〇九年。

Chan, Hok-Lam., *The Historiography of the Chin Dynasty: Three Studies*, Wiesbaden: Franz Steiner Verlag, 1970.

遼金元史學研究，吴鳳霞著，中國社會科學出版社，二〇〇九年。

金代政治制度の研究，日三上次男撰，中央公論美術出版，一九七〇年。

金代政治制度研究，程妮娜著，吉林大學出版社，一九九九年。

金代政治・社會の研究，日三上次男撰，中央公論美術出版，一九七三年。
金代女真社會の研究，日三上次男撰，中央公論美術出版，一九七二年。
金代女真研究，日三上次男著，金啓孮譯，黑龍江人民出版社，一九八四年。
關於女真社會史研究的若干問題，日松浦茂著，劉鳳翥譯，邢復禮、蒲瑞元校，民族史譯文集第十輯，一九八一年。
女真國俗，王可賓著，吉林大學出版社，一九八八年。
遼代女真族群與社會研究，孫昊著，蘭州大學出版社，二〇一四年。
朝鮮高麗朝に於ける女真の海寇，日池内宏撰，滿鮮地理歷史研究報告第八，東京帝國大學文學部，一九二一年。
完顔氏の曷懶甸經略と尹瓘の九城の役附蒲盧毛朶部に就いて，日池内宏撰，滿鮮地理歷史研究報告第九，東京帝國大學文學部，一九二二年。
朝鮮歷史地理第二卷，日津田左右吉撰，南滿洲鐵道株式會社，一九一三年。
滿洲に於ける金の疆域，日松井等撰，滿洲歷史地理第二卷，南滿洲鐵道株式會社，一九一三年。
鐵利考，日池内宏撰，滿鮮地理歷史研究報告第叁，東京帝國大學文科大學，一九一六年。

金代・滿洲の交通路に就いて，日園田一龜撰，東洋學報三十七卷三號，一九五四年。
遼代鐵州地址考，宋延英撰，歷史研究一九五九年第八期。
中國歷史地圖集釋文彙編（東北卷），譚其驤主編，張錫彤等著，中央民族學院出版社，一九八八年。
耶懶と耶懶水—ロシア沿海地方の歷史的地名比定に向けて—，日井黒忍撰，北東アジア中世遺跡の考古学的研究：平成十七年度研究成果報告書，札幌学院大学人文学部，二〇〇六年。
津田左右吉全集第一一卷，日津田左右吉撰，岩波書店，一九六四年。
白鳥庫吉全集第四卷，日白鳥庫吉撰，岩波書店，一九七〇年。

後記

點校本金史修訂工作由吉林大學文學院中國史系程妮娜教授主持，始於二〇〇九年四月，同年五月金史修訂方案通過專家評審。二〇一〇年六月金史修訂樣稿五卷通過專家審定。二〇一八年十二月金史修訂工作全部完成，前後歷時九年，有十人參與修訂工作，具體分工如下：

程妮娜（吉林大學文學院中國史系教授）：卷九至一一、卷一九、卷五五至五八、卷六三至六四、卷七七至八〇、卷九三至九九、卷一一七；

楊軍（吉林大學文學院中國史系教授）：卷四至八、卷二三至二七、卷四四至四五、卷六〇至六二、卷一二五至一二六、卷一二八至一三三；

趙永春（吉林大學文學院中國史系教授）：卷二至三、卷一七至一八、卷二八至三八、卷六九至七六；

魏影(黑龍江大學歷史文化旅遊學院副教授):卷一三至一六、卷二〇至二二、卷四一至四三、卷一〇五至一二四;

韓世明(吉林大學文學院中國史系教授):卷四六至五〇、卷一三四至一三五;

宋卿(吉林大學文學院中國史系教授):卷五一至五二、卷五九、卷八一至八四;

王萬志(吉林大學文學院中國史系副教授):卷五三至五四、卷八五至八八、卷一〇〇至一〇四;

孫昊(中國社會科學院古代史研究所副研究員):卷一、卷六五至六八;

孫久龍(吉林大學史學集刊編輯部副編審):卷八九至九二、金國語解;

王昊(吉林大學文學院中文系教授):卷三九至四〇。

由程妮娜教授審定修訂稿,撰寫前言、凡例。經由中華書局編輯部送請專家審稿,編輯審讀加工,最終定稿。

點校本金史修訂組

二〇一九年十二月

點校本二十四史及清史稿修訂工程組織機構

總　修　纂　任繼愈

學術顧問　王元化　王永興　王鍾翰　何兹全　季羨林　馮其庸　蔡尚思　戴　逸　饒宗頤（以姓氏筆畫爲序）

修纂委員會　丁福林　王小盾　王　素　朱　雷　吴玉貴　吴金華　吴麗娱　汪桂海　辛德勇　周天游　武秀成　孟彦弘　南炳文　施新榮　烏　蘭　凍國棟　陳尚君　陳高華　徐　俊　張　帆　張金龍　程妮娜　景蜀慧　趙生群　裴汝誠　鄭小容　劉次沅　劉浦江　戴建國　羅　新（以姓氏筆畫爲序）

審定委員會　王天有　王文楚　王春瑜　王　堯　王曾瑜　王繼如　白化文

田餘慶　安平秋　安作璋　何英芳　何齡修　吴宗國　吴榮曾
宋德金　李學勤　周良霄　周振鶴　周清澍　周偉洲　來新夏
祝總斌　陳允吉　陳祖武　陳智超　袁行霈　高　敏　陶　敏
徐蘋芳　張大可　張文强　張忱石　崔文印　梁太濟　許逸民
黄留珠　鄒逸麟　程毅中　傅璇琮　傅熹年　裘錫圭　蔡美彪
熊國禎　樓宇烈　劉鳳翥　龔延明　（以姓氏筆畫爲序）